Joseph O'Connor

Führen – mit NLP

Pfad-Finder im innovativen Unternehmen

Inhaltsverzeichnis

Einleitung:
Der Reiseweg zur Führung

Zwei Menschen starben im Sommer 1997 in der gleichen Woche: Prinzessin Diana in Paris und Mutter Teresa in Kalkutta. Von außen betrachtet hätten sie verschiedener nicht sein können. Prinzessin Diana war reich, berühmt und schön – und als Persönlichkeit umstritten. Mutter Teresa war eine alte Frau aus Albanien, die sehr einfach lebte und sich um die Armen und Kranken in den Straßen von Kalkutta kümmerte. Beide jedoch sprachen die Menschen in ihrem Innersten an: Beide waren beliebt und geachtet, und sie waren international bekannt. Sie waren ‚führende Persönlichkeiten‘. Ihr Tod wurde von Menschen betrauert, die ihnen nie begegnet waren. Warum?

Der Grund ist, daß beide nicht nur perfekte Ikonen, sondern wirkliche Menschen mit Schwächen waren, mit denen sich viele identifizieren konnten. Sie waren wie wir, und sie repräsentierten außerdem einige unserer besten Eigenschaften – eine Ahnung von dem, wer wir sind und sein *könnten*. Diese zwei Frauen standen in der Öffentlichkeit, so wie viele andere, die wir als Führungspersönlichkeiten bezeichnen – Politiker, Künstler, Musiker und Geschäftsleute. Aber Führerschaft ist mehr als eine Bezeichnung für eine berufliche Position. Die Fähigkeit, die Leitung übernehmen zu können, zeigt sich in der Art, wie wir handeln, und wird durch unsere persönliche Ausstrahlung vermittelt: Sie liegt damit für uns alle im Bereich des Möglichen; sie ist nicht etwas ‚außerhalb von uns‘, etwas für andere, für berühmte Menschen. Führungspersönlichkeiten haben auf *jeder*

Ebene die Möglichkeit, Menschen zu helfen, indem sie ihre Hoffnungen und ihre Ängste ansprechen. Ich möchte mit diesem Buch den Begriff des ‚Leadership‘ (der Führerschaft) entmystifizieren, ihn von seinem hohen Podest holen und zu einem natürlichen Teil des Lebens machen.

In der Vergangenheit verstand man unter Führenden die Reichen, die Mächtigen und die Berühmten, große Könige, Kriegsherren, Wissenschaftler und Denker, außergewöhnliche Künstler oder Handwerker oder auch große Handelsherren. In der Literatur und Geschichtsschreibung werden sie als große Vorbilder dargestellt, und es entsteht der Eindruck, wir könnten bestenfalls blasse Kopien von ihnen werden. Im Laufe des zwanzigsten Jahrhunderts hat in vielen Lebensbereichen eine tiefgreifende Demokratisierung eingesetzt, allerdings nicht im Bereich der Führung. Auf den ersten Blick erscheint das vernünftig – schließlich können wir nicht *alle* führen. Oder doch? Nein, jedenfalls nicht, solange wir Führung als etwas definieren, das auf Macht, spektakulärem Auftreten und unumschränkter Autorität beruht.

Lassen Sie uns darauf besinnen, was Führung ursprünglich bedeutete, nämlich auf einem Weg oder einer Reise zu führen. Führung ist die Reise, die Aktivität, nicht der Bestimmungsort – eine anregende und befriedigende Reise, bei der auch Planung und Vorbereitung wichtig sind und Freude bereiten dürfen.

Ich betrachte Führungsqualitäten als unsere wichtigste Ressource, die wir in unserer Zeit des schnellen Wandels entwickeln müssen. Die Aussage, daß unsere Zeit einem schnellen Wandel unterworfen ist, ist eine Binsenweisheit. Wir müssen uns an Veränderungen, die heute mit halsbrecherischer Geschwindigkeit ablaufen, in einem einzigen Leben anpassen – Veränderungen, die sich früher aber über mehrere Generationen erstreckt hätten. Im Bereich der Wirtschaft sind Märkte und Strategien beständigen Veränderungen unterworfen. Wir befinden uns auf einem Karussell der Hochtechnologie; und es sieht so aus, als ob es nie langsamer wird. Das Karussell dreht sich mit rasender Geschwindigkeit, während wir uns bemühen, die Gegenwart zu bewältigen und die Zukunft zu gestalten – und das mit Systemen und Organisationen, die erfunden wurden, um mit den Herausforderungen der Vergangenheit fertig zu werden. Uns stehen mehr Informationen zur Verfügung, aber Wissen (also solche Informationen, die wichtig sind und mit denen etwas zu bewirken ist) ist nach wie vor schwer zu erlangen. Wir leiten die tägliche Informationsflut durch ein Sieb und hoffen, daß etwas Wertvolles hängenbleibt.

Wie läßt sich der Begriff Führung, über den in der Wirtschaft unendlich viel geredet und geschrieben wird, auf den Punkt bringen? Geht es um Charisma? Einfluß? Inspiration? Verwaltung? All das könnte zutreffen. Es kann sehr viele verschiedene Gründe geben, warum Sie eine Reise unternehmen oder ein Ziel auswählen, wen Sie mitnehmen oder auf welche Art Sie reisen. Das macht das Führen so aufwendig wie wertvoll. Es gibt viele Wege, viele Ziele und viele Arten des Reisens.

Warum sollten wir also lernen, Führung zu übernehmen? Um das zu tun, was uns wirklich wichtig ist, um tun zu können, was uns inspiriert und bewegt, und um auf unserer Reise Mitreisende zu haben. Wenn Sie in einem Bereich mehr Einfluß haben wollen, müssen Sie die Leitung übernehmen.

Führung ist ein Paradox in sich: Einerseits wird sie hochgelobt, andererseits können Sie sie aber nicht direkt erlangen. Sie ist ein Geschenk, an das man nur durch andere Menschen gelangt. Führende oder Führender zu sein ist ohne Bedeutung, wenn sich andere Menschen nicht entscheiden, mit Ihnen zu reisen. Eine Führungsperson für sich allein ist wie das Geräusch einer einzelnen klatschenden Hand.

So bietet das vorliegende Buch eine Reise in dreierlei Hinsicht. Es enthält zunächst die Geschichten von Reisenden in aller Welt über Führer, die sie begleitet haben. Wie ist es ihnen ergangen? Was haben sie gefunden? Wo befinden sich die Fallen und die Drachen auf dem Weg? Welche Reiseausrüstung brauchen sie unbedingt? Zweitens ist das Buch eine Reiseanleitung, damit Sie in Ihrer Phantasie vorbereiten können, was Sie in der Realität durchführen wollen. Drittens ist das Buch selbst eine Reise. Ich habe einen Plan und eine Vorstellung, worum es geht und was bewirkt werden soll. Ich weiß, wo wir ankommen müssen, aber es gibt unterwegs viele schöne

Aussichtspunkte, es gilt Geräusche zu registrieren und fremde Orte zu erforschen. Wir wissen nicht genau, was wir dort finden, und vielleicht gibt es auf dem Weg einige unvorhergesehene Haltepunkte.

Nach meiner persönlichen Überzeugung gehören zum Führen vor allem drei Bereiche: Selbstentwicklung, Fertigkeiten der Einflußnahme und der Kommunikation sowie systemisches Denken.

Die Leitung inne zu haben heißt als erstes, sich selbst zu entwickeln. Für die Reise müssen Sie stark sein und über Ressourcen verfügen. Während Sie Führungskraft werden, entdecken Sie in sich Ressourcen, die Sie bis dahin nicht kannten. Sie entdecken immer mehr Ihr wahres Selbst, denn der wirkliche Einfluß einer führenden Persönlichkeit entspringt aus dem, was sie ist und was sie tut, sowie aus dem Vorbild, das sie darstellt. Zweitens heißt Führen, andere zur Teilnahme an der Reise zu inspirieren – also gehören zur Führung auch die Fähigkeit zu kommunizieren und Einfluß zu nehmen. Ohne diese reisen Sie einsam und führen nicht. Drittens muß der, der führt, das Ziel im Blick behalten, gleichzeitig aber auch wissen, aus welcher Richtung die Gruppe kam und wo sie sich jetzt gerade befindet. Die Gruppe kann noch so groß oder die Reisenden können noch so ausdauernd sein, ohne die richtige Karte könnten sie in eine Sackgasse oder in einen Sumpf geraten. Wer leitet, muß das System verstehen, zu dem die Gruppe gehört; sie oder er muß über das Naheliegende, die unmittelbare Situation hinausblicken und spüren, inwiefern Ereignisse Teil eines umfassenden Musters sind. Führung umfaßt also eine Kombination aus dem, wer Sie sind, aus Ihren Fertigkeiten und Begabungen sowie aus Ihrem Verständnis einer vorhandenen Situation oder eines Umfeldes. Diese Kombination ist allgemeingültig, aber für jeden einzelnen setzen sich die Elemente individuell zusammen.

Sie können die Erkenntnisse aus dem vorliegenden Buch für jeden Ihrer Lebensbereiche anwenden, in dem Sie die Führung übernehmen möchten. Ich konzentriere mich dabei jedoch auf Beispiele aus dem Geschäftsleben, da Führung dort besonders wichtig ist und weil sich dort viele Gelegenheiten bieten, Führung zu übernehmen. Führungsqualitäten sind nicht einfach ein beliebig zusammengestelltes Paket, das Sie im Rahmen der Umstrukturierung der Firma austeilen, um alle Ihre Probleme zu lösen. Entsprechendes muß erarbeitet werden. Sie müssen die Fähigkeit entwickeln, auf Herausforderungen zu reagieren, und Sie müssen sich mit den spezifischen Anforderungen beschäftigen, die sich laufend ergeben. Ich möchte den Begriff der Führung sowohl von innen als auch von außen betrachten. Welche Denkweise ist für eine Managerin oder einen Manager bei ihren oder seinen Aufgaben hilfreich? Welche Fertigkeiten sind notwendig? Führung kann einige Antworten auf diese Fragen geben.

In dem Bericht *The Management Agenda,* der 1998 vom *Roffey Park Management Institute* herausgegeben wurde, wurden einige Manager zu ihrer Arbeit befragt. Viele bemerkten kritisch, daß Vorgesetzte häufig Führungseigenschaften vermissen ließen. Gleichzeitig meinten sie, daß man von ihnen erwarte, daß sie Führung übernähmen, sie aber in keiner Schulung erfahren hätten, was das bedeute oder wie sie ihre neue Identität aufbauen könnten. Die Berufswelt scheint Führungskräfte zu brauchen, doch gleichzeitig gibt es ein Vakuum hinsichtlich der Frage, was Führung in der Praxis bedeutet und wie die nötige Veränderung in Gang gesetzt werden kann.

Die Bedeutung von Führung ist ein Teil – und ein Resultat – der großen Veränderungen, die sich in den letzten 20 Jahren in der Managementpraxis ergeben haben. Sie ersetzt das alte Modell für die Organisation einer Firma, das unter dem Motto ‚Kommandieren und Kontrollieren‘ stand. Es stützte sich vielfach auf das Vorbild des Militärs und entsprach dem damaligen sozialen Klima und einer relativ stabilen Geschäftswelt. Diese Stabilität existiert heute nicht mehr, vielmehr finden Veränderungen in atemberaubendem Tempo statt. Selbstachtung und individuelle Verantwortung sind die neuen Werte, und in der Firmenkultur zählt vielseitige Einsetzbarkeit mehr als die Beschäftigungsdauer. In den meisten Unternehmen, speziell in der westlichen Welt, werden Befehle nicht mehr so ohne weiteres befolgt – zumindest nicht ohne gute Gründe. Aber Führungskräfte werden nach wie vor gebraucht, sowohl um die Organisation zu leiten, als auch um weitere Führungskräfte heranzubilden.

Führungsqualifikation kann nicht rationiert oder kontrolliert werden, sie gründet auf Absichten, Visionen und Werten: Absichten zur Bestimmung des Ziels, die Visionen, um die Richtung vor Augen zu haben, und Werte, die Sie auf dem Weg in eine erfolgreiche und stabile Zukunft geleiten.

Wenn ich überlege, wie die Führung in einer Organisation aussehen könnte, fällt mir ein Vogelschwarm ein. Ich beobachtete vor einigen Tagen einen Schwarm von Staren, der über die Kastanienbäume in der Nähe meines Hauses flog. Die Vögel bewegten sich gemeinsam in wunderschönen, erstaunlichen Mustern, flogen weg und segelten fast in Form einer Acht zurück, aber keine Flugbewegung glich genau der anderen. Und wie machten sie das? An der Spitze flogen einer oder mehrere Vögel, aber sie gaben den anderen keine Befehle, wie sie fliegen sollten, damit die Schar zusammenblieb. Die Führung (falls der Vogel an der Spitze überhaupt Leitvogel war) hielt jedesmal, wenn Sie über meinen Kopf hinwegflogen, ein anderer. Aber irgendwie flogen sie nicht nur gemeinsam, sondern auch in Formation. Im Bruchteil einer Sekunde konnten sie wieder zu einem Muster zusammenfinden, wobei die Muster aber nie identisch waren. Wie blieben sie nur in dieser wunderbaren Formation zusammen, die sich gleich einer Welle durch die Luft bewegte? Wie organisieren sich Stare, um ihre Individualität zu bewahren und trotzdem Teil einer größeren, zusammenhängenden Gruppe zu bleiben? Aus der Gruppe heraus scheint eine Intelligenz zu entstehen, die sich aus der Intelligenz der einzelnen Mitglieder zusammensetzt und dennoch größer ist als die eines Einzelnen.

Führungskräfte stehen in einer Organisation vor der Herausforderung, den Rahmen zu schaffen, in dem diese größere Intelligenz entstehen kann, ohne daß die Individuen auch nur im geringsten eingeschränkt werden. Je besser die Einzelnen die eigene Intelligenz einsetzen, desto klüger wird die Gruppe. Das gleicht einem Puzzle; und die Herausforderung besteht darin, individuelles Lernen und das Lernen der Gruppe zusammenzubringen. Hier liegt also das Geheimnis der Führung in Organisationen: Wie schaffen Sie es, jeden Menschen als potentielle Leitung zu fördern sowie alle dazu zu bringen, ‚in Formation zu fliegen‘?

Welche Ressourcen haben wir, um das zu erreichen? In den An-
fängen des Neurolinguistischen Programmierens (NLP) wurden
Mitte der siebziger Jahre Menschen mit hervorragenden Kommunikationsfähigkeiten genau beobachtet und ‚modelliert': Es wurde untersucht, wie sie das, was sie so gut konnten, zustande brachten. NLP
modelliert, wie wir im einzelnen tun, was wir tun. Im wesentlichen
wird die Struktur der subjektiven Erfahrung untersucht: Wie schaffen wir unsere eigene innere Welt aus dem, was wir sehen, hören und
fühlen – und wie bestimmt andererseits unser mentales Weltbild, was
wir uns zu sehen, zu hören und zu fühlen erlauben. Mit NLP wurden Menschen mit überdurchschnittlichen Leistungen in vielen Bereichen beobachtet und ‚modelliert' – Manager, Verkäuferinnen,
Lehrer und Trainerinnen – um andere Menschen deren Fertigkeiten
zu lehren, damit sie das Rad nicht noch einmal erfinden müssen.
NLP verfügt auch über einen reichen Schatz an ‚Material' von
Führungspersönlichkeiten und macht transparent, wie sie denken
und woran sie glauben. Der Begriff NLP (Neurolinguistisches Programmieren) besteht aus drei Teilen:

* ‚Neuro' betrifft unsere Neurologie; es beschreibt, wie wir denken
  und fühlen.

* ‚Linguistisch' bezieht sich auf die Sprache; es beschreibt, was wir
  sagen, wie wir es sagen und wie wir beeinflußt werden durch das,
  was wir hören.

* ‚Programmieren' bezieht sich darauf, wie wir handeln, um unser
  Ziel zu erreichen.

NLP hilft uns zu verstehen, was Führungspersönlichkeiten tun und
wie sie ihre Ergebnisse erzielen. Sie können während der Lektüre die
Teile auswählen, die auf Sie passen und die Ihren Werten und Überzeugungen entsprechen. Sie *kopieren* nichts, sondern Sie *lernen daraus*, um Ihre Ziele zu erreichen. Welche Fähigkeiten Sie auch haben,
NLP hilft Ihnen, sie noch weiter auszubauen. Es bietet auch praktische Hinweise, wie Sie diese Fähigkeiten entwickeln können. Es bewertet sie nicht intellektuell, indem es sagt, wie schön es wäre, diese
Fertigkeiten zu besitzen oder wie großartig sie bei anderen Menschen sind. NLP ist eine wertvoller Führer auf der Reise zur Führung.

Ein zweiter Wegweiser auf der Reise ist das systemische Denken – es handelt sich dabei um ein Denken unter Berücksichtigung von Feedback und Beziehungen, unter Einbeziehung von Mustern anstelle isolierter Ereignisse. Führungskräfte müssen das System verstehen, innerhalb dessen sie sich befinden, und Systeme funktionieren nicht logisch. Kleine Veränderungen können große Auswirkungen haben, deren räumlicher und zeitlicher Zusammenhang mit der Ursache jedoch nicht unbedingt erkennbar sein muß. Geradliniges Denken in Ursache-Wirkungs-Zusammenhängen funktioniert in der Organisation von Firmen nicht, denn diese sind komplexe Systeme. Eine einzige Veränderung kann viele Auswirkungen nach sich ziehen. Auch kann das, was Sie zur Lösung eines Problems tun, dieses in Wirklichkeit aufrechterhalten oder langfristig sogar verschlimmern. Wenn Sie aber systemisch denken, gelangt Ihr Denken über das Offensichtliche hinaus hin zu den dynamischen Mustern, die ein Problem ursprünglich erschaffen haben.

Eine dritte Ressource ist die Komplexitätstheorie. Dabei handelt es sich um die Anwendung des systemischen Denkens auf komplexe Systeme (zum Beispiel Firmenorganisationen). Neuere Untersuchungen haben faszinierende Erkenntnisse über komplexe Systeme ermöglicht, die wir versuchsweise im Geschäftsleben anwenden können. Zum Beispiel können einige wenige einfache Regeln ein sehr komplexes Verhalten hervorrufen. Nach welchen Regeln wird ein Vogelschwarm zusammengehalten, und wie könnten diese Regeln übertragen werden, um damit einträgliche und erfolgreiche Organisationen zu schaffen? Hier lassen sich interessante Spekulationen anstellen. Auch in einem Unternehmen scheint es einen optimalen Zustand zu geben – zwischen einem Zustand der Trägheit aufgrund einer nervtötenden Bürokratie und dem Chaos, das durch zu viele Veränderungen entsteht. Zu viel Ordnung macht eine Firma unflexibel und zu starr, um auf die Erfordernisse des Marktes oder die Anregungen der eigenen Mitarbeiter und Mitarbeiterinnen zu reagieren. Aber auch zu viel Freiheit stört die Organisationsabläufe: Die Regeln ändern sich zu schnell, und die Belegschaft wird orientierungslos und verwirrt. Menschen lernen am besten, wenn der Punkt zwischen den beiden Extremen in der Balance gehalten werden kann.

Wie kann eine Organisation an diesen ‚Rand des Chaos' gebracht werden und genügend Kreativität behalten, um sich Veränderungen anzupassen, aber trotzdem eine Struktur beibehalten, die genügend Stabilität für effektives Funktionieren bietet? An diesen Schnittpunkt zu gelangen ist die Hauptaufgabe von Führungskräften in einer Organisation.

Schließlich ist noch zu bemerken, daß komplexe Systeme nicht vorhersehbar sind. In der Theorie ist dies vielleicht möglich, aber ein Sprichwort besagt: „Theoretisch sollte zwischen Theorie und Praxis kein Unterschied bestehen, aber in der Praxis ist das doch der Fall." Vollständige Kontrolle ist unmöglich; und wäre sie möglich, wäre das der Todesstoß. Es gibt kein Buch, keine Methode und keinen Berater, von denen Sie erfahren, wie man garantiert etwas initiieren kann (auch wenn viele Menschen von sich behaupten, ihr Anstoß hätte entscheidend etwas in Bewegung gesetzt). Das alles bedeutet aber nun nicht, daß Sie hilflos den Gegebenheiten ausgeliefert sind. Ganz im Gegenteil. Sie werden es als große Erleichterung erleben, wenn Sie anerkennen, daß Sie Entwicklungen in einer komplexen Organisation nicht vorhersagen und daher auch nicht vollständig kontrollieren können. Sie brauchen dann nicht mehr versuchen, die Kontrolle zu erlangen. Sie können anfangen zu erkennen, wie die Organisation wirklich funktioniert, und Sie können zulassen, daß sie sich bestmöglich organisiert. Das alles ist die Arbeit eines ‚Leaders' (einer Führungspersönlichkeit).

NLP untersucht, wie Menschen denken und welche Ergebnisse sie erreichen. Mit Hilfe der Komplexitätstheorie und des systemischen Denkens werden Organisationen untersucht, die durch die Zusammenarbeit von Menschen entstehen. Diese Ideen sind faszinierend und praktisch anwendbar – und deshalb schreibe ich darüber. Zusammen bilden sie die Grundlage für unsere Landkarte.

Organisationen lassen gerne verlauten, daß die Qualität ihrer Mitarbeiter ihnen einen Wettbewerbsvorteil verschafft. Auch auf das Risiko hin, ein Ketzer genannt zu werden, bezweifle ich das sehr. *Jede* Organisation verfügt über ausgezeichnet qualifizierte Mitarbeiter. Die *Führungskräfte* sind entscheidend. Sie prägen die Qualität der Arbeitsplätze im Betrieb, sie weben das undefinierbare, aber sehr

wichtige Gewebe der Unternehmenskultur. Gleichzeitig glaube ich,
daß jede Mitarbeiterin und jeder Mitarbeiter in einer Organisation
auf irgendeine Weise die Leitung übernehmen kann. Und ich hoffe,
dieses Buch ist ein Schritt zur Umsetzung dieses Ziels.

Anleitung zum Lesen dieses Buches

Im vorliegenden Buch möchte ich die drei Bestandteile des ‚Leadership' (der Führerschaft) – es sind drei Stränge – zu einem roten Faden
vereinen, entlang dem Sie sich auf Ihrem Pfad zur Führung orientieren können. Sie finden Vorschläge und Übungen, um sich selbst zur
Führungskraft zu entwickeln, um andere zu beeinflussen, wenn Sie
die Führung innehaben, und um systemisches Denken zu lernen und
im Berufsleben anzuwenden. Das Buch ist in sieben Abschnitte, Zusammenfassung und Anhang unterteilt:

- Mit dem ersten beginnt die Reise. Sie fängt mit Ihrer Vision an:
  Warum wollen Sie führen? Was bedeutet das?
- Der zweite Abschnitt behandelt die verschiedenen Führungs-
  typen und -stile; es wird erklärt, wann, wo und warum sie nütz-
  lich sind.
- Der dritte Abschnitt wendet sich von der Gegenwart ab und be-
  trachtet Visionen, Werte und Ziele – sowohl organisatorische als
  auch individuelle.
- Der vierte untersucht Motivation und die Möglichkeit, sie aufzubauen; außerdem behandelt der Abschnitt die Kehrseite der Führerschaft, die Schwierigkeiten und Hindernisse.
- Der fünfte Abschnitt beschreibt die Ressourcen für die Reise:
  Karten, Führer und Regeln.
- Im sechsten Abschnitt werden die ‚Wächter' beschrieben, die
  Sie auf dem Weg treffen. Sie erfahren, wie Sie diese bezwingen,
  wie Sie Vertrauen aufbauen und vertrauenswürdig werden können.
  Die Wächter sind nicht nur äußere Schwierigkeiten, wie zum Beispiel Widerstand von anderen Menschen und Hindernisse auf-

grund der Trägheit der Organisation, sondern auch unsere eigenen inneren Widerstände und Blockaden.

- Im siebten Abschnitt werden die Fertigkeiten und Verantwortlichkeiten aufgezählt, die Ihnen als Führungskraft abverlangt werden. Sie erfahren auch, wie Sie es schaffen, mit einem Unternehmen im ‚Formationsflug zu fliegen'.

- Im letzten Abschnitt erfahren Sie, wie Sie die Fertigkeiten, die Sie gelernt haben, durch Coaching und Mentoring an andere weitergeben können. Hier findet sich auch eine Zusammenfassung der Führungsprinzipien.

- Der Anhang enthält Anmerkungen zu den einzelnen Abschnitten, Hinweise auf Fortbildungsmöglichkeiten und Literatur.

Nutzen Sie das Buch, um Ihre Führungseigenschaften auszubilden, um sich selbst und andere weiterzuentwickeln. Nutzen Sie es für neue Ideen zur Lösung von Managementproblemen.

Allein durch dieses Buch werden Sie allerdings kein ‚Leader'. Einer meiner Freunde ist ein Fitneßfanatiker. Er kauft alle Zeitschriften zum Thema, ist Mitglied in einem gut ausgestatteten Fitneßclub und hat in seinem Schlafzimmer ein Fahrrad stehen. Sein einziges Training besteht jedoch darin, die Berge von Gesundheits- und Fitneßmagazinen von seinem Nachttisch zum Buchregal zu stemmen. Er erzählt mir immer, daß er trainieren will – daß er aber gerade keine Zeit dafür hat. Und immer hat er etwas Wichtigeres zu tun. Er wünscht sich Gesundheit und das Wohlbefinden, das er durch Training erreichen würde, aber er will nichts dafür tun.

In diesem Sinne möchte ich Sie, falls Sie bereit sind, einladen, den ersten Schritt auf Ihrer Reise zur innovativen Führung zu tun.

Danksagung

Mein Dank gilt zuallererst John Grinder und Richard Bandler, die NLP gemeinsam begründet haben, sowie Robert Dilts, der im Laufe der Jahre viele neue und interessante Entwicklungen angeregt hat. Mein Dank geht außerdem an die vielen Menschen, die NLP vorangebracht haben.

Ich danke Carole Tonkinson und Elizabeth Hutchins bei Thorsons, dem englischen Originalverlag.

Die Komplexitätstheorie wurde zum großen Teil von Stuart Kauffman, Brian Arthur, John Holland und Chris Langton (*Santa Fe Institute*) ausgearbeitet. Ich bin überzeugt, daß ihre brillanten Erkenntnisse über komplexe Systeme auf breite Zustimmung stoßen und in den Bereichen Führung in Organisationen und Selbstentwicklung Anwendung finden werden. Ich hatte das Glück, im Internet vielen spannenden Diskussionen über systemisches Denken und Komplexität „lauschen" zu können. Hier möchte ich besonders Uri Merry, Ben Kutz, Mark White und Michael Lissack erwähnen, denen ich viele Gedankenanstöße verdanke. Das daraus entstandene Mosaik habe ich jedoch selbst erarbeitet.

Schließlich danke ich meinen Freunden in vielen Ländern für ihre Hilfe und Ermutigung: Alexandre de Faria, Brian van der Horst, Alix Louise von Uhde, Gill Norman-Bruce, Joey Walters, Drake Zimmerman, Bent Hansen, Erum Imran, Colonel Rashid Iqbal Khan, Gulsun Zeytinoglu, Vitor Caruso, Tim Murphey, Leo Anghart, Deborah Epelman, Gajic Zorica, Roman Braun und Oscar Caceres.

Anmerkung

Ich habe mich bemüht, alle in diesem Buch verwendeten Quellen an-
zuführen. Sollte ich unabsichtlich eine wichtige Quelle nicht genannt
oder einen Urheber nicht entsprechend gewürdigt haben, bitte ich
Sie, mir das schriftlich mitzuteilen. Ich werde dies dann bei weiteren
Auflagen berücksichtigen.

Kapitel 1
Der Beginn der Reise

Erste Schritte

Warum möchten Sie Führungseigenschaften entwickeln? Was möchten Sie erreichen? Wenn jemand leitet, strebt er in eine bestimmte Richtung – warum sollten Sie sich fortbewegen, wenn Sie glücklich mit dem sind, was Sie haben?

Wenn wir uns bewegen, dann tun wir das nur aus zwei Gründen: Entweder sind wir an dem Platz, an dem wir gerade sind, unglücklich und wollen an einer anderen Stelle sein. Oder wir ahnen, daß es Besseres geben könnte, und fühlen uns davon angezogen. Wie gut unser Leben auch sein mag, wir gewöhnen uns daran und wollen dann irgendwann mehr; unsere Phantasie reicht immer weit über unseren gegenwärtigen Zustand hinaus. Die Energie für den Aufbruch hat ihren Ursprung in unserer inneren Überzeugung und wird durch einen Anstoß von außen verstärkt. Die Lust auf Abenteuer und der Drang, Unbekanntes auszuprobieren, haben Kunst, Musik, Wissenschaft und Handel hervorgebracht.

Das Streben nach Führung entspringt dem natürlichen Drang, sich beständig neu zu erfinden. Sie brauchen keine Erlaubnis von außen, um eine Führungspersönlichkeit zu sein. Und Sie brauchen weder irgendwelche Zeugnisse noch eine mit Autorität ausgestattete Anstellung. Die Eignung zur Führung ist nicht von dem abhängig, was Sie bereits tun. Viele Menschen in leitenden Positionen sind keine Führungspersönlichkeiten, sie haben vielleicht den Status, füllen diesen aber nicht mit Substanz. Andere verfügen über die Substanz, aber nicht über den Status. Führungsqualitäten zeigen sich in Ihrem Handeln, an der Art, wie Sie denken; sie sind nicht von Ihrem Titel oder Ihrem nominellen Verantwortungsbereich abhängig. Die Entwicklung zur Führungspersönlichkeit ist dann möglich, wenn quasi Boden und Klima geeignet sind; der Same dazu entsteht jedoch in Ihrem Inneren. Um die Reise zu beginnen, brauchen Sie also nur Ihre eigene Erlaubnis. In dem Augenblick, da Sie sich sagen „Ich kann Führung übernehmen", haben Sie bereits die Landkarte auseinandergefaltet, die Stiefel angezogen, Ihren bequemen Sessel verlassen und den ersten Schritt Ihrer Reise getan.

Eine irische Geschichte handelt von einer Gruppe Touristen, die durch das Land wandern. Sie hatten eine Karte, mußten aber dennoch am frühen Nachmittag feststellen, daß sie sich verlaufen hatten. Der Himmel bewölkte sich, der Wind wirbelte die Blätter unter ihren Füßen auf, und die ersten warmen Regentropfen liefen ihnen über das Gesicht. Sie entschlossen sich, nach Roundmarsh zu gehen, das ihrer Karte nach der nächste Ort war. Nach einer Stunde, als sie wegen des Regens nichts mehr sahen, entschlossen sie sich, jemanden nach dem Weg zu fragen. Sie gingen noch einen halben Kilometer, der Regen ließ nach, und schließlich trafen sie einen Ortskundigen, der seinen Hund in die andere Richtung spazierenführte.

„Entschuldigen Sie", sagte der Führer, „wir haben uns irgendwie verlaufen. Können Sie uns sagen, wie wir nach Roundmarsh kommen?"

Der Angesprochene starrte in die Ferne und dachte ernsthaft über die Frage nach.

„Roundmarsh?", murmelte er. „Roundmarsh? Das ist nicht so einfach. Wenn ich nach Roundmarsh wollte, würde ich nicht von hier losgehen."

Sie erreichen Ihr gewünschtes Ziel sehr viel leichter, wenn Sie Ihren Ausgangspunkt kennen. Max de Pree, der ehemalige Vorstand der Firma *Herman Miller*, sagt: „Es gehört zu den Aufgaben der Führung, die Realität zu definieren." Die Führungskraft steckt einen Pfahl in die Erde und sagt: „Hier sind wir. Was ist jetzt dran?" Ein zweitausend Jahre altes chinesisches Sprichwort besagt fast das gleiche: „Gewinne Macht, indem du die Realität akzeptierst." Die alten chinesischen Weisheiten stehlen uns alle unsere besten Ideen. Die Realität zu akzeptieren, indem man feststellt, wo man sich befindet, ist der erste Schritt auf jeder Reise. Zunächst müssen wir drei grundlegende Fragen stellen:

- Wohin gehen wir?
- Warum gehen wir überhaupt dorthin?
- Wie wollen wir dorthin gelangen?

Und da dies eine Reise zur Führungsqualifikation ist, müssen wir weitere Fragen stellen:

- Welche Ressourcen haben wir als Unterstützung?
- Welches sind unsere Einschränkungen und unsere Stärken?
- Welche Fallen müssen wir vermeiden?
- Was wissen wir über Führungspersönlichkeiten?
- Wer sind sie und was tun sie?
- Welche Modelle für ‚Leadership' (Führerschaft) kennen wir?
- Haben wir eine gute Landkarte?

Warum beginnen *Sie* die Reise überhaupt? Was reizt Sie daran, Führungseigenschaften zu entwickeln? Ungewöhnliche Umstände? Eine persönliche Krise? Vielleicht ist jemand in Ihr Leben getreten, der Ihr Denken verändert hat? Wir alle erleben im Laufe unseres Lebens entscheidende Momente, und oft leiten uns dabei andere Menschen. Das erkennen wir manchmal sofort, aber nicht immer.

Vor einigen Jahren besuchte ich ein Seminar von Eloise Ristad, einer bewundernswerten Lehrerin für Klavier und Musikprofessorin der Universität von Colorado, USA. In dem Seminar ging es um Lampenfieber bei Musikern, das für viele klassische Musiker ein großes Problem darstellt. Man erwartet von ihnen einen makellosen Vortrag und daß sie ihr Instrument ‚sprechen' lassen, was beständiges Üben voraussetzt. Der Leistungsdruck kann dazu führen, daß Solisten mit glasigen Augen auftreten und sich so gelähmt fühlen wie ein Kaninchen im Licht von Autoscheinwerfern. Musiker lernen an ihren Akademien ihr Instrument zu spielen, sie erhalten jedoch kaum Anleitung für ihren Auftritt. Eloise hatte ein Buch[1] geschrieben, das mir sehr gut gefiel. Sie unterrichtete sehr unorthodox, indem sie die Blockademuster der Vortragenden sehr einfallsreich unterbrach. Der Titel des Buches (deutsch in etwa *Sopran im Kopfstand*) entstand, als sie eine Sängerin von ihrem Lampenfieber heilte. Sie forderte diese Sängerin (die in ihrer Gegenwart kaum einen Ton herausbrachte) dazu auf, einen Kopfstand zu machen und dann zu singen. Das klingt lächerlich. Aber es funktionierte. Man könnte vermuten, daß die Sängerin dadurch beim Singen eine völlig neue Perspektive erlebte. Wie auch immer – diese Erfahrung war der Anlaß, ihre unterbrochene Gesangskarriere wieder aufzunehmen.

Ich erinnere mich noch, wie ich von diesem Seminar zurückkehrte und dachte: „Ich könnte eigentlich auch mal ein *Buch* schreiben." Die Tatsache, daß ich außer Schulaufsätzen noch nichts geschrieben hatte, schien in jenem Moment nicht zu zählen. Ein Jahr später war ein Manuskript fertig, und es bildete den Startpunkt für meine Reise als Autor.

Ihre Entscheidung fällt, wenn Sie plötzlich erkennen, daß Sie sich ändern wollen. Einer meiner Freunde beschrieb mir seinen beruflichen Wendepunkt. Er war bei einer Textilfirma offiziell als Manager angestellt, tatsächlich war er aber nur hochgelobter Angestellter eines Chefs, der weniger zu wissen und zu arbeiten schien als er. Dieser Chef bezeichnete seine Ablage mit den Eingängen als „Hölle", da sie eine endlose Quelle der Folter zu sein schien und immer überquoll. Seine Ablage mit den Ausgängen war für ihn der „Ozean", da es nie gelang, sie zu leeren. Fixiert auf seine eigenen Erfahrungen urteilte der Chef anhand des Umfangs der „Hölle", wie gut die anderen arbeiteten – meinen Freund eingeschlossen. An einem Mittwochmorgen, an dem mein Freund mehr Zeit als gewöhnlich durch den dichten Verkehr zum Büro gebraucht hatte, wurde er am Telefon von einem Kunden für etwas beschimpft, für das er nicht verantwortlich war. Danach warf er den Telefonhörer hin und schrie: „Das reicht! Ich gehe!" Und das tat er auch, nachdem er vorher noch alle seine Eingänge auf die seines Chefs gestapelt hatte. Er eröffnete sein eigenes Geschäft und verdient jetzt weniger als vorher, aber er ist sehr viel glücklicher. Er gehört jetzt zu den Selbständigen, die sich selbst als einen toleranten und manchmal nachsichtigen Chef haben.

Den entscheidenden Mittwoch bezeichnet er als „den Tag, an dem die Hölle ausbrach".

Manchmal ist es die zufällige Bemerkung eines Freundes, die Sie auf den Weg bringt, manchmal ein neues Projekt im Beruf, eine Managerin, die Ihre Mentorin wird, es kann ein Umzug, eine neue Beziehung oder auch die Geburt Ihres Kindes sein. Nach der populären Darstellung der Chaostheorie kann ein Schmetterling in Peking durch die Bewegung seiner Flügel einen Orkan in Texas auslösen. Das zeigt, wie komplex, miteinander verbunden und unvorhersehbar das Wettersystem auf der ganzen Erde ist. (Im umgekehrten Fall würde es sich tatsächlich um ein Wunder handeln.) Unsere sozialen Beziehungen sind mindestens so komplex wie das Wetter, deshalb glaube ich ohne weiteres, daß ein Wort eines anderen Menschen an der richtigen Stelle zur richtigen Zeit Ihr Leben vollständig verändern kann.

Sie sind bereit? Wofür? Was ist überhaupt ‚Leadership' (Führerschaft)? Das Wort täuscht etwas, weil es so einfach klingt. Viele Menschen verbinden damit sehr unterschiedliche Vorstellungen, und auch im Laufe der Geschichte hat sich die Meinung darüber, was eine Führungspersönlichkeit ausmacht, verändert. Außerdem gibt es kulturelle Unterschiede. Zum Beispiel unterscheidet sich der amerikanische individualistische und offensive Führungsstil sehr deutlich vom japanischen. In Japan bemüht sich eine gute Führungskraft um Übereinstimmung, man spricht von *nema washi*, also davon, „um die Wurzeln herum zu graben". Das bezieht sich auf die Praxis, die äußeren Wurzeln eines Baumes einige Wochen vor dem Umpflanzen rundherum abzuschneiden. An den Schnittstellen treiben neue Wurzeln, so daß der Baum nach dem Umsetzen bald wieder anwächst. Außerdem wird der Baum durch das Schneiden allmählich auf das Umsetzen vorbereitet, so daß die Entwurzelung nicht mit einem Mal geschieht. Sind zu viele Wurzeln vorhanden (das heißt zu viele Einwendungen) machen japanische Führungskräfte einen Rückzieher und diskutieren zunächst weiter. Sie bringen ein Thema gewöhnlich nicht zur Abstimmung, ehe sie das Gefühl haben, daß die Mehrheit zustimmen würde. Die Debatte ist also bereits vorüber, ehe die Sitzung beginnt.

Unabhängig von ihrem Stil haben Führungspersönlichkeiten etwas gemeinsam, nämlich Einfluß. Einflußreiche Menschen treten im Fernsehen oder in Filmen auf, sie sind in der Politik oder in der Wirtschaft tätig; wir treffen sie in unserem sozialen Umfeld oder lesen in der Zeitung über sie. Vielleicht empfinden wir Bewunderung für sie und wollen so sein wie sie, denn sie bewegen Dinge, sie vermitteln ein Gefühl von Bedeutung, und wir wollen daran Anteil haben. Wir weisen ihnen die Führung zu. Führung existiert also nicht für sich allein, sondern setzt die Beteiligung anderer Menschen voraus. Führung ist als eine Beziehung zu betrachten; eine oder einer führt und andere (,Gefolgsleute', Anhänger, Mitarbeiter) lassen sich führen. Beides gehört zusammen.

Führung wurde lange Zeit mit Autorität assoziiert – wir konzentrieren uns gewöhnlich auf die Führungspersonen, wir halten sie irgendwie für von Natur aus überlegen; wir finden es selbstverständlich, daß man ihnen folgt. Formelle Autorität ist jedoch nur ein möglicher Teil der Führungsrolle, und viele Führungskräfte verfügen nicht über sie. In einigen Fällen ist vielleicht „Kameradschaft" der bessere Begriff für die Beziehung zwischen dem, der leitet, und seinen Mitarbeitern.

Da ,Leadership' Menschen wie eben beschrieben verbindet, glaube ich nicht, daß Führung vollständig von außen modelliert, also nachgebildet, werden kann. Es läßt sich nicht in einer Liste erfassen, wie Führungskräfte handeln sollen, indem man andere Führungskräfte studiert. Modellieren kann nur von *innen* her geschehen, indem wir die Werte, Überzeugungen und Eigenschaften entwickeln, die wir brauchen, um unser Ziel im Leben zu erkennen und zu erreichen und um unsere Vision dessen, was möglich ist, zu kreieren. Dann werden sich andere uns anschließen. Wir werden zunächst Führer für uns selbst und dann für unsere Begleiter werden.

Gedankenexperiment

Wie denken Sie über Führung? Was fällt Ihnen dazu ein? Nehmen Sie sich jetzt die Zeit zum Überlegen.
* Welche Eigenschaften weist Ihr inneres Bild auf?

- Ist das Bild starr oder beweglich?
- Wie weit entfernt erscheint es Ihnen?
- Ist es farbig oder schwarzweiß?
- Sind Sie selbst im Bild zu sehen?
- Welches Gefühl haben Sie zu Ihrem Bild?

Führung ist ein abstraktes Substantiv, und bei vielen Menschen taucht dazu ein starres Bild auf, ein Ausschnitt von Truppen auf einem Schlachtfeld oder manchmal ein Symbol.

Denken Sie jetzt an „führen".
- Was erscheint dazu in Ihrem Geist?
- Welche Eigenschaften hat Ihr mentales Bild jetzt?
- Wo liegen die Unterschiede zum vorherigen Bild?
- Welches ist Ihr Gefühl zu diesem Bild?

Führen ist ein Verb und bedeutet handeln und bewegen. Ihr mentales Bild kann springlebendig werden.

Wenn Sie über Führung nachdenken, dann sollten Sie die hinter dem Wort stehende Realität beachten – Führungspersonen *handeln*. Sie bewegen sich auf etwas zu. Sie regen Handeln an: Sie verändern Menschen und deren Denken. Führung als abstraktes Substantiv kümmert als theoretisches Konzept leblos oder bewegungslos vor sich hin – interessant, aber in sicherem Abstand wie ein Ausstellungsstück im Museum.[2]

Denken Sie an eine Führungspersönlichkeit. Wer fällt Ihnen ein? Militärische Führer wie der Herzog von Wellington, Napoleon, Winston Churchill oder General Schwartzkopf? Politische Führer wie Tony Blair, Präsident Kennedy, Margaret Thatcher oder Bill Clinton? Oder religiöse Führer wie Christus, Mohammed oder Buddha? Was ist mit Führungspersönlichkeiten im humanitären Bereich wie Mutter Teresa und Albert Schweitzer? Oder mit populären, charismatischen Persönlichkeiten wie Prinzessin Diana? Oder mit Filmstars, berühmten Musikern oder den Topleuten der Modewelt?

Führungspersönlichkeiten sind sehr unterschiedlich; sie sind alle starke Charaktere, die leidenschaftliche Zustimmung oder Ablehnung hervorrufen. Aber sie alle haben etwas gemeinsam, das sie als Führungspersönlichkeiten ausweist: Sie besitzen Einfluß. Sie regen Menschen an.

Die Vision

Das Führen beginnt mit einer Vision, mit einem verlockenden Ausblick auf eine mögliche Zukunft. Vision klingt nach etwas Großartigem; hier spielen aber lediglich zwei simple Merkmale eine Rolle: Eine Vision inspiriert Sie zum Handeln; sie bezieht andere Menschen ein und inspiriert auch sie zum Handeln.

Wir haben alle unsere persönlichen Visionen; Führung übernehmen heißt, die Visionen hervorzuholen und sie weiterzuentwickeln, sie der Erfüllung näher zu bringen und ihren Einfluß zu stärken. Wir versuchen alle die Zukunft zu gestalten, indem wir uns bemühen, unsere Träume Wirklichkeit werden zu lassen. Die Frage ist nur, welche Träume Sie im Augenblick wahr werden lassen und ob sie es auch wirklich wert sind. Und wenn Sie Ihre Träume nicht Wirklichkeit werden lassen, was ist der Grund dafür?

Stellen Sie sich die Zukunft als eine dunkle Höhle vor – als Aladins Schatzhöhle. Sie warten gelassen am Eingang. Die Höhle im Innern ist dunkel und verschluckt die Schatten, die vom Licht am Eingang ausgehen. Die Atmosphäre ist erwartungsvoll, Sie hören unheimliche Geräusche, Sie wissen, daß hier Chancen und Gefahren warten, aber Sie wissen weder, worum es sich handelt, noch wo sie sind. Manche Gegenstände in der Höhle sind leicht zu erreichen, und viele Menschen sind damit zufrieden, im Eingangsbereich zu bleiben; sie sind glücklich mit dem, was sie von dort mitnehmen können. Für die größeren Schätze müssen Sie sich weiter in die Höhle hineinwagen.

In der Höhle gibt es kein Licht, einzig Ihre Ideen sorgen für genügend Licht, damit Sie weiter sehen können. Hier sind Sie jetzt

Anführer und Pfad-Finder. Vielleicht drängen sich noch andere im Eingangsbereich und warten, was Sie finden oder was Ihnen einfällt.

Ihre Ideen leuchten einen Augenblick hell auf wie ein Leuchtsignal, und eine Sekunde lang können Sie und die anderen die Reichtümer im Umkreis erkennen sowie auch einige der Wächter, die Sie später überwältigen müssen. Das Leuchtsignal erlischt und Sie reiben sich die Augen, aber das Bild bleibt in Ihrem Geist bestehen, es hinterläßt einen bleibenden Eindruck. Sie wissen, was Sie wollen, und Sie kennen die Richtung, in der das Gewünschte liegt.

Aladins Schatzhöhle

Das anfängliche Leuchtsignal ist erloschen und wird zu einer Fackel, die nicht so hell ist, aber noch hell genug, um die Richtung zu erkennen. Die Menschen am Eingang schließen sich Ihnen an, und gemeinsam dringen Sie in die Tiefen der Höhle vor. Die anderen zünden unterwegs ihre Fackeln an Ihrer an. Bald ist es sehr viel heller und Sie können weiter sehen. Kein Wunder, daß Ihre Gruppe immer mehr Menschen anzieht – Sie haben genug Licht und wissen, wohin Sie gehen. Die Karten, die Sie anlegen, verfügen über zunehmend mehr Details, die Höhle wird vertrauter. Und immer noch haben Sie dieses erste helle Bild in Kopf, das Sie wiedererwecken können, wenn die Reise schwierig wird und Sie auf unvorhergesehene Hindernisse und Wächter stoßen.

Während Sie sich vorwärts bewegen, verändert sich die Höhle. Durch Ihr Vordringen schaffen Sie neue Herausforderungen, neue Fallen und neue Abkürzungen. Manchmal müssen Sie ein neues Lichtsignal entzünden. Vielleicht werden Sie tief in die Höhle hineingezogen und durchqueren phantastische Landschaften. Unter Umständen geraten Sie auf der Reise tief in eine Sackgasse oder lassen sich durch künstliche attraktive, aber wertlose Schmuckgegenstände am Wegrand ablenken. Oder Sie entdecken Orte, an denen Sie bleiben wollen. Aber egal, was geschieht, Sie fühlen sich Ihrer Reise, Ihrem Vorwärtskommen verpflichtet. Sie kehren nicht um.

Genau dieser Prozeß stärkt Ihre Vision von einem besseren Leben oder einem florierenden Geschäft. Ein Pfad-Finder führt immer *irgendwohin*, auch wenn der Grund der Reise der Wunsch ist, Schwierigkeiten zu entkommen. So war zum Beispiel das Jahr 1992 für die amerikanische Kaufhauskette *Sears, Roebuck and Company* katastrophal. Der Nettoverlust betrug fast vier Milliarden Dollar, das meiste davon im Handel – und das bei einem Umsatz von knapp über 50 Milliarden. Im folgenden Jahr wurde *Sears* auf spektakuläre Weise umgekrempelt, und zwar von Arthur Martinez, dem Vorstand der Handelsgruppe, der 1995 dann Vorstandsvorsitzender der ganzen Gesellschaft wurde. Man begann mit einer eingängigen Vision; man wollte dafür sorgen, daß *Sears* „ein einladender Ort für den Einkauf, ein einladender Arbeitsplatz und eine einladende Firma für Investitionen" wurde. Damit erreichte das Unternehmen im Jahr nach dem Nettoverlust von vier Milliarden einen Nettogewinn von 752 Millionen und eine Umsatzsteigerung von mehr als neun Prozent. Natürlich war es nicht die Vision allein, die den Umschwung herbeiführte, sondern die *Aktionen*, die sich durch diese Vision anboten und die von ihr angetrieben und geleitet wurden. Die Vision lenkt das Handeln. Das Handeln verändert die Welt in Richtung Ihrer Vision.

Es gibt jedoch keine Garantien auf der ,Reise'. Manchmal erweist sich eine Vision als optische Täuschung, als eine Illusion. Was wie ein Gang aussah, ist beim Näherkommen eine Sackgasse. Oder die Vision ist real und stabil, aber die Manager können den Weg nicht finden; ihre Strategie war falsch und leider gab es nur die eine Chance. *Sears* ergriff die Chance und setzte sie in die Tat um. Der Firma *Apple* gelang weder das eine noch das andere – noch nie scheint es einem Unternehmen gelungen zu sein, mit so viel gutem Willen so nachhaltig vom Weg abzukommen. Ende der achtziger Jahre war *Apple* in der Computerindustrie Marktführer mit einem Anteil von fast 20 Prozent am Weltmarkt. 1997 kämpfte die Gesellschaft bei Schulden von mehr als eineinhalb Milliarden Dollar ums Überleben. Sie wurde vom Moloch *Microsoft* verdrängt, war aber schon vorher durch schlechte Führung unter die Räder gekommen. 1998 wurde eine Werbekampagne unter dem Motto „Denk anders" („think different") gestartet, und jeder hoffte, die Firma würde ihren Rat selbst beherzigen.

Eine Reise beginnt dann, wenn Sie zwischen Ihrem jetzigen Standort und dem, an dem Sie sein wollen, einen Unterschied feststellen, oder anders ausgedrückt, wenn Sie nicht länger da sein wollen, wo Sie sind. Je schlimmer die gegenwärtige Situation ist, desto schwieriger wird die Reise und desto weniger wollen Sie stehenbleiben. Das war der Fall bei *Sears* und bei *Apple*, und viele Firmen befinden sich jährlich in demselben Dilemma.

Wenn Sie kein klares Ziel haben, gehen Sie vielleicht im Kreis und kommen wieder an den Ausgangspunkt zurück, an dem die Situation dann jedoch schlechter ist. Um zu vermeiden, im Kreis zu gehen, müssen Sie sich auf etwas Besseres zu bewegen *und* Sie müssen Ihr Denken ändern, durch das Sie in diese Situation geraten sind – Sie müssen „anders denken", wie der schlagkräftige Satz von *Apple* rät. Zum Beispiel verstand sich *Sears* vornehmlich als Geschäft für Herrenbekleidung; Marktanalysen zeigten jedoch, daß die Entscheidung, bei *Sears* einzukaufen, häufig von Frauen getroffen wurde. Deshalb wurde das Sortiment erweitert und Damenbekleidung und

Kosmetik dazugenommen. Der *Sears*-Katalog war nach über hundert Jahren zu einer nationalen Institution geworden, sollte man ihn also nicht beibehalten? Nein. Er brachte im Jahr zehn Millionen Dollar Verlust ein, also kam er in den Reißwolf.

Und *Apple*? Die Firma war zu Recht stolz auf ihre ‚wahnsinnig großartige' Technologie und weigerte sich nachhaltig, Lizenzen an die übrige Computerindustrie zu vergeben. *Apple* konzentrierte sich auf die Schulen als einen seiner wichtigsten Märkte, obwohl die Ergebnisse dieser Marktpolitik regelmäßig enttäuschten. Die Firmenleitung war überzeugt von ihrem geschlossenen System und wollte die Kontrolle über ihre Technologie behalten. Man erkannte nicht, daß Einfluß und Erfolg in der modernen Wirtschaft oft nur in Verbindung mit anderen Firmen möglich sind, die einzelne Ideen weiterentwickeln und auf diese Weise deren Wert steigern. Was das Know-how betrifft, so bekommt dieses um so größeren Wert, je mehr Menschen Ihre Ideen aufgreifen. *Apple* gelang es nur zu gut, die eigenen Ideen unter seiner Kontrolle zu behalten und ihre Ausbreitung zu verhindern. Das war im Endeffekt sinnlos, da der Wert der Ideen sank. Strategische Überlegungen zur Vergabe von Lizenzen wurden von Ingenieuren angestellt, die keine strategische Vision bezüglich zukünftiger Märkte hatten. Das Sprichwort „Ein Führer sieht, wo alle anderen hingehen und setzt sich an die Spitze" hat noch nie so gut gepaßt wie hier. Die Firma *Apple* sah, wohin die anderen gingen und blieb, wo sie war – in dem Glauben, andere würden zu ihnen zurückkommen müssen. Aber niemand mußte das, da ihr System in sich abgeschlossen war. *Apple* machte den gleichen Fehler wie *Sony* mit seinem Videosystem *Betamax* in den achtziger Jahren. Es galt allgemein als besser als das konkurrierende VHS-System, aber *Betamax* war ein geschlossener Standard und VHS offen, das heißt, das System durfte von anderen Firmen übernommen werden. So wurde VHS in der Industrie vorherrschend und *Betamax* verschwand.

Ihre Vision mit anderen teilen

Sie brauchen also nicht nur eine gute Straßenkarte, wenn Sie führen oder einer Vision folgen, Sie müssen auch zulassen, daß die Karte aufgrund Ihrer Erfahrungen und Beobachtungen beim Vorankommen korrigiert wird, und Sie müssen Ihre Erfahrungen mit anderen teilen können. Ein ‚Leader' (eine Führungspersönlichkeit) findet eine Vision gemeinsam mit anderen oder teilt die eigene Vision mit anderen und inspiriert sie. Eine gemeinsame Vision kann dann Gestalt annehmen.

Während „eine gemeinsame Vision" sehr großartig klingt, kann die Vision selbst beliebig großartig oder bescheiden sein. Sie muß jedoch erreichbar, lohnend und inspirierend sein – zunächst einmal für Sie selbst und, wenn Sie die Führung übernehmen wollen, auch für andere. Wenn nur Sie sich inspiriert fühlen, sind Sie im besten Fall ein Visionär, im schlimmsten Fall ein Spinner oder ein Exzentriker.

Wie machen Sie Ihre Vision praktisch umsetzbar und erreichbar? Sie muß zunächst ausgearbeitet, verbessert und spezifiziert werden. Berücksichtigen Sie dabei die folgenden Fragen:

- *Was ist für uns wichtig?*
  Gefragt wird nach den Werten oder Leitsätzen.
- *Was wollen wir erreichen?*
  Hier geht es um das Ziel oder den letztendlichen Zweck.
- *Wie wollen wir es erreichen?*
  Berücksichtigen Sie die wichtigen Ziele und Fähigkeiten, die nötig sind, um die Vision umzusetzen.

Zielvorstellungen sind genau definierte Schritte auf dem Weg zu den vorgegebenen Zielen. Sie müssen erledigt werden, damit die Ziele erreicht werden. Zielvorstellungen müssen meßbar sein, und deshalb müssen Sie entscheiden, was gemessen werden soll, wie und auch wie genau zu messen ist. Mit Aufgaben ist die Arbeit definiert, die getan werden muß, um den Zielvorstellungen zu genügen.

Vision

Absicht/Zweck

Werte

Ziele

Fähigkeiten

Meßbare Zielvorstellungen

Aufgaben

Eine Vision ist kein detaillierter Entwurf, sie gibt die Richtung vor und besteht aus einer Kombination von Dingen, die Sie wollen, und Dingen, die Ihren Wertvorstellungen entsprechen. Entsprechend dieser Vision setzen Sie Ihre Ziele. Ziele sind Träume mit einem festen Termin. Aus diesen Zielen ergeben sich eine Reihe meßbarer kleinerer Zielvorstellungen. Um Ihre Absicht umzusetzen, müssen Sie über bestimmte Eigenschaften verfügen, und Ihre Werte dienen dazu, Sie auf der ganzen Reise zu leiten.

Visionen

Eine Vision beantwortet wichtige Fragen, die nur durch Aktivitäten beantwortet werden können:

- Was möchte ich in meinem Leben erreichen?
- Auf welche Leistung möchte ich einmal stolz sein?
- Wenn es eine große Aufgabe gäbe, die ich sofort wie durch Zauberei in Angriff nehmen könnte, was wäre das?
- Was wollte ich schon immer tun? (Denken Sie an einen bohrenden Gedanken, der grandios erscheint und nicht verschwinden will.)
- Zu welcher Tätigkeit fühle ich mich hingezogen?

Mit diesen Fragen gelangen Sie zum Hauptzweck Ihrer Reise.

‚Leader' (Führungspersönlichkeiten) beginnen mit der Vision, die sie für erreichbar und wertvoll halten.

Eine Vision, die gründlich ausgearbeitet und sorgfältig formuliert wurde, wird oft als Leitbild („mission statement") bezeichnet. Um aus einer Vision ein Leitbild werden zu lassen, sollten Sie kritische Fragen stellen, unabhängig davon, ob es sich um eine organisatorische oder um eine persönliche Mission handelt:

- Wohin gehen wir?
- Wie gelangen wir dorthin?
- Was brauchen wir, damit wir Erfolg haben?
- Welches sind die für uns bestimmenden Werte?
- Woran und wie messen wir den Erfolg?
- Wie lange brauchen wir voraussichtlich?

Wenn Sie überzeugt sind, daß Ihre Vision erreichbar und praktisch ist und damit Ihre Straßenkarte fertig ist, werden Sie sie mit anderen teilen. Wie machen Sie das? Sie können Ihre Vision schriftlich übermitteln oder mit anderen besprechen. Am überzeugendsten sind Sie jedoch, wenn Sie die Vision und die darin verkörperten Werte leben. Handlungen können eine Vision sehr viel besser als Worte zum Ausdruck bringen. Ralph Waldo Emerson, amerikanischer Essayist und Dichter, sagte folgendes: „Was Sie tun, spricht so laut, daß ich nicht hören kann, was Sie sagen." Andere Menschen werden Sie immer zuerst nach dem beurteilen, was Sie tun, und dann nach dem, was Sie sagen. Künstlerinnen, Designer und Musiker sind vor allem aufgrund ihres Tuns führend.

Um Ihre Vision zum Einsatz zu bringen und anderen zu vermitteln, werden Sie an einem bestimmten Punkt nicht umhin können, sie in klare und inspirierende Worte zu fassen. Zwar wirken Worte nicht so stark inspirierend wie Ihre Handlungen und Ihre Vision verliert vielleicht an Überzeugungskraft oder wird mißverstanden, aber das läßt sich kaum vermeiden. Die Welt der Bilder ist anschaulich und weckt Gedanken, die Welt der Wörter ist voller Schatten und doppelter Bedeutungen. Über das Sehen wird alles auf einmal aufgenommen, während Wörter zunächst nur wenig hergeben. Versuchen Sie einmal, wenn Sie einige ruhige Minuten haben, folgendes Experiment: Schauen Sie sich Ihre Umgebung einige Sekunden an, und schließen Sie dann die Augen. Beschreiben Sie jetzt Ihre Umgebung. Sie werden merken, daß Sie dazu ziemlich lange brauchen. Jemand, der die Szenerie kennt, würde sie anhand Ihrer ersten groben Beschreibung erkennen. Eine in Worte gefaßte Vision hat nur wenig Bedeutung, wenn sie die Verbindung zu der zugrundeliegenden Erfahrung nicht herzustellen vermag.

Und was die Sache noch schwieriger macht: Im Gegensatz zu Ihrer Umgebung existiert eine Vision noch nicht, sie ist nur ein imaginäres Bild und besteht wie der Entwurf einer Skulptur nur vor Ihrem inneren Auge. Sie wird erst eindrucksvoll, wenn Sie sie ausarbeiten. Zuerst ist nur ein Umriß vorhanden. Eine erste Darstellung in Worten ermöglicht es anderen Menschen, sich die Vision in ihrem eigenen Geist zu erschaffen und sie unter Einbeziehung ihrer eigenen Vorstellungen zu verstehen. Sie fügen Dinge hinzu und betrachten sie aus unterschiedlichen Perspektiven, und damit wird die Vision deutlicher. Je mehr Menschen die Vision in ihren Kernelementen teilen, desto stabiler wird sie und desto mehr Dimensionen umfaßt sie.

Es ist eine Kunst, eine Vision in Worte zu fassen. Die Worte müssen so klar sein, daß die Idee verstanden wird, aber auch so vage, daß andere Menschen ihnen ihre eigene Bedeutung geben und die Idee dann erweitern. „In zehn Jahren einen Menschen auf den Mond bringen", „Eine Familie gründen und zusammen glücklich sein", „Ein zuverlässiger Lieferservice rund um die Uhr": alles Beispiele für Visionen. Oder was wäre mit „Neu bestimmen, was auf dem Medienmarkt möglich ist"? Die Worte müssen suggestiv und evokativ (bestimmte Vorstellungen weckend) wirken. Einsteins berühmter Ausspruch läßt sich abwandeln: „Eine Vision muß so einfach wie möglich sein, aber nicht noch einfacher."

Ich glaube, daß es ganz natürlich ist, eine Vision zu haben. Sie steht vielleicht klar im Mittelpunkt Ihres Lebens. Oder sie schwebt am Horizont – Sie haben gleichsam eine periphere Vision. Als jemand, der oder die führt, nehmen Sie diese Vision und binden sie stärker in Ihr Leben ein. Die Vision wird Ihnen stärker bewußt, und Sie beginnen, nach ihr zu handeln.

Eine Vision kann beinhalten, eine internationale Firma zu gründen, eine führende Rolle in Ihrer Gemeinde einzunehmen, ein inspirierender Manager zu sein, eine Spitzentrainerin im Sport zu werden, eine spitzenmäßige Anwendersoftware zu erfinden, ein Team von Spitzenkräften zusammenzustellen oder ein neues geschäftliches Projekt zu starten. Letztendlich geht es um die einfache Frage: Was ist es wert, daß ich es tue?

Weiterhin sollten wir uns fragen, wie lange die Reise dauern soll. Das hängt davon ab, was Sie erreichen wollen. Ist die Reise zu kurz, werden die Menschen nicht gefordert. Sie interessieren sich nicht für ein schlußendliches Ziel, das zu einfach ist – niemand braucht einen Pfad-Finder für die Expedition zum Laden um die Ecke. Wenn abzusehen ist, daß eine Reise lange dauern wird und sehr viel Anspannung erwarten läßt, kann dies dazu führen, daß die Menschen nicht einmal den Versuch wagen, weil ihnen das Ziel unerreichbar erscheint. Jemand, der geschickt führt, berechnet die Distanz so, daß genügend Spannung entsteht, aber die Verbindung zwischen Gegenwart und Zukunft nicht in Gefahr gerät.

Und angenommen, die Reise dauert sehr lange? Jedes Unternehmen braucht mindestens einige Jahre, um von der Verlust- in die Gewinnzone zu gelangen, und wenn Ihre Vision soziale Veränderungen vorsieht, kann das Jahrzehnte dauern. Je größer und umfangreicher die Veränderung, desto mehr Zeit beansprucht sie. Eine lange Reise muß sehr wichtige Stationen umfassen und für die Menschen wirklich zwingend sein, damit sie sich verpflichten. Oder alternativ müssen die herrschenden Umstände sehr schlecht sein, damit sich Menschen in Bewegung setzen. Wer die Leitung übernimmt, muß eine lange Reise in Etappen unterteilen, damit der Eindruck entsteht, daß sie zu bewältigen ist. Niemand ersteigt einen Berg in einem Zug; die Rastpunkte auf dem Weg zum Gipfel sind sehr willkommen. Je höher der Berg, desto mehr und desto ausgiebigere Pausen sind nötig. Stellen Sie sich vor, Sie schauen auf einen riesigen Berg und wissen, daß Sie ihn in einem Stück besteigen müssen. Bei diesem Gedanken rutscht Ihnen das Herz bis in Ihre Wanderstiefel. Es muß Zwischenziele geben, sonst kann man niemanden zum Aufstieg motivieren und muß sich allein auf den Weg machen.

Mentale Perspektiven erforschen I: Visionen

Es erscheint uns natürlich, in unserer Vorstellung Zeit mit Entfernung gleichzusetzen. Wir sprechen von Ereignissen, die „weit in der Zukunft" oder „in naher Gegenwart" liegen, und so gilt die Vorstellung von Perspektiven in unserem Geist genau so wie in der Außenwelt. Je länger wir brauchen, ein Ziel zu erreichen, desto weiter entfernt stellen wir uns dieses vor, und mit der Entfernung wird es immer kleiner. Je kleiner es uns erscheint, um so weniger motivierend und real wirkt es auf uns – wozu sollen wir also überhaupt anfangen? Für Perspektiven gilt, daß die scheinbare Größe eines Objekts umgekehrt proportional zum Quadrat der Entfernung ist: Wenn Sie sich in doppelter Entfernung von einem Objekt befinden, erscheint es nicht halb so groß, es scheint nur noch ein Viertel seiner eigentlichen Größe zu besitzen. Welche Anziehung ein Ziel für Sie hat, hängt sehr stark davon ab, an welcher Stelle in Ihrem Gehirn Sie es ablegen. So kann eine kleine Entfernung einen großen Unterschied bedeuten.

Probieren Sie das folgende Gedankenexperiment aus: Denken Sie an etwas Wichtiges, das Sie im Beruf oder im Privatleben erreichen möchten. Stellen Sie es sich vor. Machen Sie sich ein Bild davon.

- Wo etwa befindet sich Ihr mentales Bild im Raum? Es könnte direkt vor Ihnen oder seitlich von Ihnen sein. Wenn Sie das Bild ansehen, müssen Sie vielleicht nach oben oder nach unten blicken.
- Wie weit ist es weg? Etwa eine Armeslänge oder weiter entfernt?
- Wie lange, glauben Sie, werden Sie brauchen, um es zu erreichen?
- Experimentieren Sie, und schieben Sie es weiter weg. Welches Gefühl haben Sie jetzt dabei?
- Erscheint es Ihnen jetzt anziehender oder weniger anziehend?
- Wird es kleiner oder größer, oder bleibt es gleich groß, wenn Sie es weiter weg schieben?
- Gibt es einen Zusammenhang zwischen der Entfernung und der Zeit, die Ihnen zur Verwirklichung nötig erscheint?
- Wenn das Bild weiter weg ist, scheint es dann auch weiter in der Zukunft zu sein?

- Schieben Sie es so weit weg, daß Sie es kaum sehen können. Wie ist jetzt Ihr Gefühl dazu? Sind Sie noch motiviert?
- Jetzt holen Sie das Bild näher. Was verändert sich? Erscheint es Ihnen wieder anziehender?
- Wird es größer oder kleiner, oder bleibt es gleich, wenn Sie es näher heranholen?
- Erscheint es Ihnen erreichbarer? Haben Sie das Gefühl, Sie würden es jetzt eher erreichen?
- Welches Gefühl haben Sie jetzt?
- Finden Sie heraus, ob Sie an einen Umkehrpunkt gelangen – einen Punkt, an dem Ihr Bild jede Anziehungskraft verliert. Suchen Sie auch den Punkt, an dem es Ihnen zu nahe ist und Sie sich nicht mehr gut fühlen.
- Bringen Sie Ihr Bild wieder in die Entfernung, die Ihnen am angenehmsten ist. Ist es jetzt wieder am ursprünglichen Platz?

Spielen Sie mit der Entfernung. Sie werden interessante Entdeckungen machen. Wenn ein Ziel unrealistisch oder nicht attraktiv genug erscheint, ist es vielleicht zu weit weg. Je weiter es weg ist, desto weniger klar erkennen Sie Ihr Bild.

Wenn Sie Ihr Ziel planen, starten Sie am besten mit einem Bild, das nahe bei Ihnen ist, und schieben es dann in eine passende Entfernung. Immer wenn Sie erneut Verbindung mit dem Bild haben wollen, ziehen Sie es näher heran.

Erfahrene Führungspersönlichkeiten gestalten Ihr Ziel so, daß es machbar erscheint, auch wenn es vielleicht weit in der Zukunft liegt. Eine Möglichkeit ist zum Beispiel, ein Gefühl von Bewegung zu entwickeln:

- „Der Termin nähert sich ..."
- „Wir können vorgreifen ..."
- „Wir haben es mit einem beweglichen Ziel zu tun ..."
- „Wir können es gemeinsam erreichen ..."
- „Es ist in Reichweite ..."
- „Mit guten Ideen voran in die Zukunft ..."
- „Nichts kann uns aufhalten ..."

Leitungspositionen aus verschiedenen Perspektiven betrachten

Die mentale Perspektive hat auch einen Einfluß darauf, wie Menschen gesehen werden, die leiten. Zu einigen Personen der Führungsebenen finden wir besser Zugang als zu anderen, und das kann davon abhängen, wie nah wir sie vor unserem inneren Auge sehen. Im Englischen gibt es ein Sprichwort: „Ein General kommandiert, ein guter Führer führt, und ein großer Führer erkennt, wohin alle gehen, und setzt sich an die Spitze." Dabei ist die Spitze vielleicht wörtlich, sicher aber metaphorisch zu verstehen. Wie weit voraus sollte ein Führer sein? Denken Sie dabei auch an emotionale Distanziertheit. Wir reden davon, daß Menschen „distanziert" sind oder „in Kontakt bleiben", wir sprechen von „direktem" Management (das die Zügel gern in der Hand hält) und „engen" Freunden. Eine Führungspersönlichkeit, die zu weit voraus ist, erscheint kleiner, sie verliert den „Kontakt" und erkennt die Stimmungen und Gefühle derer nicht, die sie eigentlich führen soll. Jemand, der führt und sich bereits weit entfernt hat, läßt auch das Ziel fern erscheinen.

Hierarchien schaffen andere Arten von Distanz. Wir sprechen von einer Führungskraft, die „über" ihren Mitarbeitern steht. Meiner Vorstellung nach repräsentiert die vertikale Distanz Autorität und die horizontale Distanz emotionale Nähe oder Loyalität. In einer Hierarchie kann eine Führungspersönlichkeit, die über Autorität verfügt, den Mitarbeiterinnen und Mitarbeitern durchaus „nahestehen". Viele militärische Führer haben in ihrer Truppe eine phantastische Loyalität erzeugt, weil auch die untersten Ränge das Gefühl hatten, daß ihr Kommandeur sie versteht. Es ist von Vorteil, wenn jemand, die oder der leitet, sich „die Ränge hochgedient hat". So jemand versteht die Anliegen der Belegschaft wahrscheinlich besser und besitzt in ihren Augen mehr Glaubwürdigkeit als jemand, der von außen kommt. Je mehr Autorität Sie haben, desto weiter oben in der Hierarchie befinden Sie sich, und deshalb riskieren Organisationen mit mehreren Managementebenen, daß zwischen oben und unten eine zu große Distanz entsteht.

Gewöhnlich ist uns nicht bewußt, welche Vorstellungen von Führung wir selbst haben. Dennoch hat unsere Einstellung einen Einfluß darauf, wie angenehm uns der Gedanke ist, selbst zu führen. Wenn Sie sich eine Führungskraft groß und bedrohlich überragend vorstellen, haben Sie vielleicht ein ungutes Gefühl bei dem Gedanken, andere zu führen, denn das würde bedeuten, daß Sie sich über ihnen aufbauen. Wenn Führende auf ein Podest gestellt werden, sind nicht nur ihre tönernen Füße deutlicher sichtbar, sie fallen auch tiefer.

Überlegen Sie, was es für Sie bedeutet, die Führung zu übernehmen. Sie werden sich nicht auf die Reise begeben, wenn Sie überzeugt sind, daß ein Führer manipulieren oder Überlegenheit ausstrahlen muß.

Ihre Vorstellungen von Führungspersönlichkeiten werden von Ihren Erfahrungen mit ihnen geprägt. 1997 veranstaltete ich das erste öffentliche Seminar über NLP und Business in der Tschechischen Republik in Prag. Bei dieser Gelegenheit kam das Thema Führung auf. Ich spreche kein Tschechisch und hatte deshalb einen Übersetzer. Bald wurde klar, daß die Sprache kein Wort kannte, um den Begriff, den ich mit dem englischen Wort „leader" meinte, angemessen zu übersetzen. Die Tschechen hatten zwei Wörter: „manazer" mit der Bedeutung „Verwalter" und „vudce" für einen kommunistischen Parteiführer. Die Seminarteilnehmer sagten, Führer der kommunistischen Partei hätten keine eigene Autorität (die kam von Moskau), sie verfügten über keine Vision (sie taten, was man ihnen auftrug), sie wüßten nur wenig und wären sicherlich kein Vorbild, da sie abends nach der Arbeit immer als erste nach Hause gingen. Die Erfahrungen der Tschechen mit ihren ehemaligen russischen „Führern" waren derart, daß wir erst ein neues Wort finden mußten, um überhaupt diskutieren zu können. Schließlich entschieden wir uns, das englische Wort „leader" zu nehmen. So wurde an diesem Tag ein neues Wort und ein neues Konzept in die tschechische Sprache übernommen.

Unsere Kultur hat Einfluß darauf, wie wir über Führungspersönlichkeiten denken. In manchen Kulturen, wie zum Beispiel in Frankreich, besteht einige Distanz zwischen Führung und Untergebenen; soziale Hierarchien haben mehr Geltung. Je größer die Distanz zwischen Führung und Untergebenen, desto schwieriger scheint die Aufgabe als Leitungsperson zu sein. Man muß höher „klettern" und mehr riskieren, denn – wie man im Englischen sagt – „ein Nagel, der heraussteht, wird eingeschlagen". In egalitären Gesellschaften, wie zum Beispiel Amerika, gleicht die soziale Landschaft mehr einer Ebene; und eine führende Position scheint für jedermann erreichbar zu sein. Jeder kann Präsident der Vereinigten Staaten werden (zumindest theoretisch, auch wenn viel Geld sehr hilfreich ist).

Erkunden Sie Ihre Vorstellungen von Führung anhand der folgenden Übungen.

Mentale Perspektiven erforschen II: Führungspersönlichkeiten

Denken Sie an einen Menschen, den Sie für eine Führungspersönlichkeit halten.

• Wie weit entfernt scheint er in Ihrem mentalen Bild zu sein?
• Verändern Sie das Bild, um ihn weiter weg zu schieben. Verändert sich jetzt Ihr Gefühl in Bezug auf diesen Menschen?
• Schieben Sie ihn weiter und weiter weg. Wie verändern sich Ihre Gefühle zu diesem Menschen als jemanden, der die Führung übernommen hat? Gibt es einen Umkehrpunkt, hinter dem er nicht mehr zu führen scheint?
• Schieben Sie ihn wieder an die bisherige Position. Holen Sie ihn jetzt näher zu sich heran. Wie verändert das Ihre Gefühle zu ihm? Gibt es einen Punkt, an dem er zu nahe herankommt und Sie sich nicht mehr wohl fühlen?
• Setzen Sie ihn wieder in sichere Entfernung. Achten Sie jetzt darauf, wie hoch Ihre Führungspersönlichkeit, verglichen mit Ihnen, steht. Setzen Sie ihn an eine Stelle, an der er höher steht als Sie. Verändern sich Ihre Gefühle? Wie ist das, wenn Sie ihn immer höher schieben?
• Schieben Sie ihn jetzt nach unten, an eine niedrigere Position als die Ihre. Wie verändert sich Ihr Gefühl in Bezug auf diesen Menschen jetzt? Halten Sie ihn noch immer für einen ‚Leader' (eine Führungspersönlichkeit)? Gibt es einen Umkehrpunkt, an dem er nicht mehr Führer zu sein scheint?

Machen Sie diese Übung mit verschiedenen Führungspersönlichkeiten. Verändern sich Standpunkt und Distanz abhängig davon, an wen
Sie denken?

Übung: Selbst in der Führung sein

Der Einfluß einer Führungskraft ist abhängig von der Beziehung, die
der oder die Betreffende zu den Mitarbeitern herstellt. Die Art und
Weise, wie wir diese Beziehung in unserem Geist repräsentieren, entscheidet darüber, wie wir über Führungskräfte denken und auf sie
reagieren. Außerdem bestimmt die Repräsentation, welche Art von
Beziehung wir zu anderen herstellen, wenn wir selbst in einer
Führungsposition sind.

Erkunden Sie mit der folgenden Übung, wie Sie über Führungskräfte denken und auf welche Weise Sie sich selbst in einer Führungsposition sehen.

- Denken Sie an einen oder mehrere Menschen, die Sie als
  Führungspersönlichkeiten respektieren. Machen Sie sich in Ihrem
  Geist ein Bild von ihnen. Stellen Sie sich vor, daß diese Führungs-
  persönlichkeit von Menschen umgeben ist, auf die sie Einfluß hat
  und die ihrer Führung folgen.
- Wenn Sie sich diese führende Person in Ihrer Phantasie vorstellen,
  wo befindet sie sich – vor oder hinter Ihnen oder an Ihrer Seite?
- Steht die Führungsperson in Ihrem mentalen Bild vor den ande-
  ren Menschen – nur ein wenig entfernt, in einer mittleren Entfer-
  nung oder sehr weit weg?
- Ist die Führungsperson größer, kleiner oder genauso groß wie die
  Menschen, die sie führt?
- Befindet sich die führende Person über oder unter den von ihr ge-
  führten Menschen oder auf gleicher Ebene?
- Erscheint der ‚Leader‘ lebhafter, farbiger oder ‚überlebensgroß‘
  im Vergleich zu den Umstehenden?
- Wenn andere Ihr Bild anschauen, ohne jemanden auf dem Bild zu
  kennen, wie würden sie wissen, wer die Führung inne hat?
- Wie lebendig ist das Bild? Ist es farbig?
- Enthält es Bewegung?

Achten Sie jetzt darauf, ob in Ihrer mentalen Szene etwas zu hören ist. Hören Sie Stimmen?

- Stellen Sie sich vor, daß der, der die Führungsposition einnimmt, spricht. Wie würden Sie seine Stimme beschreiben?
- Lauschen Sie jetzt auch auf die anderen Menschen. Wie klingen deren Stimmen?
- Gibt es besondere Merkmale, durch die sich die Stimme des Führenden heraushebt?
- Würde ein Fremder die Stimmen hören, ohne das Bild zu sehen, könnte er herausfinden, welche Stimme der Führungskraft zuzuordnen ist?

Jetzt lassen Sie den Rest des Bildes gleich und *sehen Sie sich selbst* in Gesellschaft von Führungspersönlichkeiten.

- Machen Sie sich genauso groß wie die anderen ‚Leader‘, und stellen Sie sich neben sie, gleich weit von anderen Menschen entfernt.
- Welches Gefühl ist das, wenn Sie sich dort als Führungskraft stehen sehen?
- Ändern Sie das Bild so lange leicht ab, bis es für Sie angenehm ist.

Treten Sie jetzt in das Bild, fühlen Sie Ihren Körper, und gehen Sie zu der Gruppe der Führenden. Schauen Sie durch Ihre eigenen Augen auf die Menschen rundum, die Ihrer Führung folgen. Wie fühlen Sie sich jetzt dort?

Metaphern über Führung

Unser mentales Bild von ‚Leadern‘ (von Führungspersönlichkeiten) bestimmt die Art und Weise, wie wir über Führung denken, formt unsere Beziehung zu ihnen und natürlich unsere Äußerungen über sie. Hier einige Beispiele dazu: Führungspersönlichkeiten ...

- ... „sind den anderen voraus"
- ... „stehen auf einem Podest"
- ... „sind den anderen um einiges überlegen"
- ... „stehen der Belegschaft nahe"
- ... „sind distanziert"

- … „sind unnahbar"
- … „sind volksnah"
- … „stehen in Kontakt mit den Menschen"
- … „halten die Zügel fest in der Hand"
- … „sind alles überragende Charakterköpfe"
- … „sind den anderen haushoch überlegen"
- … „sind eine Klasse für sich"
- … „sind arrogant".

Wenn Sie diese oder ähnliche Wendungen bei anderen hören oder selbst verwenden, verraten sie Ihnen, was die anderen und Sie selbst unter Führung verstehen.

Kapitel 2
Führung: Substanz, Stil und Schatten

Gute Führungskräfte haben eine ethische Grundhaltung, sie sind verantwortungsbewußt und einflußreich. Die ethische Grundhaltung ist notwendig, weil die Führungsrolle Sie über gemeinsame Werte mit anderen verbindet. Eine weitere Voraussetzung ist Verantwortungsbewußtsein, denn ‚Leadership' (Führerschaft) bedeutet Selbstentwicklung – es geht nicht einfach darum, anderen, wenn auch mit viel Überzeugungskraft, Befehle zu erteilen und andere dazu zu bringen, diese auszuführen. Einfluß ist deshalb wichtig, weil gemeinsame Werte und Ziele die stärkste Motivation für das Ausführen von Aufgaben bilden. Es gibt natürlich keine Garantien – aber diese Art von Führung bringt Sie den Mitarbeiterinnen und Mitarbeitern näher und bietet Ihnen die besten Chancen zum Erfolg.

Nicht alle Führungspersonen sind gleichermaßen ethisch eingestellt, gleich verantwortungsbewußt und einflußreich. Unterschiede zeigen sich sowohl in der Substanz als auch im Stil. Führung hat, wie wir sehen werden, auch ihre Schattenseiten.

In der Vergangenheit wurde Stil oft mit Substanz verwechselt. Eine Führungskraft muß kein charismatischer ‚Guru' sein, der seinen Auftritt von Fanfarenklängen begleiten läßt und seine Anhänger behandelt, als wären sie Besucher einer Show. Ein derartiges Charisma ist Stil, nicht Substanz: Der Führer an Ihrer Seite kann genauso einflußreich sein wie der Weise auf der Bühne. Laotse, ein chinesischer Philosoph, der im sechsten Jahrhundert vor Christus lebte, hat diesen Aspekt der Führungsfunktion sehr treffend beschrieben. „Der beste Führer ist derjenige, von dem die Menschen kaum merken, daß es ihn gibt. Ein Führer ist weniger gut, wenn die Menschen ihm gehorchen und ihn preisen, und er ist schlecht, wenn sie ihn verachten. Wenn du die Menschheit nicht achtest, wird sie auch dich nicht achten. Von einem großen Führer sagen die Menschen nach Beendigung der Arbeit: ‚Wir haben das selbst hingekriegt.‘"

Ein einflußreicher ‚Leader‘ (eine Führungspersönlichkeit) hinterläßt sein Vermächtnis: Er hinterläßt Fußspuren auf dem Weg, denen die anderen folgen können. Führungspersönlichkeiten entwickeln sich selbst *und unterstützen andere in ihrer Entwicklung.* Sie bringen Menschen zusammen, anstatt sie zu trennen. Ich habe ein gutes Beispiel hierfür in einem Brief von Herzog von Wellington gelesen, den er 1820 an Lord Bradford vom britischen Kriegsministerium sandte: „Ich achte darauf, daß kein Offizier unter meinem Kommando dabei behindert wird, seine allererste Pflicht zu erfüllen, die schon immer darin bestand, einfache Soldaten seiner Einheit auszubilden."

Andere zu schulen, damit auch sie Führung übernehmen können, ist sowohl im persönlichen wie auch im geschäftlichen Umfeld sinnvoll. Eltern haben die Führung in ihrer Familie und bemühen sich, ihren Kindern zu helfen, damit sie unabhängige Erwachsene werden. In der Wirtschaft fördern Führungskräfte die Entwicklung von Mitarbeiterinnen und Mitarbeitern, damit sie lernen und dazu beitragen, die Firma für den Wettbewerb zu rüsten. Wirtschaftlicher Erfolg beruht zunehmend auf dem vorhandenen Wissen. Was man weiß, entscheidet darüber, was man tun kann. Kluge Menschen erzeugen kluge Produkte. Und kluge Menschen arbeiten gewöhnlich nicht in dummen Organisationen.

Die immer wiederkehrende Frage zum Thema Führung lautet: „Werden ‚Leader‘ geboren oder gemacht?" Und die Antwort heißt … „Ja." Beides. Die Frage selbst ist irreführend, da sie so formuliert ist, daß die Antwort nur ein Ja oder ein Nein sein kann. Wir werden alle mit Fähigkeiten und Begabungen geboren und müssen das Beste aus uns machen, indem wir lernen. Shakespeare schrieb einmal: „Manche werden groß geboren, manche erreichen Größe, und manchen wird sie aufgedrängt." Niemand entsteigt seiner Wiege als fertige Führungskraft. Wir müssen alle etwas lernen. Nur durch Lernen kommen unsere natürlichen Talente zum Vorschein.

Jede ausschließliche Antwort, die jegliche Diskussion erübrigt und keine Wahl läßt, erscheint mir verdächtig. Wenn Sie zum Beispiel glauben, daß Führungspersönlichkeiten geboren und nicht gemacht werden, warum sollten Sie sich zu einer entwickeln wollen oder andere dabei unterstützen? Die Frage würde in diesem Fall durch Ihre Gene beantwortet.

Bei den Vorarbeiten zu diesem Buch las ich sehr viel Literatur über militärische Führung und fand überall die Aussage, daß Anführer gemacht werden, was mich nicht überraschte. Nimmt man andererseits an, daß Anführer gemacht werden und der persönliche Charakter nicht zählt, führt dies zu dem Schluß, daß jedermann zur Führung in einer gegebenen Situation geeignet ist – und das ist eindeutig nicht der Fall.

Daß jemand Führung übernimmt, setzt meiner Meinung nach eine Kombination aus mehreren Elementen voraus: wer Sie sind, Ihre Fertigkeiten und Begabungen, die Beziehung, die Sie mit anderen aufbauen, *und* Ihre Situation. Zu führen heißt, mit diesen vier Kernelementen zu arbeiten. Hinter dem „und" ist das Geheimnis der Gleichung versteckt. Wenn Sie einzelne Teile eines Puzzles kennen, bedeutet das nicht, daß Sie damit das Gesamtbild wahrnehmen – zuerst müssen Sie die Teile zusammensetzen. Betrachten Sie ‚Leadership' (Führerschaft) insgesamt und nicht in Einzelteilen.

Wenn wir nicht den systemischen Aspekt von Führung berücksichtigen, haben wir nur eine ‚Einkaufsliste' zum Thema Führung – eine Sammlung von Einzelfaktoren, die in der Theorie beeindrucken, sich in der Praxis aber nicht verbinden. Es mögen die richtigen Teile sein, aber sie bewirken nichts, solange sie nicht verbunden sind. Ein Fernsehgerät funktioniert auch nicht, nur weil die einzelnen Bauteile auf dem Boden verteilt sind.

Um Führung zu übernehmen, sollten Sie sich selbst und Ihre Fertigkeiten und Begabungen entwickeln, damit Sie durch Ihr Beispiel führen. Entwickeln Sie Ihre Vision von Ihrem Ziel, damit Sie andere inspirieren, Sie zu begleiten. Fördern Sie die Entwicklung anderer Menschen, stärken Sie Ihren Einfluß auf Ihre Begleiterinnen und

Begleiter, damit Sie eine gemeinsame Vision entwickeln können. Und üben Sie sich schließlich in systemischem Denken, damit Sie die Situation mit ihren Einschränkungen und Chancen besser verstehen. Das sind meiner Meinung nach die wesentlichen Führungsqualitäten.

„Andere zu analysieren bedeutet Wissen,
sich selbst zu kennen bedeutet Weisheit,
andere zu lenken erfordert Fertigkeiten,
sich selbst zu steuern erfordert innere Stärke."
(*Taoteking*, Aphorismensammlung des Laotse)

Die drei Säulen der Führung

Was bringt Führungskräfte an die Spitze? Und wodurch bleiben sie, einmal dort, an der Spitze? Führung stützt sich auf drei Säulen, und alle drei sind für eine stabile Basis nötig:
- Autorität – die offizielle Stellung, die Führungskräfte einnehmen
- Wissen – ihr persönlich erworbenes Wissen
- Vorbild – ihr Handeln, das in anderen Menschen den Wunsch weckt, so zu sein wie sie.

Autorität

Unsere kulturelle Auffassung von Führung ist eng mit Kriegen und Schlachten verbunden und vor allem von der Militärgeschichte beeinflußt. Bei dem Wort „Führer" stellen sich viele Menschen sofort Truppen vor, die in die Schlacht geführt werden (auch wenn in den meisten Fällen der kommandierende General die Operationen aus dem Hintergrund befehligte). Die militärische Bedeutung prägt noch immer unsere Sicht von Führung im Berufsleben und stützt das Paradigma des Managements durch ‚Befehlen und Kontrollieren'. Es wirkt nach wie vor stark. Der Marketingbereich quillt über von militärischen Metaphern. Manager sprechen davon, daß sie sich in einem „Kampf um den Preis" oder in einem „halsabschneiderischen

Wettbewerb" befinden. Sie tun so, als ob sie mit primitiven Mitteln den Wettbewerb unter ihren Verkäufern anheizen könnten, indem sie zum Beispiel ein Bombardement auf ihre im Sitzungssaal internierten Mitarbeiter niederprasseln lassen. Kein Wunder, daß Mitarbeiter im Verkauf „kriegs"-müde werden, sie sind „ausgebrannt". Jede Metapher, die überbeansprucht wird, wirkt zerstörend, und das trifft hier eindeutig zu. Statt dessen sollte heute von einer „Partnerschaft mit dem Kunden" die Rede sein.

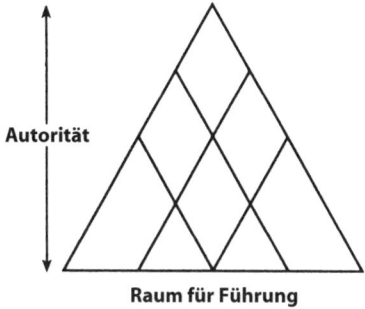

Führung durch Autorität

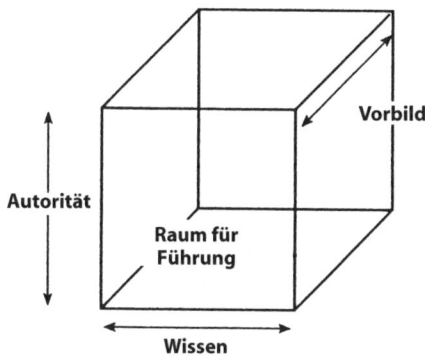

Das neue Führungsmodell

In einer strengen Hierarchie, wie eine Armee sie darstellt, ermöglicht ein hoher Rang die Führung über die *Unter*geordneten, aber Autorität allein bedeutet nicht Führung. Der Begriff der „Autorität" berücksichtigt den Kontext nicht genügend.

Bei Managementaufgaben ging es bisher, wie schon erwähnt, um Planung und Kontrolle. Das Topmanagement entschied, was zu tun war, das mittlere Management arbeitete das Vorgehen im einzelnen aus, und alle anderen taten, was ihnen befohlen wurde. In diesem Modell wurde vorausgesetzt, daß das Topmanagement natürlich wußte, was getan werden mußte, und daß es genügte, wenn die Befehle nach unten durchsickerten und die unteren Ränge, wie in einer guten Armee, gehorchten.

Diese Art von Management kann heute einfach nicht mehr funktionieren, auch wenn wir bereit wären, uns damit abzufinden. Die Märkte verändern sich schnell, und die Organisationen müssen unmittelbar reagieren, und deshalb brauchen die Mitarbeiterinnen und Mitarbeiter in allen Geschäftsbereichen das nötige Wissen und die Befugnis, in Angelegenheiten, die sie betreffen, auch selbst zu entscheiden. Da die Organisationen flacher werden, werden die Grenzen zu Autoritätspositionen durchlässiger. Das Topmanagement weiß nicht mehr unbedingt alles am besten. Informationen bedeuten Macht, die sich jedoch nicht in der Größe des Büros widerspiegelt. Nur eines läßt sich verläßlich vorhersagen, nämlich daß es Veränderungen geben wird.

Die Sachbuchautorin und Beraterin Rosabeth Moss Kanter hat die Situation treffend beschrieben: „Der zeitliche Abstand zwischen Entscheidungen ist größer als der zwischen Überraschungen." Bis Sie anhand Ihrer Informationen eine Entscheidung treffen, hat sich die Situation vielleicht schon verändert; und Ihre Entscheidung entspricht unter Umständen nicht mehr den veränderten Bedingungen. Ihre Firma mag für die Probleme von gestern perfekt organisiert sein. Entscheidend ist jedoch, wie schnell Sie Informationen erhalten und auswerten. Und die jeweiligen Mitarbeiter sind für diese Aufgabe am besten geeignet. Deshalb ist es heute für Managerinnen und Manager auf jeder Ebene nötig, daß sie sich Entscheidungen zutrauen und auch über die Fähigkeiten verfügen, Entscheidungen zu treffen; sie sollten in der Lage sein, dieselben Fertigkeiten bei ihren Mitarbeitern zu fördern. Außerdem müssen sie Wissen managen können. Dazu ist das neue Führungsmodell hervorragend geeignet.

Auch in der Armee täuscht manchmal der äußere Schein. Bei kritischen Auseinandersetzungen sind Team- oder Projektleiter fast immer am besten geeignet. Sie können den oberen Rängen angehören, aber das ist nicht unbedingt wichtig. Je gefährlicher die Situation, desto mehr zählt Kompetenz vor Rang. In Situationen, in denen es um Leben und Tod geht, wird jeder verlieren, der nur auf den Rang und nicht auf die Befähigung achtet. Bei geringem Risiko zählt normalerweise die formale Autorität. In Situationen ohne Risiko, wie zum Beispiel bei Manövern der Armee in Friedenszeiten, wird die Hierarchie genau beachtet. So akzeptiert auch das Militär, trotz seiner langen Tradition und trotz vieler Vorschriften bezüglich Disziplin und Hierarchie, daß in einer angespannten Lage der am besten Geeignete führen muß. Führung aufgrund von Wissen wird der Führung aufgrund von Autorität vorgezogen.

Die militärische Metapher von Angriff und Verteidigung hat ihre Berechtigung – aber innerhalb eines strategischen Rahmens: Die Konkurrenten sollen in einer Schlacht der Intelligenz, nicht der großen Bataillone, überlistet und von der Flanke her angegriffen werden. „Überleben der Fittesten" wäre eine gute Beschreibung für Firmen, die sich optimal an ihre Umwelt anpassen und so weiterleben und florieren (auch wenn „Überleben der am besten Geeigneten" – im Englischen ein Wortspiel: *fittingest* statt *fittest* - noch besser zuträfe). Damit verbunden ist die Vorstellung einer Ko-Evolution – Firmen entwickeln sich gemeinsam, nicht für sich allein; sie verändern und beeinflussen sich gegenseitig in einem Netzwerk. Kein Unternehmen verändert sich isoliert für sich – während sich ein neuer Markt auftut, schwindet ein anderer. Und auch Ihre Gewinnstrategie hat nur so lange Erfolg, wie sie nicht auch von Ihrem Konkurrenten angewendet wird. Wenn das eintritt, wird die Reaktion Ihres Konkurrenten Teil der Marktsituation, und Sie müssen Ihre Strategie wiederum ändern. Sie sind gezwungen, auf andere zu reagieren, die auf Sie reagieren, da Sie wiederum auf andere reagieren. Wie ein Chamäleon im Spiegel verändern sich Firmen entsprechend

den Bedingungen, und die Bedingungen verändern sich in Reaktion
auf die Firmenpolitik.

Koabhängige, parasitäre und symbiotische Beziehungen kommen
in der Geschäftswelt genauso vor wie in der übrigen Welt. Wir nennen die modernen Märkte gern einen „Dschungel"; wir brauchen
uns nur umzuschauen und entdecken tatsächlich Handelswüsten
und Regenwälder. Firmen werden von bestimmten Zulieferern abhängig und die Zulieferer von den Firmen. Wettbewerber sorgen für
die notwendige Stimulation. *Microsoft* wäre nicht ohne die Vorarbeit
von *Netscape* in den Internet-Markt eingedrungen. Die nachfolgen-
den sogenannten Browser-Kriege (wieder militärisch ausgedrückt)
brachten neue Software hervor, da *Microsoft* seine Produkte änderte,
um sie an das Internet anzupassen. [Anm.: Browser sind Zugangs-
programme, die den Einstieg ins Internet ermöglichen.]

So entstehen durch den Wettbewerb neue Produktpaletten und
neue Beziehungen. Wettbewerber kooperieren ganz selbstverständlich im Reigen neuer Produkte und Märkte. In der Computerindustrie ist ‚Ko-Konkurrenz' offensichtlich – die **Ko**operation der
Konkurrenten führt zu neuen technischen Standards, läßt den Markt
schneller wachsen und schafft neue Märkte. Zur Zeit besteht eine
Allianz zwischen *Sun*, *IBM*, *Apple* und *Netscape*, um die Vormacht-
stellung von *Microsoft* zu erschüttern. Wer auch immer ‚gewinnt', das
Spiel geht weiter.

Eine Autoritätsstellung kann bei der Führungsaufgabe hilfreich
sein, aber ein Mitarbeiter in einer Autoritätsposition ist nur dann ein
‚Leader' (eine Führungspersönlichkeit), wenn sein Einfluß auch
ohne diese Position besteht. Um eine Führungskraft zu testen, kann
man also fragen, ob die Menschen dieser Führung auch ohne die formale Autorität folgen würden. Ist die oder der Betreffende wirklich
eine Führungspersönlichkeit, wäre die Antwort ein Ja. Ist sie oder er
das nicht, wäre die Antwort „vielleicht". Und angenommen, jemand
führt autoritär, fordert unbedingten Gehorsam und kümmert sich
nicht um die Mitarbeiter, dann wäre die Antwort „nein" – vielleicht
würden sich die Menschen sogar gegen eine solche Führung wenden
und auf Rache für erlittene Demütigungen sinnen. Autorität funktioniert am besten innerhalb einer allgemein anerkannten Hierarchie,

wie zum Beispiel in der Armee oder bei der Polizei. Die Beteiligten
ziehen an einem Strang, da bestimmte Werte vorausgesetzt und von
allen akzeptiert werden. Wollen Sie Menschen führen, die nicht über
ähnliche Ziele und Werte verfügen, reicht Autorität nicht aus.

Die *Industrial Society* veröffentlichte 1998 einen Bericht mit dem
Titel *Liberating Leadership*, in dem die Ansichten von 1000 Jung-
managern und Angestellten zusammengetragen waren. 81 Prozent
der Befragten bewunderten Führungspersonen ohne formale Auto-
rität. Sie erklärten außerdem, daß sie keine Manager alten Stils
(‚Kommando und Kontrolle‘) haben wollten. Sie wünschten sich
Manager mit Enthusiasmus, die ihre Leute unterstützten und die
Bemühungen des Einzelnen anerkannten. Autoritäre Manager, die
Furcht einflößten und auf ihren Vorstellungen bestanden, waren
nicht beliebt.

Bloße Autorität läßt sich mit einem Anstoß von hinten vergleichen. Was tun Sie automatisch, wenn Sie von hinten gestoßen werden? Sie halten dagegen und leisten Widerstand – es sei denn, Sie
wollen sowieso in diese Richtung und erleben das Anschieben als
hilfreich. Wenn Sie nicht wissen, was vor Ihnen liegt, und auch nicht
sicher sind, ob Sie sich weiterbewegen wollen, dann ist Widerstand
vollkommen verständlich.

Stellen Sie sich eine Gruppe gemeinsam arbeitender Menschen als
Perlenkette vor. Und nun versuchen Sie in Ihrer Vorstellung, diese
lockere Ansammlung von Individuen gemeinsam in die gleiche Richtung zu bewegen, indem Sie sie von hinten schieben. Auch wenn Sie
die gesamte Gruppe gleichmäßig anschieben, werden einige zögern.
Die Linie wird unterbrochen, weil einige nach vorn gehen, andere
aber zurückbleiben. Um die Linie beizubehalten, übt das traditio-
nelle Management Druck von der Seite aus. Je mehr Menschen der
Autorität jedoch widerstehen, desto mehr ist das Management gefordert und es wird um so schwieriger, Dinge getan zu bekommen.

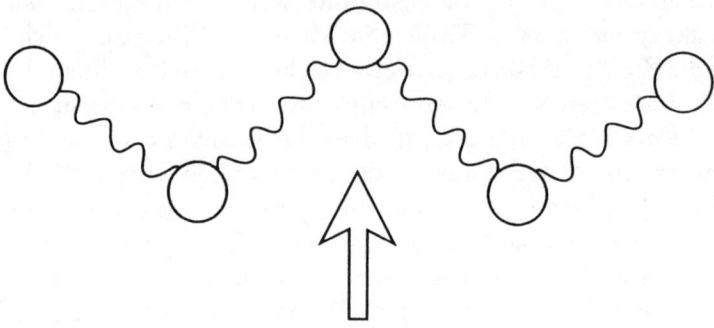

Stellen Sie sich jetzt vor, die gleiche Gruppe locker verbundener Individuen würde vorwärts gezogen. Sie bewegen sich alle gemeinsam und brauchen kaum Hilfe von der Seite, damit die Linie gewahrt bleibt. Bloße Autorität schiebt an, Führung *zieht*, denn sie zieht die Menschen mit einer Vision der Zukunft an, die ihnen attraktiv erscheint.

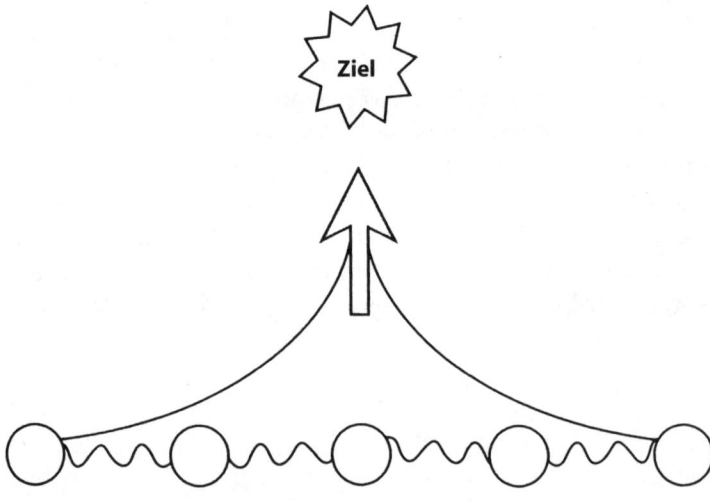

Der Unterschied zwischen Autorität und echter Führung entspricht dem Unterschied zwischen einem Boß und einer Führungspersönlichkeit:

- Ein Boß hat Arbeitsverpflichtete, eine Führungspersönlichkeit hat freiwillige Mitarbeiter.
- Ein Boß hat Macht, eine Führungspersönlichkeit hat Einfluß.
- Ein Boß verläßt sich auf seine Autoritätsstellung, eine Führungskraft gewinnt Autorität durch sich selbst.
- Ein Boß kann Angst einjagen und Respekt verlangen, eine Führungspersönlichkeit gebietet Respekt.
- Ein Boß sagt: „Ich werde", eine Führungspersönlichkeit dagegen: „Wir werden".
- Ein Boß zeigt auf, wer etwas falsch gemacht hat, eine Führungspersönlichkeit zeigt, was falsch gemacht wurde.
- Ein Boß weiß, wie man etwas macht, eine Führungspersönlichkeit weiß es nicht nur, sie kann es selbst.
- Ein Boß bringt Menschen dazu, etwas zu tun, eine Führungspersönlichkeit bringt Menschen dazu, daß sie etwas tun wollen.
- Ein Boß treibt die Mitarbeiter an, eine Führungspersönlichkeit inspiriert sie.
- Einem Boß wird gehorcht, einer Führungspersönlichkeit folgt man freiwillig.
- Und bevor Sie sich mit einem Boß streiten, sollten Sie zwei Dinge genau betrachten: seine Meinung und Ihre eigene Zukunft außerhalb der Firma.

Wissen

Wissen ist die zweite Säule der Führung. Sie können aufgrund Ihres Wissens führen. Wenn mein Auto streikt, bringe ich es zur Reparatur in die Werkstatt. Wenn mein Computer streikt, tue ich, was ich kann, um ihn in Ordnung zu bringen, meist rufe ich jedoch beim Service an. Will ich etwas über die neueste Mode oder über Musik wissen, frage ich meine Tochter, die im Teenageralter ist. Mechaniker, Ärztinnen, Ingenieure, Anwältinnen und Lehrer können alle aufgrund ihres Wissens führen. Und doch ist Wissen allein unzureichend.

Denken Sie an Ihre besten Lehrer und Trainerinnen, an die, die für Sie und für Ihre Leistungen eine spürbare Verbesserung bewirkten. Wer fällt Ihnen ein? Ein Lehrer an der Schule oder an der Universität, ein Sporttrainer oder eine Ausbilderin im Beruf? Welche Qualitäten hatten sie genau?

Ich erinnere mich noch an einen Lehrer an der Universität. Er betrat den düsteren Vorlesungssaal mit den hölzernen Bänken, die durch Generationen von Studenten blankpoliert waren, und leierte monoton seinen Text eine Stunde lang herunter, wobei er die ganze Zeit nur auf seinen Text sah. Danach packte er seine Aufzeichnungen ein und verschwand. Wir fragten uns, ob er es wohl bemerken würde, wenn keiner von uns zu seinem wöchentlichen Ritual erscheinen würde. Eine Gruppe von uns bestimmte durch das Los, wer jeweils in die Vorlesung ging und sie heimlich aufnahm, damit alle sie anschließend anhören konnten. Das einzige, was ich von diesen Vorlesungen noch weiß, ist, daß er gut als „guut" aussprach – ein Zeichen dafür, wie gefesselt ich war. Dieser Mann wußte wirklich Bescheid über sein Thema, aber er konnte mich nie dazu animieren, mich über das bloße Minimum hinaus dafür zu interessieren. Andere Vorlesungen waren ausgezeichnet und anregend: Ich konnte mir sehr gut merken, was vorgetragen wurde, und nach der Vorlesung beschäftigte ich mich in meiner Freizeit mit diesen Themen, da sie durch den Vortrag für mich lebendig geworden waren.

So siegt Wissen über Autorität – wären Sie lieber bei jemandem, der weiß, was er tut, oder bei jemandem, der in einer Situation formal die Autorität besitzt? Aber wirkliche Führungspersönlichkeiten bieten noch mehr. Sie bringen sich selbst mit ein.

Vorbild

Das Vorbild ist die dritte und stärkste Säule der Führung. Die Menschen erwarten von einer Führungskraft Ideen und Anleitung. Den stärksten Eindruck vermitteln Sie nicht durch das, was Sie sagen: Wer Sie sind, hinterläßt den bleibenden Eindruck.

Führende Persönlichkeiten, die als Rollenvorbild dienen, übernehmen die Verantwortung für ihr Handeln. Verantwortlichkeit hat zwei Seiten – die Fähigkeit zu reagieren ist die eine, die Anerkennung ihres Einflusses die andere. Einfluß und Verantwortung gehören zusammen. Ihr Selbst, Ihre Werte, Überzeugungen, Erwartungen und Aktivitäten fließen in alles ein, was Sie tun, und werden durch Ihr Handeln sichtbar. Und wenn Sie aufmerksam sind, werden Sie erkennen, daß alles, was Sie tun, auf Sie wirkt und Sie und die Menschen in Ihrem Umfeld verändert. Verantwortungsbewußte und einflußreiche Führungskräfte begreifen sich selbst nicht als isoliert. Sie sind Teil des von ihnen geführten Teams. Das heißt somit, daß sie sowohl sich als auch andere führen und beeinflussen.

Damit ‚Leader' (Führungspersönlichkeiten) als Rollenmodell dienen und durch ihr Vorbild führen können, müssen sie sich selbst treu sein. Erst dadurch können sie uns die Botschaft vermitteln, daß wir nicht wie sie, sondern wir selbst sein sollten, und diese Botschaft erkennen wir alle an. Indem wir uns selbst treu sind, entwickeln wir unsere eigenen Führungseigenschaften und bewegen uns auf dem Pfad zur Führung vorwärts.

Führung ist trotzdem nicht immer einfach, und es gibt auch keine einfachen Antworten. Die meisten Wahlmöglichkeiten sind vage und verschwommen und können nicht *logisch* erklärt werden. Meine Lieblingsgeschichte dazu stammt von den Sufis. Sie handelt von dem Weisen Nassr-U-Din, der als Richter in einer Zivilangelegenheit fungierte. Zwei Männer trugen ihre Klagen vor. Der erste vertrat seine Sache sehr ausführlich.

„Das war sehr überzeugend", meinte Nassr, „offensichtlich hast du recht!"

„Einen Augenblick, Sir", flüsterte der Gerichtsangestellte. „Sie müssen mit der Entscheidung warten, bis der andere seinen Fall vorgetragen hat."

Der zweite Mann trat vor und vertrat seine Sache nicht weniger redegewandt.

„Natürlich", sagte Nassr, „ich muß blind gewesen sein. Ich sehe jetzt, daß du recht hast!"

Sein Mitarbeiter zog ihn am Ärmel. „Richter", zischte er, „sie können nicht beide recht haben!"

„Nein", sagte Nassr, „du hast recht."

Manchmal scheinen beide Wege richtig zu sein, und doch müssen wir uns für einen von beiden entscheiden – was schwierig ist. In solchen Fällen müssen wir auf uns selbst vertrauen und entsprechend entscheiden. Wir müssen auf das vertrauen, was wir selbst für wahr halten. Wenn wir kein Vertrauen in uns selbst haben, wird das zur Wahrheit, was andere uns sagen. Letztlich bedeutet Führung, auf sich selbst zu vertrauen und anderen zu helfen, daß sie ihrerseits auf sich vertrauen lernen. Menschen haben kein Vertrauen zu solchen Menschen, die kein Vertrauen in sich selbst haben.

Führungsstile

Menschen, die führen, unterscheiden sich stark, und so sind bei ihnen auch die Anteile von Wissen, Autorität und Vorbild in unterschiedlichen Kombinationen vorhanden. Lehrer können aufgrund ihres Wissens und ihrer Position ‚Leader‘ (also Führungspersönlichkeiten) sein. Andere haben die Führung aufgrund formaler Autorität inne: Managerinnen, Armeeoffiziere, Polizisten, gewählte Volksvertreterinnen. So mancher Anführer besitzt eine Mischung aus religiösem Wissen und Autorität. Sie können sich nicht selbst zum Rollenmodell erklären – diese Stellung wird ihnen (wie die Führung) von anderen verliehen, und vielleicht ist sie ihnen nicht einmal willkommen. Als Kinder nahmen wir Eltern und Erwachsene, die uns etwas bedeuteten, als Rollenvorbilder. Als Eltern werden wir automatisch zum Rollenmodell für unsere Kinder, ob wir es wollen oder nicht.

Ein Trainer kann führen. Der britische Tennisspieler Greg Rusedski rückte in wenigen Monaten vom 56. auf den 6. Platz der Weltrangliste vor, und zwar mit Hilfe seiner Trainer, zuerst Brian Teacher, danach Tony Pickard. Rusedski ist ein talentierter Spieler, und seine Trainer konnten ihn so inspirieren, daß er seine Begabung auch einsetzen konnte. Berühmte Sportlerinnen und Sportler führen durch ihr Vorbild; und gewöhnlich haben sie bekannte Trainer – Anführer einer anderen Kategorie. Beim Coaching in Firmen hilft der Trainer einem Mitarbeiter, ein Problem oder eine Aufgabe besser zu lösen, indem er mit ihm diskutiert oder ihn anleitet. Wenn es beim Coaching um persönliche Themen geht und wenn die persönlichen Eigenschaften des Trainers so wichtig werden wie seine geschäftlichen Fähigkeiten, dann wird aus dem Coach möglicherweise ein Mentor. Sie können Ihren Trainer vielleicht nicht selbst wählen, aber Ihren Mentor suchen Sie immer selbst aus.

Ein Heiler kann führen, und zwar meist aufgrund seines Wissens. Ärzte und Therapeuten leiten, wenn sie Menschen zu einer besseren Gesundheit und mehr Wohlbefinden hinführen. Interne und externe Berater können Risse in Organisationen heilen.

Auch eine Vertrauensperson, die in einem Betrieb wichtige Abläufe beobachtet, führt in gewisser Weise. Peter Block beschreibt in seinem Buch *Stewardship* (siehe Block, 1996) diese Tätigkeit als einen Dienst im Sinn einer höheren Vision; jemand in dieser Funktion plädiert für mehr Verantwortlichkeit, damit zum Beispiel eine Kultur von Schuldzuweisungen und Kontrolle am Arbeitsplatz beendet wird. Viel von dem würde meiner Ansicht nach auch auf die Funktion von Führungspositionen zutreffen. Ich fasse den Begriff „Stewardship" (Vertrauensamt) enger: als einen Führungsstil.

Eine Vertrauensperson hat in einer Firma zum Beispiel eine wichtige Rolle als Wächter für das, was wichtig ist und beibehalten werden sollte, denn obwohl eine ständige Erneuerung notwendig ist, sind zu viele Veränderungen genauso schlecht wie zu wenige. Ohne jegliche Veränderung erstarrt eine Firma und wird zu einem Dinosaurier, der dem Wettbewerb nicht gewachsen ist. Zu viele Veränderungen bringen die Gefahr mit sich, daß die Firma wertvolle Geschäftsanteile einbüßt. Eine Vertrauensperson bestimmt und bewahrt, was bewahrt werden sollte, weil es die Firma stabil hält. Eine erfolgreiche Veränderung bedeutet, die Dinge beizubehalten, die gegenwärtig gut sind, und den Rest über Bord zu werfen. Wer führt, muß bis zu einem gewissen Grad auch Vertrauensperson sein.

Manchmal übernimmt auch ein Designer die Führung. Designerinnen und Designer gestalten unser Leben. Schauen Sie sich nur um, und betrachten Sie all die von Menschen gestalteten Objekte – Gebäude, Möbel, Kleidung, Autos und Maschinen. Und alle entstanden am Anfang aus einer Idee. Gute Designer sind führend in den

Bereichen Architektur, Innenausstattung, Mode und Haushalts-
geräte, während andere sich dieser Führung anvertrauen. Vielleicht
haben Sie den Architekten Ihres Hauses nie getroffen, und trotzdem
hat er durch die Art, wie er Ihr Haus geplant hat, Einfluß auf Ihr täg-
liches Leben. Menschen, die neue Trends einführen, beeinflussen
unsere Wahl der Kleidung und Einrichtung, der Musik, die wir
hören, und der Bücher und Zeitungen, die wir lesen.

Schließlich gibt es auch Führungspersönlichkeiten, die einfach
nur ein Rollenmodell darstellen. Denken Sie an die Menschen, durch
die Sie am meisten beeinflußt wurden. Vielleicht besaßen sie eine
Autoritätsstellung, vielleicht verfügten sie über sehr viel Wissen.
Aber wahrscheinlich gab es da noch etwas – etwas ganz Persönliches;
sie verkörperten Werte, die Sie bewunderten.

Ich glaube, ein ‚Leader‘ ist so etwas wie ein Held. Ich verbinde mit
einem Helden jemanden, der schützt und dient. Gewöhnlich taucht
im Zusammenhang mit einem Helden die Vorstellung auf, daß
jemand mutig ist, Leben rettet, vielleicht Tapferkeitsmedaillen erhält
oder Unmögliches schafft. Aber alle Heldinnen und Helden, auch
die aus Hollywoodfilmen, haben eine zusätzliche innere Aufgabe –
sie müssen einen Drachen in ihrem Innern überwinden, sie müssen
über sich hinauswachsen und die Eigenschaften entwickeln, die sie
für ihre Aufgabe benötigen. Der Held in einer Geschichte läßt sich
sicher erkennen: derjenige, der am meisten gelernt hat, oder diejeni-
ge, die sich am Ende am meisten verändert hat. Luke Skywalker
und Darth Vader sind Helden in der Filmserie *Starwars*, sie sind es
nicht von Anfang an, aber sie werden Helden, weil sie Herausforderungen bewältigen. Führungseigenschaften zu entwickeln bedeutet,
daß Sie sowohl eine äußere wie eine innere Reise unternehmen – daß
Sie eine wichtige Aufgabe in der äußeren Welt erledigen, andere bei
wichtigen Aufgaben inspirieren und innere Ressourcen entdecken,
von denen Sie vorher nichts wußten und so auf Ihre eigene Art die
Führung übernehmen.

Bestimmen Sie Ihren eigenen Führungsstil

- Wo in Ihrem Leben sind Sie bereits in einer Führerrolle?
- In welchem Bereich Ihres Lebens besitzen Sie bereits Autorität – formal oder informell?
- Auf welchem Gebiet verfügen Sie über größeres Wissen als andere?
- Wo sind Sie Rollenmodell für andere?

In diesen Bereichen sind Sie bereits Führende oder Führender. Wie könnten Sie noch einflußreicher werden?

- Haben Sie eine Lehrerrolle?
- Wo vermitteln Sie anderen Wissen oder Fertigkeiten?
- Sind Sie Designer? Wo gestalten Sie das Leben anderer durch das, was Sie machen?
- Sind Sie Trainer? Wo versuchen Sie, das Beste in anderen Menschen zu fördern?
- Sind Sie Heilkundiger? Wo helfen Sie anderen, deren Körper oder Geist verletzt ist, oder wo bringen Sie Menschen zusammen und helfen Ihnen, sich gut zu fühlen? (Ein Verhandlungsführer ist auch eine Art Heiler.)
- Haben Sie eine Vertrauensstellung? Achten Sie darauf, daß wichtige Werte oder Gegenstände in Zeiten des Wandels erhalten bleiben?

Welcher Aspekt beim Führen spricht Sie besonders an? Wie könnten Sie diesen Aspekt in Ihrem Leben besonders entwickeln oder Fähigkeiten erweitern, die Sie bereits besitzen?

- In der Leitung zu sein – was ist für Sie dabei wichtig?
- Warum möchten Sie sich zur Führungspersönlichkeit entwickeln?
- Was bringt Ihnen das ein?

Die Schattenseite

„Macht korrumpiert gewöhnlich, und absolute Macht
korrumpiert absolut."
(Lord Acton)

Alle Tugenden werden zu Unarten, wenn sie bis ins Extrem gepflegt
werden, und ‚Leadership' (Führerschaft) macht da keine Ausnahme.
Führungskräfte müssen andere aufbauen, damit diese auch führen
können, sonst degradiert Führung zu einer Selbstbedienungs-
stellung, deren Macht die einzige Rechtfertigung ist. Alle Führungspersönlichkeiten sind dieser Gefahr ausgesetzt.

Die dunkle Seite der Führung mit starker Autorität besteht darin,
daß jemand autoritär ist. Die Führungskraft verlangt unbedingten
Gehorsam, und um das zu erreichen, muß sie entweder das Selbstvertrauen der ihr Zugeordneten untergraben, damit sie nicht selbst
denken können, oder sie droht bei Ungehorsam schreckliche Konsequenzen an. In extremen Fällen werden die Anhänger durch das
autoritäre Verhalten entmenschlicht, sie werden zu Instrumenten der
Macht und sind nicht mehr selbstbestimmt. Unbedingter Gehorsam
ist immer verdächtig, außer in Ausnahmesituationen wie im Krieg,
und auch dann gelten weiterhin die höheren Werte einer gemeinsamen Humanität – Befehlsnotstand war noch nie eine Entschuldigung
für Kriegsverbrechen. Im Geschäftsleben ist der Begriff „Boß" oftmals ein Synonym für eine autoritäre Führungskraft.

Betriebsinterne Coachs arbeiten mit Kollegen, um ihnen zu helfen, ihre Leistungen zu verbessern. Die dunkle Seite eines Coachs ist
der „Jehu", der englische Begriff für einen Raser und Schnellfahrer –
ich habe dabei das Bild eines Wagenrennens vor mir, bei dem die Fah-
rer zum Ende in einem Kopf-an-Kopf-Rennen in einer verzweifelten
Anstrengung die Peitsche auf ihre Pferde und ihre Konkurrenten
niedersausen lassen. Coachs können zu Wahnsinnigen werden, wenn
sie versuchen, ihre eigenen unbefriedigten Bedürfnisse durch andere
zu erfüllen, anstatt zu versuchen, anderen zu helfen, mit eigenen Mitteln das Bestmögliche zu erreichen. Sie verwischen die Grenzen zwi-

schen sich selbst und anderen und sind nicht Herr ihrer inneren
Kämpfe. Sie machen Menschen zu Sklaven.

Die Patienten eines Heilkundigen brauchen seine Hilfe. Seine
dunkle Seite ist der Quacksalber, der nicht so sehr daran interessiert
ist, Menschen zu helfen, als vielmehr seinen Ruhm und sein Vermögen durch den Verkauf von Heilmitteln zu vergrößern.

Auch eine Vertrauensperson, die vergißt, auf Erneuerung und
Entwicklung zu achten, wird zum Gefängniswärter, wenn sie an der
Vergangenheit festhält und sich durch den Geist der Vergangenheit
den Blick für die Gegenwart und die Zukunft versperren läßt. Eine
Vertrauensperson empfängt Sie als Gast, ein Gefängniswärter macht
Sie zum Gefangenen seiner Vorurteile, die in der Vergangenheit wur-
zeln.

Auch ein Designer führt, und zwar aufgrund seiner Fähigkeiten
und seines Wissens, die er in den Dienst der Öffentlichkeit stellt. Andere, zum Beispiel Praktikanten, studieren seine Arbeit und eignen
sich die Fertigkeiten an, um ihr Design wiederum auf ihre eigene
Weise zu gestalten. Wenn ein Designer vergißt, daß sein Erfolg darauf
beruht, andere zufriedenzustellen, und wenn er das breite Publikum
ignoriert, wird er zur Primadonna. Vielleicht schwelgt er in seinem
Ruhm und vergißt, daß er nur deshalb führend ist, weil er etwas
schafft, das für andere von Wert ist. Dieser Designer verliert den
Kontakt zu den Kunden und braucht ein unkritisches Publikum, das
ihm trotz seiner Launen folgt. Und er braucht Imitatoren, die seine
Entwürfe kopieren, anstatt die nötigen Fertigkeiten selbst zu erlernen und dann damit etwas zu schaffen, das die eigene Vision aus-
drückt.

Außerdem gibt es noch diejenigen, die ich hier als Rollenmodelle
bezeichnen möchte. Ein Rollenmodell leidet an Größenwahn und tut
so, als wäre es besonders begünstigt und etwas Besseres als seine Be-
wunderer. Paradoxerweise verlieren diese Menschen damit ihren
Wert als Rollenmodell. Wir suchen uns Rollenmodelle danach aus,
wer sie sind und was sie uns lehren können, nicht nach dem, wofür
sie sich selbst halten. Niemand ist für sich allein Rollenmodell, man
kann nur zum Rollenmodell gewählt werden. Sobald sich also jemand selbst für ein Rollenmodell hält, und zwar ohne Rücksicht auf

seine Anhänger, verliert er den Kontakt zur Realität und schafft ein künstliches Selbst, das dann um jeden Preis aufrechterhalten werden muß. Und obwohl es falsch ist, kann es sein, daß dieses Selbst durch eine letzte ironische Umkehrung schließlich Grundlage für Selbstachtung wird. Diese Menschen brauchen Verehrer oder Klone, die ihr Image stützen, anstatt ihnen zu wahrer Selbsterkenntnis zu verhelfen.

Der Schatten wird größer und die dunkle Seite der Führung macht sich breit, wenn Menschen, die die Leitung inne haben, die Verbindung zu sich selbst und zu ihren Eigenschaften verlieren, durch die sie ursprünglich die Führung erlangten. Zuerst verlangen sie von ihren Mitarbeitern oder – je nach Kontext – ihren Anhängern, blind für ihre Schwächen zu werden, und anschließend dürfen diese ihre Blindheit nicht mehr wahrnehmen. Sie kümmern sich mehr um den Machterhalt als um die Entwicklung der anderen. Sie haben vielleicht noch Einfluß, aber eine Führungskraft, die sich selbst verloren hat, verliert auch ihre Mitstreiter.

Das extremste Beispiel der dunklen Seite eines Führers stellt eine hinterhältige Art von Autorität dar, die manchmal auch als „Guru-Syndrom"[1] bezeichnet wird. Ein Guru ist eigentlich ein heiliger Mann, spiritueller Führer und Quelle der Erleuchtung in der östlichen spirituellen Tradition. Wahre Gurus sind ehrbare Führer der besten Art. Manche Menschen erheben sich jedoch zu Quasi-Gurus und versprechen ihren Anhängern innere und äußere Freiheit – aber nur zum Preis der inneren und äußeren Sklaverei. Ihre Botschaft lautet: „Verlaß dich auf mich und du bist frei!" Sie sind Eiferer, keine Gurus. Sie verlangen von ihren Anhängern Gehorsam und Fügsamkeit und behaupten meist, ihr Weg sei der einzig richtige. Ihre Forderungen sind so autoritär wie in einer streng hierarchisch gegliederten militärischen Organisation. Diese Führer gewinnen ihre Macht, indem sie das Selbstvertrauen ihrer Anhänger zerstören, die sich dann um ihrer Sicherheit willen an sie klammern. Wahre Führer verlangen nie die Selbstachtung und das Selbstvertrauen eines Menschen, sie versuchen, beides zu *stärken*. Sie fördern andere, sie machen sie nicht ärmer.

,Leader' (Führungspersönlichkeiten) haben Macht in dem Sinn, daß sie die Fähigkeit besitzen, Dinge zur Vollendung zu bringen.

Daneben gibt es eine weitere, dunklere Seite der Macht – Macht über andere Menschen. Diese Art von Macht läßt sich mit einer Einbahnstraße vergleichen, weil die Freiheit anderer Menschen, ihr Recht auf ihre eigenen Reaktionen ignoriert wird. Einfluß ist etwas Grundsätzliches; wir beeinflussen uns gegenseitig und können das auch nicht verhindern. Leben heißt beeinflussen und beeinflußt werden. Meist ist der Einfluß zufällig und ziellos. Führungskräfte setzen ihren Einfluß für einen guten Zweck ein, und Mitstreiter lassen sich durch die gemeinsame Vision mit dem gemeinsamen Ziel beeinflussen, während sie umgekehrt ihren Vorgesetzten oder ihre Vorgesetzte beeinflussen. Manchmal aber wird für eine Führungskraft der Versuch, die Macht zu behalten, allzu wichtig. Die ursprüngliche Vision und die Aufgaben, die zu deren Erfüllung nötig wären, geraten in den Hintergrund. Der Betreffende wird versuchen, Menschen zu manipulieren, damit sie Dinge tun, die nicht in ihrem eigenen Interesse sind. Niemand wird gerne manipuliert, aber manche Menschen lassen es geschehen, da sie jemanden brauchen, der die Verantwortung für sie übernimmt.

Manche Führungskräfte schaffen Hierarchien oder suchen sich eine Position in einer Hierarchie, meist nahe der Spitze. Hierarchien sind an sich nicht schlecht, sondern häufig eine nützliche Art, Macht und Autorität zu strukturieren. Und sie sind ein natürliches Mittel, um die Zusammenarbeit von Menschen zu organisieren und dabei die Verantwortung eindeutig zu regeln. Eine bloße Hierarchie neigt allerdings zu Starrheit. Sie braucht als Gegengewicht kleine Gruppen oder eigenständige Teams, die Innovationen und Kreativität in die Organisation einbringen.

Wenn jedoch die oberen Ränge einer autoritären, machtbesessenen Hierarchie versuchen, die Macht zu erhalten, anstatt die Vision zu verwirklichen und die entsprechenden Aufgaben zu erfüllen, dann bezeichne ich das als einen Kult. Mit diesem Wort bezeichnet man gewöhnlich eine religiöse oder quasireligiöse Gruppe, aber ich möchte die Bedeutung weiter fassen und damit jede machtbesessene, autoritäre Gruppe bezeichnen.

Bei einer Kultgruppe gibt es keine äußere Kontrolle über den Anführer, keine Einspruchsmöglichkeit gegen sein Urteil, keinen Weg nach draußcn, ohne daß man alles verliert, was innerhalb der Gruppe erarbeitet wurde. Der Schattenguru seinerseits hält sich nicht an die geltenden Gesetze und nicht an die gemeinsame Vision. Seine Bedürfnisse stuft er als wichtiger ein als die eines jeden anderen Mitglieds. Er wendet Gesetze an, steht selbst aber darüber. Solche Anführer müssen als perfekt und gerecht angesehen werden, da die Selbstachtung ihrer Anhänger vom Ansehen ihrer Person abhängig ist. Je bizarrer die Doktrin, desto stärker muß die Überzeugung sein, sonst verlieren die Anhänger alles, und deshalb verteidigen sie den Leiter, oft ohne die Fakten zu kennen. Er muß einfach recht haben. In den Zeitungen werden manchmal sogenannte spirituelle Führer bloßgestellt, die in größtem Luxus leben, während ihre Schüler mit Freuden das wenige, was sie haben, für ihn aufgeben. Schlimmstenfalls und unter sehr tragischen Umständen lassen sie sich auch überreden, ihr Leben zu opfern.

Kultgruppen werden durch Machtgelüste bestimmt. Sie bilden eine exklusive Kerngruppe mit klaren, undurchdringlichen Grenzen und sondern sich von Nichtmitgliedern ab. Kultgruppen schränken freies Denken und unabhängiges Handeln von Mitgliedern ein, und manchmal geht das so weit, daß auch Bereiche kontrolliert werden, die nicht mit der Vision in Zusammenhang stehen: Sie bestimmen, was die Mitglieder essen, mit welchen Menschen sie sprechen und was sie anziehen dürfen.

Eine Gemeinschaft ist im Gegensatz zu einer Kultgruppe eine Gruppe von Menschen, die freiwillig zusammenkommen, um ein gemeinsames Ziel auf der Basis einer gemeinsamen Vision zu erreichen. Alle beteiligen sich, und die Abgrenzung ist nicht starr. Gemeinschaften tolerieren Vielfalt nicht nur, sie schätzen sie. Gewöhnlich ist auch erlaubt, was nicht verboten ist, während Kultgruppen nicht Erlaubtes zusätzlich verbieten.

Gemeinschaften und Kultgruppen lassen sich nicht scharf abgrenzen, es gibt kein Entweder-Oder, sondern einen fließenden Übergang. Gruppen lassen sich zwischen beiden Extremen einordnen, die Kultelemente entstammen aber immer der dunklen Seite der Führung, und Menschen, die diese dunkle Seite in einer Führungsposition leben, beginnen meist eine Kultgruppe um sich zu scharen.

Nachfolgend einige Fragen, die den Unterschied zwischen Kult und Gemeinschaft deutlich werden lassen:
- Was ist die Absicht der Gruppe? Was ist ihre Vision?
- Wie entscheidet die Gruppe, was getan wird?
- Liegen Entscheidungen allein bei dem Mann oder der Frau an der Spitze?
- Wie ist die Macht verteilt?
- Reicht der Machteinfluß nur von oben nach unten, oder gibt es Kontrollen?
- Inwieweit können alle Mitglieder mitbestimmen über das, was getan wird?
- Bedeutet die Mitgliedschaft, daß die Mitglieder manche Dinge nicht tun dürfen?
- Wird vorgeschrieben, mit wem die Mitglieder Kontakt haben dürfen?
- Gibt es Einschränkungen in der Lebensführung, die nicht mit der gemeinsamen Aufgabe in Zusammenhang stehen?
- Fördert die Gruppe bei ihren Mitgliedern Selbstvertrauen oder Selbstmißtrauen? Werden sie abhängig gemacht?
- Wie leicht können sie die Gruppe verlassen?
- Wie reagiert die Gruppe auf Feedback von außen?
- Gibt es nur eine Wahrheit, oder werden mehrere Standpunkte in Betracht gezogen?

Führung und Beziehung

Führungstypen	Dunkle Seite
Autorität ... Mitarbeiter	Boß ... Dienstpflichtiger
Trainer ... Kollege	Raser ... Sklave
Lehrer ... Schüler / Student	Schulmeister ... Handlanger
Heiler ... Patient	Kurpfuscher ... Opfer
Steward ... Gast	Gefängniswärter ... Gefangener
Designer ... Praktikant	Primadonna ... Imitator
Rollenmodell ... Bewunderer	Idol ... Möchtegern
Guru ... Schüler	Eiferer ... Neubekehrter
Führende bauen eine Gemeinschaft auf.	Eiferer bauen Kultgruppen auf.

Der Unterschied zwischen einer guten Führung und ihrer dunklen Seite wird durch die Art der Beziehung bestimmt, die durch die Führenden aufgebaut wird. Drei Arten von Beziehungen müssen unterschieden werden:

Zunächst ist da die Beziehung zwischen Führenden und Mitarbeitern oder Mitstreitern. ‚Leader' (Führungspersönlichkeiten) schaffen eine Beziehung, die Vertrauen und Eigenentwicklung ermöglicht. Führungskräfte auf der Schattenseite schaffen Abhängigkeit und Unterwürfigkeit.

Zweitens bestehen Beziehungen zwischen den Mitgliedern einer Gruppe. Bei guter Führung entsteht eine Beziehung, die durch Vertrauen und Gleichheit geprägt ist, bei schlechter Führung entstehen hingegen Mißtrauen und Fatalismus.

Drittens gibt es eine Beziehung zwischen der Gruppe und anderen, die diese Ziele oder diese Vision nicht teilen. Bei guter Führung bleiben die Grenzen offen, bei schlechter Führung sind sie geschlossen.

Pacing und Leading

Wenn Sie die Führung entweder im Beruf oder im privaten Bereich übernehmen wollen, sollten Sie zunächst den aktuellen Standpunkt der anderen sowie deren Wahrheiten kennen. An welchem Punkt starten die anderen? Im NLP wird das *Pacing* genannt.

Pacing geschieht dadurch, daß Sie sich zuerst in die Welt der anderen begeben. Sie versuchen zu verstehen, was für sie wichtig ist und wie sie die Welt erfahren – Sie versuchen jedoch nicht, etwas zu verändern. Da Sie bestätigen, was für die anderen wahr ist, bauen Sie Vertrauen auf. Durch Pacing schaffen Sie eine erste Brücke. Ist das geschehen, dann können Sie führen.

Pacing und Management

Management ist das Äquivalent für Pacing in einer Organisation. Mit

Management will man kurz- bis mittelfristig durchgängig gute Resultate erreichen. Man kontrolliert damit die Gegenwart. Führung hingegen ist auf die Zukunft ausgerichtet.

Die Frage, was besser ist, Management oder Führung, macht keinen Sinn – Organisationen brauchen eindeutig beides. Sie brauchen die Stabilität von Tag zu Tag, die das Management bietet, *und* sie brauchen die Innovation und die Erneuerung durch eine gute Führung. Ein schwaches Management mit einer schwachen Führung wirft eine Firma sehr schnell aus dem Geschäft. Ein starkes Management und eine schwache Führung halten eine Firma eine Weile im Geschäft, aber es wird bald abwärts gehen, weil die Firma zu sehr auf die Vergangenheit ausgerichtet ist. Zu Zeiten, als man es sich noch leisten konnte und die Veränderungen langsamer vonstatten gingen, konnte sich eine Firma trotzdem Jahre halten, und vielen gelang das auch. Das ist jedoch heute nicht mehr möglich. Das bedeutet nicht, daß alle Manager Führungskräfte werden müssen, aber es heißt, daß Mitarbeiter sowohl die Führung als auch eine Managerfunktion übernehmen müssen.

Auf der anderen Seite bieten gute Führung und schlechtes Management eine aufregende Achterbahnfahrt, die aber meist nicht lange dauert. Mit einer aufflackernden Vision wird das Geschäft explosionsartig aufblühen, aber nach kurzer Zeit wieder in sich zusammenfallen. Ein Unternehmen braucht eine gute Balance von Management und Führung, damit sie in der Gegenwart und in der Zukunft floriert.

Wir müssen dabei unterscheiden zwischen der Managerrolle und der Aktivität des Management. „Manager" ist eine Berufsbezeichnung, und Mitarbeiterinnen und Mitarbeiter in dieser Stellung können führen und managen. Organisationen sind noch nicht so weit, daß sie die Führung als eigene Berufsbezeichnung übernähmen (außer inoffiziell oder ironisch). Bei der Bezeichnung „Teamleiter" wird allerdings häufig die Rolle *und* die Aktivität anerkannt.

Manager sorgen dafür, daß die vorhandenen Systeme reibungslos funktionieren. Dabei handelt es sich um eine Fertigkeit. Führung dagegen ist mehr eine Frage der Identität. Führungskräfte sorgen für Innovationen; sie verändern oder modifizieren vorhandene Abläufe und richten ihren Fokus auf Transformation. Führungskräfte motivieren Menschen mit Hilfe ihrer Überzeugungen und Werte und stellen die Grenzen der jeweiligen Firmenkultur in Frage; Manager akzeptieren die geltende Kultur und tragen dazu bei, daß sie funktioniert. Das Management bringt die Mitarbeiter dazu, bestimmte Dinge zu tun, während Führungskräfte die Menschen dazu bringen, aus eigenem Antrieb die Dinge zu tun und aktiv zu sein. Das Management arbeitet innerhalb bestimmter Grenzen, die Führung arbeitet mit den Grenzen (nicht ohne Grenzen!); Manager machen die Dinge richtig, Führungskräfte tun das Richtige.

Der Unterschied zwischen Management und Führung läßt sich anschaulich mit der Geschichte von den zwei Reiseführern darstellen, die eine Gruppe Touristen durch einen dichten Wald führen. Einer der beiden sucht eifrig auf der Karte nach dem besten Weg, erklärt die verschiedenen Bäume und hält die Gruppe zusammen. „Gehen wir weiter, wir sind auf dem richtigen Weg!" Der andere jedoch ist vorausgegangen und steigt, nachdem er sich umgesehen hat, auf einen Baum direkt vor der Gruppe. Er schaut sich um und ruft dann hinunter: „He, wir sind im falschen Wald!"

Pacing in Organisationen – Führen in Organisationen

Management	Führung
• strebt Kontrolle an	• fördert Veränderungen
• sorgt für reibungslosen Ablauf	• schafft neue Abläufe
• macht die Dinge richtig	• macht die richtigen Dinge
• verfügt über eine Reihe von Fertigkeiten	• verfügt über eine Reihe von Fertigkeiten und eine Identität
• wirkt überwiegend auf der neurologischen Ebene von Fertigkeiten	• wirkt überwiegend auf der neurologischen Ebene der Identität
• Verwaltung	• Innovation
• Menschen veranlassen, Dinge zu tun	• Menschen unter Berufung auf Werte und Überzeugungen dazu bringen, Dinge tun zu wollen

Referenzen für Ihre Führung

‚Leader' (Führungspersönlichkeiten) sind Realisten, sie lassen sich durch ihre Zielvorstellungen inspirieren, aber sie erfassen daneben auch, was sich um sie herum abspielt. Führungskräfte, die kein Pacing der vorhandenen Realität praktizieren, werden zu Idealisten, die von ihren Vorstellungen über das, was geschehen sollte, angetrieben werden. Sie erreichen die angestrebten Veränderungen meist nicht, da sie die Gegenwart nicht akzeptieren. Hier fällt mir ein chinesisches Sprichwort ein: „Gewinne Macht, indem du die Realität akzeptierst."

Erweisen Sie sich jetzt zu Beginn Ihrer Reise zur Führung einen Gefallen und pacen Sie sich selbst. Finden Sie heraus, was jetzt für Sie wahr ist. Das bedeutet, daß Sie einen Führungslebenslauf erstellen, der alle Ihre gegenwärtigen Fertigkeiten und Ressourcen enthält.

Dazu verwenden wir als Rahmen die neurologischen Ebenen, die der NLP-Trainer Robert Dilts aus den logischen Ebenen von Gregory Bateson[2] entwickelt hat. Vier Ebenen werden unterschieden: Umgebung; Verhalten und damit verbundene Fertigkeiten; Glaubenssätze und Werte; und als letzte Ebene die Identität.

Die erste Ebene ist die Umgebung: Wo und wann leben Sie, Orte und Menschen – Ihre Umgebung, Ausstattung, Einrichtung, Büro, Technik und Ihre Arbeitskollegen. (Mit Umgebung wird der Kontext, die gesamte Situation bezeichnet.) So wie ein System aus Einzelteilen besteht, bilden die Umgebungsfaktoren einen Kontext – es entsteht eine einzigartige Konfiguration, die Sie entweder unterstützt oder einschränkt.

Die zweite Ebene ist die des Verhaltens: Was tun Sie – alle Ihre Handlungen und die mit ihnen verbundenen Fertigkeiten. Einige Fertigkeiten erscheinen uns selbstverständlich, wie zum Beispiel lesen, schreiben, denken und sprechen. In ferner Vergangenheit haben wir uns sehr bemüht, diese Fertigkeiten zu lernen, die jetzt den Hintergrund für unser Leben bilden. Und wir haben viele weitere Fertigkeiten, die wir nicht zu schätzen wissen, da sie uns selbstverständlich erscheinen. Einige haben wir offiziell gelernt, wie zum

Beispiel Rechnen, Musizieren, Unterrichten, Maschineschreiben und
Auto fahren. Zu dieser Ebene gehören auch persönliche Qualitäten
wie Optimismus, Entschlossenheit, Rapport beherrschen, Entschei-
dungsfreudigkeit, Coachen können und Flexibilität. Alles sind Fertigkeiten – Möglichkeiten, wie wir unseren Geist nutzen und damit
die genannten Ergebnisse erzielen.

Die dritte Ebene ist die der Glaubenssätze und Werte. Auf dieser
Ebene operieren Führungspersönlichkeiten. Glaubenssätze sind die
selbst geschaffenen Regeln und die Annahmen bezüglich dessen, was
möglich ist und auch geschehen könnte. Führungskräfte geben eine
neue Definition dessen, was möglich ist. Werte sind das, was Sie für
wichtig und wert halten. Das können Gefühle wie Liebe, Engagement, Wohlbefinden oder Zuversicht sein. Für die meisten Menschen
ist eine gute Gesundheit wichtig. Glaubenssätze und Werte lenken
unser Handeln: Sie bestimmen, welche Fähigkeiten wir uns aneignen, denn wir wenden sicher keine Zeit für Dinge auf, die uns nicht
wichtig sind, oder für Dinge, von denen wir glauben, daß sie uns
nicht weiterhelfen.

Auch Firmen haben Werte – Leitprinzipien, die die Firmenpolitik
bestimmen. Das können formale Regeln sein, festgelegt in Satzungen
für Beschäftigte oder für Kunden, oder jede Art von Richtlinien oder
Leitlinien zu einer Vision. Jede Firma besitzt außerdem eine informelle Kultur: das, was wirklich geschieht, die Art, wie die offiziellen
Werte umgesetzt werden (oder nicht). Informelle und offizielle Werte
können sich stark unterscheiden.

Glaubenssätze sind die Ideen, die wir für wahr halten und als
Grundlage für unser Handeln wählen. Wir haben alle bestimmte
Vorstellungen davon, wer wir sind und was wir leisten können. Diese
Glaubenssätze dienen als Erlaubnis oder Hindernis für das, was wir
tun. Wenn wir etwas für möglich erachten, versuchen wir es; halten
wir es für unmöglich, lassen wir es bleiben.

Die vierte Ebene ist die der Identität. Ihre persönliche Identität ist
Ihr Gefühl für sich selbst als Person. Zur Identität gehören Ihre
bevorzugten Werte und Überzeugungen. Ihr Name steht für Ihre
Identität – genauso hat eine Organisation eine Identität durch ihren
Namen und vielleicht auch durch ihr Logo. Manchmal bezieht eine

Organisation ihre Identität und ihre Werte von ihrem Gründer oder Vorsitzenden; oder eine Firma wird in der Öffentlichkeit mit einer Einzelperson identifiziert, wie zum Beispiel die Firma *Virgin* mit Richard Branson. Es kann sich für eine Firma sehr positiv auswirken, wenn der Vorsitzende bewundert wird. Branson zum Beispiel gilt als kreative und charismatische Persönlichkeit, und so erscheint auch *Virgin* als eine innovative und dynamische Firma.

Über die Identitätsebene hinaus bieten sich zwei weitere Ebenen an: die soziale und die spirituelle Dimension. Während es bei der Identität um das Ich geht, berücksichtigen diese beiden das Wir.

Die erste dieser beiden Ebenen steht für unsere sozialen Beziehungen: Wie setzen wir unsere Verantwortung gegenüber anderen als Mitglieder unserer Gemeinschaft und Kultur um, und wie bringen Menschen ihre Begabungen und ihre verschiedenen Talente für ein größeres Ganzes zusammen? Gemeinschaften sind mehr als Ansammlungen von Menschen, sie beziehen auch die anderen Ebenen mit ein: Mitglieder einer Gemeinschaft teilen die gleiche Umgebung, sie setzen ihre Fertigkeiten zum Nutzen aller ein und haben gemeinsame Grundüberzeugungen und Werte. Auf dieser Ebene könnte ein Unternehmen überlegen, wie seine Beziehungen zur größeren Gemeinschaft aussehen, speziell im Hinblick auf ethische Prinzipien, öffentliche Sicherheit und Umweltverschmutzung. Hierher gehört außerdem die Frage, wie es mit den Rechten und Gefühlen von Minderheiten umgeht.

Zur spirituellen Ebene gehört, wie Sie Ihre Verbindung zur Menschheit als Ganzes erleben (was bedeutet es, Mensch zu sein) und wie Ihre Beziehung zu den Bereichen aussieht, die sowohl jenseits von Ihnen als auch Teil von Ihnen sind. Hier gelangen wir in den Bereich von Religion und Spiritualität.

Benutzen Sie die folgenden Fragen, die die neurologischen Ebenen erfassen, um sich selbst zu pacen – um also Ihre gegenwärtige Gesamtsituation (Freunde, Familie, Arbeit und Umgebung) zu erkunden und sie in Ihren Lebenslauf als ‚Leader' (als Führungspersönlichkeit) einzufügen. Vielleicht wollen Sie auch untersuchen, was Sie an der Tatsache, Führung zu übernehmen, reizt. Während Sie die Fragen bearbeiten, achten Sie bitte auf Zweifel und Schwierigkeiten,

die auftreten. Stellen Sie fest, auf welcher neurologischen Ebene sie
erscheinen, versuchen Sie jedoch noch nichts zu verändern. Akzeptieren Sie sie als Teil der Pacing-Arbeit und als wertvolle Informationen.

Umgebung

- Wie ist Ihre gegenwärtige Situation?
- Wo arbeiten Sie und mit wem?
- Wie sieht Ihre alltägliche Routine aus?
- Inwiefern wird Ihre Umgebung anders sein, wenn Sie Führungs-
  kraft sind?
- Wo wollen Sie die Führung übernehmen?
- Wer wird davon betroffen sein und wie?
- An welchem Punkt sind Sie mit Ihrer derzeitigen Situation am
  meisten unzufrieden?
- Sagen Sie sich selbst: „Unter bestimmten Umständen kann ich
  Führung übernehmen." Wie fühlen Sie sich bei dieser Aussage?

Verhalten und Fähigkeiten

- Welche Fertigkeiten besitzen Sie? (Dazu gehört alles, was Sie in
  einem beliebigen Kontext gut können. Vielleicht halten Sie viele
  Fertigkeiten für selbstverständlich.)
- Wofür werden Sie von anderen Menschen geschätzt?
- Wofür werden Sie gelobt?
- Von welchen Dingen sagen andere, daß Sie sie gut können?
- Welche Dinge glauben Sie gut zu können?
- Über welche wertvollen Qualitäten / Qualifikationen verfügen
  Sie? (Dazu zählen auch Ihre Ausbildung, ein spezielles Training
  und eine Fortbildung.)
- Was haben Sie über die menschliche Natur gelernt?
- Welche Kommunikationsfertigkeiten besitzen Sie?
- Welche beruflichen Fertigkeiten setzen Sie täglich ein?
- Welche Fertigkeiten beherrschen Sie, von denen Sie glauben, daß
  Sie für Führungskräfte besonders wertvoll sind?

- Jetzt stellen Sie sich vor, Sie seien Ihr bester Freund. Welche einzigartigen Fähigkeiten können Sie aus diesem Blickwinkel an sich erkennen?
- Wo bleiben Sie im Augenblick unter Ihrem Leistungsniveau?
- Wenn Sie bereits in einer Managementposition sind: Wo bleiben Ihre Mitarbeiterinnen und Mitarbeiter hinter ihren Möglichkeiten zurück?
- Sagen Sie zu sich: „Ich besitze die Fertigkeiten, Führung zu übernehmen." Wie fühlen Sie sich bei dieser Aussage?

Glaubenssätze und Werte

- Was ist für Sie wichtig daran, ‚Leader' (Führungspersönlichkeit) zu sein?
- Was könnten Sie als Führungskraft erreichen?
- Was sind Ihre Gedanken über Führung?
- Welche Art von Führung würden Sie ausüben wollen?
- Sagen Sie sich selbst: „Ich kann führen." Wie fühlen Sie sich bei dieser Aussage?
- Sagen Sie: „Führung ist wichtig." Wie fühlen Sie sich dabei?
- Sagen Sie: „Ich finde es wichtig, Führungskraft zu sein." Wie fühlen Sie sich dabei?

Identität

- Wenn Sie an sich denken, sehen Sie sich bereits als Führungskraft?
- Wie ist das, wenn Sie an sich als Führungskraft denken?
- Wie paßt die Tatsache, Führung zu übernehmen, zu Ihrer Person?
- Sagen Sie zu sich: „Ich bin ein ‚Leader' (eine Führungspersönlichkeit)." Wie fühlen Sie sich bei dieser Aussage?
- Welche Art von Führungspersönlichkeiten verstehen Sie am besten?

Kontakte und Gemeinschaft

Stellen Sie in einer Liste Ihre Beziehungen und Ihr Netzwerk zusammen. Stellen Sie sich vor, Sie befinden sich inmitten eines Raumes, in dem alle Menschen sind, zu denen Sie eine Beziehung haben. Stellen Sie sich vor, daß all die Menschen, die Sie kennen (Freunde, Familie, Kollegen und Bekannte) diesen Raum füllen.[3]

* Wer befindet sich in Ihrer Nähe?
* Wahrscheinlich ist Ihnen Ihre Familie am nächsten. Wenn Sie über Ihre Familie hinweg blicken, wer ist dahinter? Enge Freunde?
* Schauen Sie sich weiter um. Da werden viele Menschen sein, die Sie kannten, zu denen Sie aber den Kontakt verloren haben, Mitschüler oder Mitstudenten, oder Menschen an Orten, an denen Sie früher lebten. Vielleicht haben Sie E-Mail-Freunde, die Sie noch nie getroffen haben. Wie fühlt es sich an, die Führung innerhalb dieser Gemeinschaft zu haben?

Jenseits von sich selbst

Wie paßt die Vorstellung, die Führung zu haben, zu Ihrem spirituellen Leben?

Kapitel 3
Visionen und Werte

Werte

Was treibt Ihre Vision voran? Ihre Werte bilden die Grundlage für die Vorwärtsbewegung und erzeugen die nötige Energie. Ihre Werte sind die Dinge, die Ihnen wichtig sind. Und was ist es, was für Sie wirklich wichtig ist? Wenn Ihnen das klar ist, kristallisieren sich nacheinander auch Ihre Ziele heraus, und Sie verfügen damit über die nötige Energie, um diese zu verfolgen.

Beginnen Sie Ihre eigenen Werte herauszufinden, dann können Sie sich selbst führen. Dann gelingt es Ihnen auch besser, zu erkennen, was anderen wichtig ist, und Sie können deren Führung übernehmen.

Zum Ergründen Ihrer Werte biete ich Ihnen fünf Kategorien an: persönliche Entwicklung, Beziehungen, Arbeit, Gesundheit und Freizeit. Sie werden wahrscheinlich feststellen, daß die einzelnen Kategorien sich überlappen, weil Sie sich zum Beispiel durch Ihre Arbeit weiterentwickeln oder weil zu einem guten Gesundheitszustand auch befriedigende Beziehungen und eine anregende Arbeit gehören.

Die folgende Übung soll Ihnen helfen, sich über Ihre Werte klarzuwerden.

Übung zur persönlichen Führung 1: Ihre Werte

Nehmen Sie sich die Übung dann vor, wenn Sie sicher sind, einige
Zeit ungestört für sich zu haben. Schreiben Sie die Lebensbereiche
auf, für die Sie klären wollen, was wichtig für Sie ist, zum Beispiel:
• persönliche Entwicklung
• Beziehungen
• Arbeit
• Gesundheit
• Freizeit.

Wählen Sie zunächst einen Bereich aus, zum Beispiel Arbeit, und fra-
gen Sie sich:
• Was ist an meiner Arbeit für mich wichtig?
• Was erwarte ich mir von meiner Arbeit?
• Was hält mich an meinem Arbeitsplatz?
• Welche fünf Dinge tragen dazu bei, daß ich meine Arbeit gut
  mache?
• Warum sind sie mir wichtig?
• Welche fünf Dinge mag ich an meiner Arbeit?
• Warum sind sie mir wichtig?
• Was könnte mich veranlassen, meine jetzige Arbeit aufzugeben?
• Was würde ich gerne an meiner Arbeit verändern, damit sie be-
  friedigender für mich wird?

Wählen Sie dann einige Beispiele aus, bei denen Sie mit Ihrer Arbeit
etwas erreicht haben, was sich wirklich gelohnt hat. Was war an diesen Erfahrungen für Sie wichtig?
• Ergeben sich daraus Hinweise auf die Art von Arbeit, die Sie
  schätzen? Welche?
• Was schätzen Sie an Ihrer Arbeit, das Sie mit Geld nicht kaufen
  können?
• Was schätzen Sie an den Menschen, mit denen Sie arbeiten?

Diese Fragen werden Ihnen helfen, sich über Ihre Werte im Rahmen
Ihrer Arbeit klarzuwerden. Bemühen Sie sich, drei bis fünf Werte zu

erhalten, versuchen Sie aber nicht, sie in eine Reihenfolge zu bringen. Werte bilden ein System, keine Hierarchie.

Klären Sie, welche Werte in den übrigen Bereichen – persönliche Entwicklung, Gesundheit, Beziehungen und Freizeit – für Sie gelten, indem Sie ähnliche Fragen verwenden. Falls es für Sie weitere wichtige Bereiche gibt, nehmen Sie diese hinzu.

Haben Sie für jeden Bereich (mindestens) drei Werte gefunden, sollten Sie die Regeln herausfinden, wann und wie Ihre Werte für Sie als erfüllt gelten. Was muß geschehen, damit Sie wissen, daß diese Werte berücksichtigt sind? Und wie wissen Sie, daß diese Werte unberücksichtigt bleiben? Die Führung zu haben, heißt nicht nur auf die Erfüllung der eigenen Werte zu schauen, es heißt auch, nach diesen zu handeln und sie für andere zu schaffen, und zwar entsprechend deren Vorstellungen. Werte verbergen sich hinter ziemlich vagen Begriffen wie Anerkennung, Freundschaft, Erfüllung, Freude, Liebe, Engagement und Wohlbefinden, aber diesen schwammigen Begriffen liegen wirkliche Erfahrungen zugrunde, die für jeden für uns etwas anders (manchmal sehr viel anders) sein werden. Wenn wir diese Erfahrungen machen, ist das unsere Belohnung, und wir wissen dann, daß unser Wert befriedigt wurde.

Bestimmte Verhaltensweisen und Erfahrungen, die wir sehen, hören und fühlen (und die außerdem ‚Beweis‘ für das Erreichen unserer Werte sind), werden im NLP Werte-Äquivalente genannt; es werden vier Arten unterschieden:

1. Was müssen andere tun, um Ihre Werte zu befriedigen? Der Beweis dafür, daß ein Wert erreicht wurde, ist bei vielen Menschen sehr unterschiedlich. Was für den einen als angemessene Bezahlung gilt, ist für einen anderen nur ein Hungerlohn und für einen dritten ein Vermögen. Für eine Person bedeutet Kompetenz, daß sie eine Aufgabe vorher ausarbeitet und so das Gefühl bekommt, sie würde es schaffen. Für ihren Nachbarn heißt Kompetenz, daß eine Aufgabe perfekt und zur Zufriedenheit aller erledigt sein muß. Anerkennung kann für jemanden erreicht sein, wenn sein Vorgesetzter ihm anerkennend auf die Schulter klopft und ein herzliches Dankeschön ausspricht. Für einen anderen ist Anerkennung eine Erwähnung in der Firmenzeitung und eine

Sondervergütung. Geliebt zu werden kann für einen Ehepartner bedeuten, daß ihm der andere sagt, daß er ihn liebt; der wiederum wird lieber zärtlich umarmt.

2. Womit verletzen andere Menschen Ihre Werte? Einige Menschen denken bei Unehrlichkeit an Diebstahl, andere an Lügen.
3. Wie wissen Sie, ob Sie nach Ihren eigenen Werten handeln? Wir wenden für uns selbst nicht unbedingt dieselben Regeln an wie bei anderen.
4. Wie wissen Sie, ob Sie im Widerspruch zu Ihren Werten handeln?

Nehmen Sie sich einmal die folgende Übung vor. Sie könnte Ihnen Aufschluß über Ihre persönlichen Werte-Äquivalente geben.

Übung zur persönlichen Führung 2: ‚Beweise' für das Erreichen Ihrer Werte

Wie beurteilen Sie, ob Sie Ihre Werte erreicht haben? Nehmen Sie zum Beispiel die Kategorie Arbeit. Betrachten Sie jeden der drei Werte, den Sie in der vorherigen Übung gefunden haben.

• Fragen Sie sich: „Was muß für mich geschehen, damit ich weiß, daß dieser Wert befriedigt wurde?"
• Denken Sie an eine Zeit, in der Sie fühlten, daß dieser Wert erreicht war – das ist eine Referenzerfahrung für diesen Wert. Was geschah, damit Sie zufrieden waren?
• Jetzt denken Sie darüber nach, was geschehen muß, damit Sie wissen, daß ein Wert unbeachtet blieb. Vielleicht haben Sie auch dazu eine entsprechende Referenzerfahrung.

Sie können hier natürlich nicht alle Möglichkeiten einbeziehen, denn Werte umfassen mehr als nur die Verhaltensebene. Und in jedem Fall könnten es, abhängig von der Situation, Tausende von verschiedenen Verhaltensweisen sein, durch die Ihre Werte anerkannt oder negiert werden. Denken Sie anschließend über folgende Fragen nach:

• Sind Ihre Regeln für Ihre Werte leicht oder nur schwer zu erfüllen? Hier gibt es zwei Möglichkeiten: Erstens könnten Sie viele verschiedene Regeln für die Fälle haben, in denen Ihre Werte mißachtet werden, aber nur wenige Regeln für den Fall, daß sie befriedigt werden. Zweitens könnte es sein, daß Sie nur einige Regeln haben, daß Sie aber sehr empfindlich reagieren, wenn Ihre Werte mißachtet werden, vergleichbar mit einem Thermostaten, der zu hoch eingestellt ist.

- Wie weit haben Sie die Kontrolle über Ihre Regeln? Sind sie frei gewählt?
- Kommen die Beweise, nach denen Sie urteilen, hauptsächlich von Ihnen oder von anderen?
- Gibt es mehr Möglichkeiten, Ihre Regeln zu verletzen, und vergleichsweise weniger Möglichkeiten, sie zu befriedigen? Wenn Ihre Werte nur schwer erreichbar sind, dann sind Sie wahrscheinlich schwer zufriedenzustellen; Sie haben dann nämlich sehr viel mehr Gelegenheit, sich schlecht zu fühlen, und nur wenig Gelegenheit, sich gut zu fühlen.

Oder alternativ: Gibt es mehr Möglichkeiten, Ihre Werte zu erreichen, und weniger Gelegenheiten, sie zu mißachten? Wenn das der Fall ist, wäre es leicht, Ihre Werte zu erfüllen, und Sie hätten sehr oft Gelegenheit, sich gut zu fühlen.

Da Sie jetzt Ihre Werte und die Regeln zu deren Erfüllung kennen, sollten Sie über Ihre Ziele nachdenken. Was wollen Sie? Es ist *Ihr* Leben. Führt es Sie irgendwohin?

Übung zur persönlichen Führung 3: Ihre Ziele

Nehmen Sie Ihre fünf Lebensbereiche (persönliche Entwicklung, Arbeit, Beziehungen, Freizeit und Gesundheit), und schreiben Sie die drei oder vier Hauptziele für jeden einzelnen Bereich auf. Wählen Sie sowohl langfristige (zehn Jahre und länger), als auch mittelfristige (fünf bis zehn Jahre) und kurzfristige Ziele (innerhalb der nächsten fünf Jahre).

Schreiben Sie genau auf, was Sie in der besten aller möglichen Welten wollen. Lassen Sie sich in Ihren Gedanken nicht durch das, was *jetzt* geschieht, einschränken.

- Wie wissen Sie, wann Sie diese Ziele erreicht haben?
- Was wird geschehen, was werden Sie sehen, hören, fühlen, wenn Sie diese Ziele erreichen?
- Denken Sie nacheinander über jedes einzelne Ziel nach. Wie weit scheinen sie entfernt zu sein? Manche erscheinen Ihnen vielleicht recht nahe, andere sehr weit weg.
- Haben Sie Ziele in unterschiedlichen Entfernungen? Wie ist Ihr Gefühl zu den nahen und den fernen Zielen?
- Welchen Einfluß hat die Entfernung der Ziele darauf, wie motiviert Sie sich hinsichtlich der Erreichung eines Ziels fühlen?
- Wenn einige Ziele weit weg sind, ziehen Sie sie näher heran, um sie besser betrachten zu können.
- Sind Sie jetzt gerade mit Ihrer Liste von Zielen zufrieden?
- Wo scheinen sie zusammenzupassen?
- Gibt es einen Punkt, wo sie nicht zusammenpassen?
- Welchen Eindruck von Ihnen als Person vermitteln sie?
- Welchen Eindruck vermitteln sie von Ihrer Situation?
- Haben Sie das Gefühl, daß Sie sich auf das hinbewegen, was Sie wollen?

Zu allen Zielen gehören auch die Fähigkeiten zu deren Verwirklichung. Welche Fähigkeiten müssen Sie entwickeln, um diese Ziele zu erreichen? Als ich mir zum Beispiel das Ziel setzte, mehrere Bücher zu schreiben, wußte ich, daß ich gutes Schreiben modellieren mußte, daß ich mich bei meiner Arbeit mehr konzentrieren und meine Zeit besser einteilen mußte. Diese Fähigkeiten erforderten bestimmte Tätigkeiten (und das war wirklich eine Aufgabe für mich).

Hier geht es um Führen, und deshalb sollten Sie zunächst das Gesamtbild betrachten, nicht die einzelnen Zielvorstellungen. Diese sind später an der Reihe und ergeben sich ganz natürlich aus der gemeinsamen Vision, die Sie mit anderen entwickeln.

Übung zur persönlichen Führung 4: Ihre Vision

Ihre persönliche Vision läßt sich höchstwahrscheinlich nicht in wenigen Augenblicken entwickeln. Fangen Sie damit an, daß Sie über Ihre

Ziele nachdenken und über die Werte, die Ihnen wichtig sind. Ziehen
Sie als ein Beispiel Ihre Arbeit heran:
- Welche großen Dinge, die diese Werte zusammenfassen würden,
  möchten Sie erreichen?
- Wenn Sie zu arbeiten aufhören oder Ihre Arbeitsstelle aufgeben,
  was wollen Sie dann erreicht haben?
- Wie können Ihnen die Dinge, die Sie an Ihrer Arbeit schätzen, da-
  bei helfen, Ihr Ziel zu erreichen?
- Wie wäre das, wenn Sie zurückblicken und wissen, daß Sie diese
  Dinge erreicht haben?

Sie wandern am Strand entlang, graben sich mit Ihren Zehen in den
heißen Sand ein, denken an nichts Bestimmtes und sehen plötzlich,
wie eine prunkvolle Flasche aus buntem Glas von den Wellen an den
Strand gespült wird. Sie hat einen seltsamen Verschluß. Sie bleiben
stehen, holen sie aus dem Wasser, öffnen den Verschluß und – Sie
haben es sicher erraten – aus dem entweichenden Rauch steigt ein
dienstbarer Geist auf. Was sind Ihre drei Wünsche?
   Der Geist sagt, daß er Ihre Wünsche nicht sofort erledigen kann,
daß sie Ihnen aber nach und nach erfüllt werden. Was wollen Sie
erreichen? Schnell! Der Geist beginnt sich bereits in Rauch aufzu-
lösen ...

Die Vision einer Organisation

Eine einzelne Führungsaufgabe beginnt mit Ihrer persönlichen
Vision, aber das läßt sich genauso bei der Führung von Organisationen anwenden, für die eine Vision für die Organisation entwickelt
werden muß. So etwas hängt von allen ab, nicht von einer Person
allein; alle müssen zusammenarbeiten, um sie zu verwirklichen. Eine
solche Vision ist immer größer, als Sie allein erreichen könnten. Sie
vereint Menschen und schränkt sie nicht ein; sie ist nicht exklusiv.
Um eine Vision für eine Organisation zu entwickeln, muß Klarheit
über die Werte, Ziele und Zielvorstellungen herrschen; außerdem ist

eine Wettbewerbsstrategie notwendig. Die persönliche Vision beant-
wortet drei Fragen:
- Was möchte ich erreichen?
- Wie möchte ich es erreichen?
- Was ist wichtig für mich?

Die Vision der Organisation muß die Antwort auf einige leicht ver-
änderte Fragen bieten:
- Was versuchen wir zu erreichen?
- Welches sind unsere Werte?
- Wie liefern wir die Ergebnisse?
- Wie gehen wir mit Veränderungen um?
- Wie erreichen wir einen Wettbewerbsvorteil?

Geschäftlicher Erfolg setzt ein hohes Leistungsniveau voraus, für das
klar definierte Fertigkeiten und Prozesse genutzt werden müssen, die
von einem fest umrissenen Kundenkreis geschätzt werden. Eine
Vision schafft dafür einen Fokus, einen festen Punkt, um den herum
sich eine Firma organisiert.

Wie läßt sich eine Vision in einer Organisation entwickeln?
Durch vier Methoden: Mitteilen, Verkaufen, Beraten und Gestalten.
Ein ,Leader' (eine Führungspersönlichkeit) wird die für die jeweilige
Situation geeignete Methode einsetzen.

Mitteilen

Hier gibt es keine Überraschungen. Mitteilungen sind das, was erwartet wird: Sie übermitteln anderen die Vision und erwarten, daß
sie sich anschließen. „Genau das werden wir tun!" Dazu muß Ihr
Führungsanspruch fest auf Autorität gegründet sein; was Sie sagen,
sagen Sie direkt und wahrheitsgemäß.

Mitteilen ist insofern wichtig, als es in einer Krise vielleicht der
einzige Ausweg ist. Eine Firma, die in Schwierigkeiten steckt,
braucht ein starkes Managementteam an der Spitze und einen
Vorstandsvorsitzenden, der klar den Weg zur Erholung aufzeigt. Je
schlechter die Situation, so läßt sich ganz allgemein sagen, desto eher

wird eine Firma die Methode des Mitteilens wählen – es bleibt gar keine Zeit für etwas anderes, und es wäre ein Pflichtversäumnis seitens der Firmenleitung, wenn sie dieser Verantwortung auswiche. Wenn der Plan schiefgeht und noch weiter in die Wildnis anstatt ins versprochene Land führt, dann bekommt das Management die Schuld zugeschoben, und es werden Köpfe rollen.

Glaubwürdigkeit und Autorität sind Voraussetzung für die Mitteilungen, sonst erscheinen sie aufgezwungen und gleichen Verfügungen eines Oberhaupts. Wird dieses Mittel zu häufig angewandt, entstehen womöglich Ressentiments und Abhängigkeit, und damit wird die Kreativität im Unternehmen erstickt. Das bloße Vortragen allein funktioniert nicht mehr als Methode des Managements; es erinnert zu sehr an die väterlichen Fittiche von Befehl und Kontrolle. Damit wird keine gemeinsame Vision geschaffen, nur *eine* Vision, und die Mitarbeiterinnen und Mitarbeiter werden nicht das Gefühl haben, es sei ihre eigene, da sie nicht befragt wurden.

Gewöhnlich folgt auf das Mitteilen die nächste Methode – das Verkaufen.

Verkaufen

Verkaufen heißt Mitteilungen plus Vorteile. Verkaufen ist Überredung: Sie möchten, daß die Mitarbeiterinnen und Mitarbeiter sich in die Vision ‚einkaufen‘. Sie verkaufen ihnen die Vorteile und versuchen sie mit den Aspekten zu verbinden, die die Menschen wertschätzen.

Als allgemeine Methode des Managements funktioniert Verkaufen recht gut – was aber, wenn die Menschen nicht kaufen? Es wird schwierig, wenn die Leute vermuten, daß die vorgeschlagenen Veränderungen auf alle Fälle eintreten, egal, ob sie dafür sind oder nicht, und so betrachten sie die ganze Übung vielleicht als Heuchelei. Die Zustimmung erfolgt wahrscheinlich mehr aus Entgegenkommen als aus gemeinsamer Überzeugung; sie beruht auf der Annahme, daß es Aufgabe des Managements sei, den Leuten zu sagen, was zu tun ist, weil es am besten weiß, was richtig ist. Das sind Annahmen, die bedenklich stimmen sollten.

Verkaufen steckt nicht alle an, ist aber gewöhnlich überzeugender als bloßes Mitteilen.

Beraten

Durch Beraten wird eine Vision ausgearbeitet; die Mitarbeiterinnen und Mitarbeiter werden gefragt, was sie denken. Diese Methode ist flexibel, bedeutet weniger Kontrolle und mehr Vertrauen. Beraten geschieht meist von oben nach unten, vergleichbar einer Kaskade. Die Diskussion findet in Teams mit bis zu einem Dutzend Leuten statt. An der Spitze beginnend trägt jedes Teammitglied den Prozeß eine Stufe weiter nach unten, bis jeder sich geäußert hat. Dann werden die Meinungen zurück zur Spitze geleitet.

Es ist entscheidend, wie weit die Vision bereits konkret Form angenommen hat, ehe der Prozeß anläuft. Ob der Prozeß wild expandiert oder konkret auf der Vision aufbaut, hängt davon ab, wie aufnahmebereit das Spitzenmanagement ist. Die Wirkung der ‚stillen Post‘ kann die Botschaft verfälschen – jeder Beteiligte ändert die Botschaft nur ein bißchen, aber bis sie wieder an der Spitze anlangt, kann sie völlig verschieden von der Originalversion sein. Außerdem will niemand Überbringer schlechter Nachrichten sein, und so wird die Botschaft, die oben ankommt, so gefärbt sein, wie der Vorstand sie hören möchte.

Beraten als Methode setzt voraus, daß die Vision von oben nach unten ausgearbeitet wird, jedoch verläuft der Prozeß zumindest stufenweise nach unten. Mitteilen geschieht dagegen von oben, und anschließend wird mit der Verkaufsmethode nach unten geworben.

Gestalten

Die gemeinsame Gestaltung einer Vision verspricht die besten Ergebnisse, ist aber nicht ohne Risiko. Alle werden befragt, und keiner ist überzeugt, er wüßte alles am besten. Wenn die Methode funktioniert, entsteht die Vision aus dem Gesamtprozeß und repräsentiert dann die ganze Firma. Diese Methode setzt jedoch eine Firmenkultur voraus, in der die Mitarbeiterinnen und Mitarbeiter das Gefühl haben, sie könnten wirklich zum Ausdruck bringen, was sie wollen. In einer Organisation, bei der vorrangig mit Mitteilen und Verkaufen gearbeitet wird, rufen Gestaltungsversuche unter Umständen zynische Reaktionen und Unsicherheit hervor. Es ist eine Achterbahnfahrt und nicht ohne Risiko, da das Management die Vorstellung aufgeben muß, daß es alles besser weiß. Bei manchen Beteiligten könnte die Furcht vor anarchischen Zuständen aufkommen. Wenn alle ihre Meinung äußern dürfen, wird eine allgemeine Zustimmung nicht so leicht zu erreichen sein. Das hat aber seine Vorteile. Nichtübereinstimmung bringt Vorannahmen über die Mitarbeiterinnen und Mitarbeiter und die Organisation ans Licht, und das kann zu einem besseren Verständnis führen. Wird die Methode des Gestaltens nicht vorsichtig angewendet, kann jedoch auch Chaos entstehen. Nehmen Sie die Herausforderung an, und riskieren Sie das Gestalten – es gibt keine Erfolgsgarantie.

Einige Organisationen gehen diesen Weg ein Stück weit, überlegen es sich dann aber und gehen zum Beraten über. Meistens ist es so, daß nur eine Organisation, die schon so etwas wie eine gemeinsame Vision hat, diesen Gestaltungsprozeß nutzen kann – es muß bereits etwas vorhanden sein, damit dieser Prozeß zum Vorteil werden kann. Die praktische Anwendung ist sehr effektiv und erfordert zumindest anfänglich eine gute Führung; eine so geschaffene Vision wird jedoch wirklich gemeinsam getragen.

Diese vier Methoden – Mitteilen, Verkaufen, Beraten und Gestalten – haben alle ihre Vor- und Nachteile, es gibt nicht die eine richtige Methode. Ein ‚Leader‘ (eine Führungspersönlichkeit) setzt die Methode ein, die für die jeweilige Situation am besten geeignet ist.

Managementstile

Stellen Sie sich Mitteilen, Verkaufen, Beraten und Gestalten als Managementstile und als Methoden der Problemlösung vor, als Mittel, um ein Projekt zu starten oder um mit anderen gemeinsam ein Problem zu lösen. Wie gehen *Sie* vor?
- Erzählen Sie den Mitarbeitern einfach, wie das Projekt ablaufen wird? Das funktioniert dann, wenn Sie bereits effektiv mehr

wissen, wenn Sie in der Lage sind, zukünftige Konsequenzen ab-
zuschätzen, wenn die Situation bereits schwierig ist und wenn Sie
über genügend persönliche Glaubwürdigkeit verfügen, daß man
Ihnen Ihre Lösung abnimmt.
• Versuchen Sie die Beteiligten von den Vorzügen zu überzeugen?
  Gewöhnlich wirkt das besser, als wenn Sie etwas nur mitteilen.
  Die Menschen können dann das Gesagte mit dem verbinden, was
  sie wollen, und Ihre Vorteile erkennen, falls es solche gibt. Auch
  hier müssen Sie persönlich glaubwürdig sein. (Und was tun Sie,
  wenn einzelne nicht überzeugt sind?)
• Sammeln Sie alle Meinungen und entscheiden Sie dann?
• Oder gibt es eine freie Diskussion, bei der alle Meinungen gleichwertig sind, und lassen die Lösung sich dann entwickeln, ohne
  vorher zu wissen, wie sie genau aussehen wird?
• Wenden Sie in unterschiedlichen Situationen verschiedene Stile
  an? Wenn ja, wie entscheiden Sie, welcher Stil am besten paßt?

Es lohnt sich, über all diese Punkte nachzudenken, denn wenn Sie
einmal eine Vision für Ihre Organisation haben, müssen überschau-
bare Schritte und Projekte ausgearbeitet und praktisch umgesetzt
werden. Je mehr Menschen bei der Gestaltung beteiligt sind, desto
eher wird die Vision als die eigene angesehen; die Beteiligten haben
das Gefühl, daß es ihre ist, und werden sich um so mehr für die Verwirklichung einsetzen. Zusätzlich benötigt eine Firma eine Wettbewerbsstrategie, sonst wird sie aus den Markt gedrängt.
   Während eine gemeinsame Vision entsteht, muß es möglich sein,
daß sie vorübergehend flexibel und mehrdeutig bleibt, damit sie laufend der sich verändernden Organisation angepaßt werden kann. Die
Organisation, die die Strategie und Vision zur Vollendung bringt, ist
nicht mehr die Organisation, die beides gestaltet hat, und auch nicht
mehr die Organisation, für die die Strategie und die Vision ursprünglich geschaffen wurden. Veränderung ist die einzige Konstante, also
müssen Vision und Strategie flexibel sein. Eine Belegschaft, die
durch eine gemeinsame Vision motiviert und organisiert ist, stellt
einen der größtmöglichen Wettbewerbsvorteile dar.
   Anfang 1997 arbeitete ich in einem Beraterteam für eine Medien-

firma, die eine neue Vision und Richtung finden wollte. Die Firma
war durch die Übernahme von mehr als einem halben Dutzend kleinerer Firmen groß geworden, hatte aber nie wirklich zu einer inte-
grierten Einheit gefunden. Sie hatte keine Gesamtidentität und
bestand infolgedessen aus einem halben Dutzend kleiner ‚Reiche'
mit jeweils einem eigenen Chef, die alle in verschiedene Richtungen
strebten. Manchmal arbeiteten sie zusammen, manchmal gegeneinander, aber alle kämpften um die eigene Position. Alle waren gut in
ihrem Job, aber die Arbeit einzelner Gruppen wirkte sich oft negativ
auf die Arbeit der anderen Gruppen aus. Nicht alle Führungskräfte
hatten die gleiche Zielrichtung. Die gesamte Gruppe hatte kurz zuvor einen Manager eingestellt und war entschlossen, die Firma in
Form zu bringen. Es war klar, daß die Firma das folgende Jahr ohne
eine radikale Umstrukturierung nicht überstehen würde.

Wir verbrachten mehrere Tage mit den Führungskräften, in der
Absicht, einschränkende Vorstellungen in Frage zu stellen und Aufrichtigkeit untereinander zu üben. Das Erarbeiten einer Vision ist
ohne Ehrlichkeit nicht möglich, und so wurden alle aufgefordert, zu
sagen, was sie für richtig hielten, sich aber nicht zu sagen trauten. Im
Rahmen der gemeinsamen Suche nach einer Lösung und in einer Atmosphäre gegenseitigen Respekts war das eher möglich. Die Direktoren und Topmanager arbeiteten mehrere Tage in einer Gruppe mit
uns, um eine neue gemeinsame Vision zu entwickeln. Die neue Vor-
standsvorsitzende arbeitete als einfaches Mitglied ohne besondere
Vorrechte in der Gruppe mit, und ihre Anwesenheit machte der
Gruppe bewußt, daß Veränderungen notwendig waren; gleichzeitig
war ihre Anwesenheit ein Beweis für ihr Engagement am Verände-
rungsprozeß.

Es gab mehrere Grundregeln. Erstens: Keine Vorwürfe! Ich habe
an Sitzungen teilgenommen, die damit begannen, daß die Manager
ausführlich analysierten, was nicht in Ordnung war. Und das ist
meist ein Fehler, genauso als ob Sie sich über das Essen im Flugzeug
beschweren und dabei Ihren Anschlußflug verpassen. Wenn Firmen
in Schwierigkeiten geraten, konzentrieren sich alle meist zu sehr auf
die Vorgänge innerhalb der Firma. Die Suche nach einem Weg zur
Unterbrechung dieser Trance ist die einzige Rechtfertigung, noch

mehr Zeit für die Fehlersuche aufzuwenden. Am Anfang untersuchten wir also nicht, was falsch gelaufen war, sondern arbeiteten die Ziele der Führungskräfte heraus. Was wollten sie? Einige Teile der Firma waren sehr erfolgreich, und deshalb mußten deren Direktoren überzeugt werden, daß es Probleme gab, obwohl die meisten Mitarbeiter sich darüber klar waren, was nicht in Ordnung war. Also mußte eine Richtung gefunden werden, um alles zurechtzurücken.

Die Firma mußte in der von ihr gewählten Nische auf dem Medienmarkt innovativ sein, aber es gab nur wenige Innovationen. Es gab einige innovative Mitarbeiter, aber sie fühlten sich isoliert, da sie für eine innovative Kultur keine Unterstützung fanden, obwohl (paradoxerweise) Innovation einen hohen Stellenwert hatte.

Das Hauptproblem war die geringe Zusammenarbeit zwischen verschiedenen Teilen des Unternehmens. Normalerweise würde ein Firmenteil von den anderen die nötigen Informationen oder Dienstleistungen anfordern, aber die Kommunikation war schlecht, und die Botschaften blieben unklar. Oft erhielt man auf eine Anfrage hin das Gewünschte nicht. Deshalb ging man nicht mehr den offiziellen Weg, sondern versuchte, die Dinge inoffiziell zu erledigen, wobei die normalen Entscheidungswege des Managements umgangen wurden. Aber auch diese inoffiziellen Kanäle funktionierten nicht gut; sie garantierten vielmehr, daß die schlechte Kommunikation weiterhin bestand: Da es diese inoffizielle Kommunikation offiziell nicht gab, wurde das Problem der mangelnden Kommunikation überdeckt, und man beschäftigte sich nie damit. Alle bemühten sich nach besten Kräften und beklagten sich dabei lautstark. Außerdem holten sich Teile der Firma Material und Ideen von außerhalb, da man es müde war, immer zu warten. Die Teilfirma, die das Gewünschte hätte liefern können, beklagte sich dann, daß sie übergangen wurde. Eine unserer Aufgaben bestand darin, alle Firmenteile zu überzeugen, daß sie (unabsichtlich), ohne sich abzusprechen, eine Situation geschaffen hatten, die eigentlich niemand wollte.

Mit Hilfe der Schlüsselfragen erarbeiteten wir systematisch eine Vision. Zunächst stellten wir einige gemeinsame Kernwerte für die Firma zusammen: Integrität, Innovation, Offenheit und Leistungswillen. Diese Werte sind keineswegs außergewöhnlich und gelten in vielen Firmen, aber ihre Bedeutung variiert von einer Firma zur anderen, da sie leicht unterschiedlich umgesetzt, beurteilt und bewertet werden. Wir legten fest, was als Beweis für das Erreichen der Werte gelten sollte: weniger Beschwerden von Kunden und mehr gemeinsame Projekte waren zwei Kriterien von vielen. Als nächstes sprachen wir über die beteiligten Gruppen – Personal, Partner, Kunden, Zulieferer, Investoren und Anteilseigner. Die Gruppe bemühte sich sehr, eine Vision zu formulieren. Die Arbeit für unser Beraterteam bestand hauptsächlich darin, sie davon abzuhalten, voreilig ein Endergebnis zu präsentieren. Die Offenheit für Ideen sollte bis zum Schluß gewährleistet sein. Die Versuchung, die erste einigermaßen vernünftige Idee aufzugreifen, ist sehr groß, und es fällt schwer, weiter zu suchen, wenn man weiß, daß die Zeit begrenzt und die Sache sehr wichtig ist. So fällt es nicht leicht, dennoch auf die beste Lösung zu warten.

Schließlich kristallisierte sich eine Vision heraus, und es ist interessant, wie es dazu kam. Die Leiterin der Werbeabteilung, die als sehr innovativ galt, arbeitete in der Gruppe mit. Wir fragten sie, wie sie auf ihre Ideen käme, und sie hatte eine sehr einfache Strategie: zuerst den Industriestandard definieren und dann einen Weg finden, dagegen anzugehen. „Damit gewinnt man die Aufmerksamkeit der Menschen", meinte sie. Mit Hilfe dieser Strategie entstand schließlich die Beschreibung der Vision.

Daraus ergaben sich mehrere Ziele. Als erstes sollte eine Atmosphäre und eine Umgebung entstehen, in der Innovationen gedeihen konnten. Die tatsächliche Umgebung war nicht sehr förderlich – das Gebäude war alt und unpraktisch, und im Laufe der Jahre waren immer mehr Computer über einen Kabelwirrwarr an vorhandene Geräte angeschlossen worden. Dieser Wirrwarr stellte auf anschauliche Weise die tatsächliche Arbeitsweise der Firma dar. Ein neues Gebäude war jedoch bereits gekauft worden, und die Firma war im Begriff umzuziehen.

Das zweite Ziel bestand darin, eine breitere Wissensbasis und bessere Weiterbildung zu garantieren, damit die Arbeitsprozesse und die Lieferungen ohne Reklamationen vonstatten gingen. Beweis für das Erreichen dieser Ziele würden mehr gemeinsame Projekte zwischen

den Firmenteilen sein, mehr neue Ideen, Auszeichnungen und öffentliche Anerkennung, längere Betriebszugehörigkeit der Mitarbeiter, weniger Krankmeldungen, weniger Kundenbeschwerden und
eine effektivere Finanzverwaltung. Alle diese Ziele mußten *meßbar*
sein. Weniger Krankmeldungen ist als Ziel sinnlos, wenn es nicht
nachgeprüft werden kann. Deshalb mußte eine Methode gefunden
werden, Krankmeldungen zu erfassen und die Zahlen zu vergleichen.

Die letzten Tage waren dem Projektmanagement gewidmet. Die
Zielvorstellungen wurden in Projekte umgesetzt, und jedes Projekt
wurde einem Verantwortlichen zugeteilt, der beim nächsten Meeting
über die Fortschritte berichten sollte. Die Gruppe übernahm auch
die Verantwortung für den Erfolg auf eine Art, wie es vorher noch
nie geschehen war. Und der Grund dafür war nicht nur die Tatsache,
daß die Firma mit dem Rücken zur Wand stand, denn dieselbe
Gruppe war bereits in den Jahren zuvor zusammengekommen und
hatte immer wieder über dieselben Probleme diskutiert. Danach aber
waren alle in ihre kleinen Reiche zurückgekehrt und hatten weiterge-
macht wie vorher. Und natürlich hatte sich nichts geändert. Jetzt ging
das nicht mehr, da sich die Beteiligten der alten, nicht funktionieren-
den Muster bewußt geworden waren und erkannt hatten, wie das
System innerhalb der Firma sie von Veränderungen abhielt. Ein Einzelner konnte dieses System nicht ändern, nicht einmal die neue
Direktorin – dazu brauchte es die Anstrengung des Teams. In einer
Firma kann derjenige, der ausschert, keine neuen Methoden etablie-
ren, wenn er nicht genügend Leute findet, die ihm helfen, das neue
System umzusetzen. Wenn Teams zusammenarbeiten, wenn Aufrichtigkeit und Vertrauen gepflegt werden, wenn alle bereit sind, einschränkende Vorstellungen durch eine gemeinsame Vision in Frage
zu stellen, und wenn schwer verdauliche Wahrheiten mit Charakter-
stärke ans Licht geholt werden, dann sind große und lohnende
Veränderungen möglich. Und egal, wer den Prozeß in der Gruppe
leitet, alle Beteiligten beweisen dabei Führungseigenschaften.

Kapitel 4

Unterwegs

Motivation

Führung beginnt mit Ihrer Vision. Dabei geht es um Dinge, die Sie
motivieren. Aber was ist Motivation? Eine weitere Abstraktion, so
wie „Führung"! Man könnte die Meinung vertreten, daß es so etwas
wie Motivation nicht gibt; sie existiert jedenfalls nicht als unabhängige Eigenschaft. Vielmehr schreiben wir sie Menschen zu,
die etwas tun möchten. Ich werde dabei an ein Stück des französi-
schen Dichters Molière (17. Jh.) erinnert – eine bissige Satire über die
zeitgenössische Medizin. In diesem Stück spekulieren eine Reihe
hochangesehener Ärzte, warum Opium die Menschen in Schlaf versetzt. Sie denken gründlich über die Frage nach und kommen nach
vielen gelehrten Argumenten zu dem Schluß, daß Opium den Menschen aufgrund eines ‚einschläfernden Prinzips' zum Schlaf verhilft.
Mit anderen Worten, es versetzt Menschen in Schlaf, weil es sie in
Schlaf versetzt. Damit ist eine Beschreibung zu einer Erklärung
geworden. So erklärt auch „Motivation" nichts – stellen Sie sich darunter einfach eine nützliche Kurzbeschreibung für die Energie vor,
die entsteht, wenn der Abstand zwischen Ihrem momentanen und
dem gewünschten Zustand größer wird. Sie können Motivation nicht
messen, nicht berühren, weder sehen noch hören, riechen oder
schmecken, aber Sie spüren sie, wenn Menschen wissen, was sie wollen, und bereit sind, sich dafür einzusetzen. Motivation kommt in
ihrer Stimme zum Ausdruck, sie ist in ihren Augen zu erkennen.

Diese Energie kommt entweder überwiegend von außen (extrinsische Motivation) oder von innen (intrinsische Motivation) und tritt in vier verschiedenen Erscheinungsformen auf: Aversion, Trägheit, Bereitschaft und Begeisterung.

Aversion

Bei Aversion handelt es sich um ‚negative Motivation‘. Sie entsteht, wenn jemand ein Ziel für Sie setzt, mit dem Sie nicht einverstanden sind; dann ist Ihre Reaktion *weg* von diesem Ziel. Was Sie tun sollen, verletzt vielleicht einen Ihrer Werte, vielleicht ist es zu viel Arbeit für einen geringen Gegenwert, etwas könnte mit mehr Nachteilen als Vorteilen verbunden sein, oder sie verabscheuen einfach schon die Vorstellung davon. Also verweigern Sie sich, außer Sie werden gezwungen. Sie haben mehrere Möglichkeiten, sich zu weigern: Sie sagen offen „nein“, oder Sie sagen vielleicht nichts, tun aber auch nichts, oder Sie akzeptieren aus mißverstandenem Pflichtgefühl heraus, sabotieren aber die Aufgabe – verdeckte Verweigerung.

Nein sagen zu können ist eine wertvolle Eigenschaft. Das Nein definiert Ihre Grenzen und Ihre Werte. „Nein“ wirkt abgrenzend. Wenn wir Kinder sind, verleiht uns das zum ersten Mal Unabhängigkeit, und wenn Sie mit Zweijährigen zu tun haben, wissen Sie genau, was ich meine. Kleine Kinder sagen aus Prinzip gerne nein.

Nichts zu tun ist auch eine starke Reaktion – wenn Sie keine Möglichkeit haben, die Ereignisse durch Ihr Handeln zu beeinflussen, können Sie sie zumindest blockieren. In jeder Altersstufe markiert eine Weigerung unsere Grenzen, sie definiert, wer wir sind, und wofür wir stehen.

Damit eine Aversion überwunden wird, muß ein zwingender äußerer Grund vorhanden sein, entweder eine hohe Belohnung oder sehr unangenehme Konsequenzen. In extremen Fällen hilft jedoch nichts.

Eine Versicherungsgesellschaft, die ein Training für Verkäufer im Telefonmarketing plante, fragte bei einem befreundeten Kollegen an. Die Firma wollte ein NLP-Training buchen, damit die Verkäufer lernten, am Telefon Rapport mit den Kunden herzustellen. Sie sollten lernen, herauszufinden, was die Kunden wollten, und effektiv auf Einwände eingehen. Mein Freund traf sich im holzverkleideten Sitzungsraum der Gesellschaft in der Londoner City mit den Vorgesetzten. Bei diesem Gespräch stellte sich heraus, daß man ihm bisher nur die Hälfte seiner Aufgabe mitgeteilt hatte. In Wirklichkeit sollte die Firma neu strukturiert werden. Die Programme sollten verändert werden, um damit mehr kleine Unternehmer anzusprechen. Die Versicherungsvertreter hatten in diesem neuen Marktsegment nur wenig Erfahrung, und sie verstanden es nicht, am Telefon Rapport herzustellen.

Mein Freund war sicher, daß die Firma mit der Art Training, die sie wollte, nicht die gewünschten Ergebnisse erhalten würde. Und er teilte den Managern mit, daß er nicht sehr glücklich mit der Vorstellung sei, das Training losgelöst vom größeren Kontext und der Firmenstruktur abzuhalten. Das gewünschte Training würde die vorhandenen Probleme nicht lösen. Für ihn stellte es sich so dar, daß versucht werden sollte, durch Training von Fertigkeiten eine Veränderung auf der Identitätsebene herbeizuführen. Wenn eine Firma die Identität verändert, braucht sie oft neue Fertigkeiten, aber diese ergeben sich aus der Veränderung – sie führen die Veränderung nicht herbei. Die Firma blieb bei ihren Vorstellungen, und so trennten sich beide freundlich, aber ohne Einigkeit zu erzielen.

Ich glaube, daß mein Freund klug entschieden hat. Der kurzfristige Vorteil eines Auftrags war ihm nicht soviel wert, daß er seine Wertvorstellungen über seine Trainings oder sein Eigeninteresse außer acht lassen wollte. Wenn das Training nicht das gewünschte Ergebnis gebracht hätte, wäre mit dieser Firma kein Auftrag mehr zustande gekommen, sein Ruf hätte Schaden nehmen können. Das motivierte meinen Freund, den Auftrag abzulehnen. Die Werte, die damit befriedigt worden wären (Einkommen, Prestige, Spaß am Training) wogen die fehlenden Werte nicht auf (befriedigende, langfristige Lösung).

Häufig bringen Firmenschulungen enttäuschende Ergebnisse, weil sie nicht in den größeren Kontext der Firma eingebunden sind und weil keine meßbaren Vorteile für die Firma im Dienst einer gemeinsamen Vision und gemeinsamer Werte festgelegt werden. Die

Trainer sollten in stärkerem Maß als Berater fungieren. Sie sollten einbezogen werden, wenn besprochen wird, inwieweit das Training von der Firma getragen wird und wie die Ergebnisse gemessen werden sollen. Sonst stellt ein Training lediglich einen Wechsel der Szenerie dar und bringt wenige bis keine Resultate. Und raten Sie einmal, wer daran schuld ist, wenn nichts dabei herauskommt? Wenn ein Trainer jedoch halbwegs kompetent ist, liegt der Fehler nicht an ihm, sondern daran, daß das Training nicht eindeutig auf die Vorgänge in der Firma bezogen war und nicht von offiziellen Stellen unterstützt wurde. Ein Training sollte auf alle Fälle so geplant werden, daß es unmöglich ist, keine Erfolge zu verzeichnen.

Trägheit

Trägheit ist der Zustand, in dem Sie sich überhaupt nicht bewegen – Sie verfügen einfach nicht über genügend Energie. Tatsächlich ist mehr Energie nötig, wenn Sie beginnen, sich in Bewegung zu setzen, als wenn Sie in Bewegung bleiben, denn gewöhnlich ist es leichter, weiterhin zu tun, was Sie bereits tun, als etwas anderes zu machen. Die Energiemenge, die Sie zurückhält, ist genau so groß wie die Energie, die Sie vorwärts zieht. Wenn Sie also nicht wirklich motiviert sind, siegt die Trägheit bei Ihnen. Das kann aus zwei Gründen geschehen. Erstens sind Ihnen beide Möglichkeiten egal; der Vorschlag hat Sie nicht ‚vom Stuhl gerissen‘, also ist es leichter, sich ruhig zu verhalten. Sie weichen nicht aus, aber Sie heben auch die Hand nicht hoch. Zweitens könnte es sein, daß Sie zwischen zwei Werten hin- und hergerissen sind. Die Gründe, etwas zu tun, sind ebenso gut wie die Gründe, nichts zu tun. Ergebnis: Nichts geschieht. Aber dann kommt der Schreck: Sie sind in einem ‚Double bind‘ (in einer doppelten Bindung) gefangen, denn keine Wahl bedeutet keine Bewegung – und das war eine der beiden Alternativen.

Ein anderer Freund, der für eine pharmazeutische Firma in Indien arbeitete, erhielt ein Angebot als Berater für eine Firma in Rawalpindi. Die Firma behauptete, einer amerikanischen Beraterfirma angeschlossen zu sein; mein Freund konnte sich aber kein rechtes Bild davon machen, wie das in der Praxis aussah. Der Vertrag sollte zwei

Jahre gelten; nach Ablauf von vier Monaten Einarbeitung würde sein
Gehalt um 25 Prozent angehoben werden. Er war unentschlossen –
lieber Sicherheit oder ab ins Ungewisse? Er informierte sich so gut
wie möglich über die Firma, aber er konnte sich trotzdem nur schwer
entschließen, da die zur Wahl stehenden Möglichkeiten so unterschiedlich waren. Wie ließ sich ein Risiko mit einem guten Gehalt
vergleichen? Schließlich bezog er seine persönliche Vision in die
Überlegungen ein: Sowohl seine damalige Arbeit wie auch das neue
Angebot waren Schritte auf dem Weg zu dem, was er sich für sein Berufsleben erwartete. Sich weiterzubewegen barg Risiken und brachte
ihn seinem Ziel nicht näher. Also blieb er.

Was wir als Motivation bezeichnen, ist häufig nicht einfach ein
Vorstoß in eine bestimmte Richtung. Unsere Handlungen pushen
uns vielleicht in eine Richtung, aber sie wirken eher wie die Strömung eines reißenden Flusses – sie sind Ergebnis vieler verschiedener Wirbel und Gegenströmungen über versteckte Steine und Pflan-
zen im Fluß. Die Strömung fließt in eine Richtung, ist aber Ergebnis
all der verschiedenen Kräfte, die für- und gegeneinander arbeiten.
Manchmal unterstützen die Gegenströmungen den Verlauf in eine
Richtung. Dann wieder wälzt sich der Strom träge in Mäandern
dahin, oder das Wasser ist an der Oberfläche ruhig und brackig,
während in der Tiefe andere Strömungen auf Bedingungen warten,
um an die Oberfläche kommen zu können.

Bereitschaft

Wenn wir bereit sind, bewegen wir uns. Man ist jetzt bereit, eine
Aufgabe zu übernehmen, entweder weil sie lohnend erscheint oder
weil eine entsprechende Belohnung von außen zu erwarten ist. Der
Strom hat zu fließen begonnen, zunächst vielleicht nur zögernd, aber
spürbar.

Begeisterung

Was wir normalerweise als „Motivation" bezeichnen, füllt den Raum
zwischen Bereitschaft und Begeisterung. Wenn wir begeistert sind,

ist entweder die Aufgabe an sich sehr lohnend oder die äußeren Belohnungen lassen den Vorschlag attraktiv erscheinen. Die Strömung ist stark genug für eine Wildwasserfahrt. Wenn Menschen in einem Unternehmen begeistert von ihrer Arbeit sind, tragen sie zur Unternehmenskultur bei, in der zu arbeiten Vergnügen bereitet. Eine solche Kultur wirkt auf andere anziehend wie ein Magnet. Kunden verhandeln gerne mit Menschen, die ihre Arbeit schätzen, und Firmen, in denen die Mitarbeiter freiwillig, begeistert und voller Energie arbeiten, blühen und gedeihen. Diese kostbare Energie ist nicht käuflich.

Leider lassen sich Aversion und Trägheit sehr viel leichter erzeugen als Bereitschaft und Begeisterung. Das gelingt ohne weiteres, wenn Sie zunächst nicht darauf hören, was Menschen wollen oder was für sie wichtig ist. Oder noch schlimmer: Sie geben sich viel Mühe herauszufinden, was die Leute wollen, und ignorieren es dann. Wenn die Angestellten gefragt werden, wie ihr Büro eingerichtet werden sollte, wie sie sich die Organisationsstruktur vorstellen oder wie sie arbeiten wollen, sind sie freudig erregt und begeistert. Geschieht dann nichts, oder noch schlimmer, wird ihnen etwas völlig anderes aufgetischt, ist das schlimmer, als wenn sie nicht gefragt worden wären. Wozu also der Aufwand?

Eine weitere Methode, Menschen zu demotivieren, besteht darin, ihre Leistungen zu ignorieren und gute Arbeit als selbstverständlich anzusehen, geringe Abweichungen vom gewohnten Standard aber sofort zu kritisieren. Sie können diesen Standard aber auch für irrelevant erklären und trotzdem auf buchstabengetreuer Erfüllung bestehen. Verhalten Sie sich so, als seien die Mitarbeiter nicht vertrauenswürdig, lassen Sie genau dokumentieren, in welcher Zeit welche Arbeiten erledigt werden, und lassen Sie sich die Gründe für Abwesenheit erklären. Eine mir bekannte Telefonmarketingfirma verlangte, daß die Mitarbeiter genau notierten, wann sie Pause machten und wieviel Zeit der Gang zur Toilette oder die Tee- oder Kaffeepause in Anspruch genommen hatte. Auch Herablassung und Sarkasmus sind sehr demotivierend, ebenso unfaire Behandlung, zum Beispiel wenn ein Verkäufer wegen persönlicher Unstimmigkeiten mit seinem Chef den verdienten Bonus nicht erhält.

Alle diese Verhaltensweisen sind Bestandteil einer Firmenkultur, in der die Menschen keine Wertschätzung erfahren; deshalb gedeihen Angst, gegenseitige Beschuldigungen und Paranoia, die sich insgesamt zu einer Abwärtsspirale verdichten. Das kann mit Führung ganz offensichtlich nicht gemeint sein.

Belohnung und Strafe

Eine gute Führung nutzt die Energie und Begeisterung von Menschen, die etwas tun können, was ihnen wichtig ist. Sie werden immer bereit sein, etwas zu tun, was sie ihrer Vision näher bringt. Vielleicht bietet die Führung auch eine äußere Belohnung an, um etwas noch attraktiver zu machen. Im Geschäftsleben berührt das die Schlüsselfrage des Managements, die seit Menschengedenken diskutiert wird: Wie bringt man die Mitarbeiter zum Arbeiten? Oder in moderner, abgeschwächter Form: Wie schaffen wir es, daß die Leute arbeiten wollen?

Es gibt drei Gründe, warum Menschen arbeiten wollen. Erstens, sie haben eine Aufgabe, die ihnen wichtig ist und die sie gerne erledigen. ‚Leader' (Führungspersönlichkeiten) versuchen nach Möglichkeit, eine solche Situation zu schaffen. Dabei kommt die Energie von innen – die Arbeit an sich ist die (intrinsische) Belohnung, ungeachtet äußerer Belohnungen. Wenn eine Arbeit Spaß macht, Herausforderungen bietet und angenehm ist, ist das mehr wert als ein System von Anreizen. *Eine gute Führung arbeitet möglichst viel mit Werten und intrinsischen Belohnungen.* Bosse arbeiten mit Druck von außen, eine wirkliche Führung setzt Werte ein. Vielleicht nutzt auch sie äußere Belohnungen, diese müssen aber den Werten der Mitarbeiter entsprechen.

Problematisch an einer Belohnung ist die Tatsache, daß sie ebenso wie Bestrafung von außen kommt, während Motivation von innen kommt. Eine übermäßige Betonung von Belohnung oder Bestrafung vermittelt die heimtückische Botschaft, daß die Arbeit an sich eigentlich hart und unbefriedigend ist und daß die Mitarbeiter verführt, beschwatzt oder bedroht werden müssen, damit sie überhaupt arbeiten. Weder das sprichwörtliche Zuckerbrot noch die Peitsche sind sehr befriedigend – aber was ist schon von einer Metapher zu erwarten, die Menschen mit dressierten Tieren vergleicht?

Droht man Mitarbeiterinnen und Mitarbeitern üble Konsequenzen an, wenn sie nicht tun, was man von ihnen erwartet, lassen sich damit sicher Trägheit und Widerstand überwinden. Die Leute werden arbeiten, wenn die Folgen für Nichtarbeiten schlimm genug sind – wo aber bleibt dabei die Qualität der Arbeit? Bestrafung erzeugt Fügsamkeit, aber keine Erfolge und ganz sicher keine Begeisterung. Und Kreativität wird dadurch auch nicht gefördert. Drohungen rufen Angst hervor, und Angst behindert den freien Fluß von Ideen, wie er für das kreative Denken nötig ist. Das erinnert mich an den Text eines Aufklebers: „Das Prügeln wird so lange weitergehen, bis sich die Moral bessert."

Manager rechtfertigen die Peitsche manchmal durch den Hinweis auf bessere Ergebnisse – in der Annahme, ihre Drohungen seien tatsächlich die Ursache dafür. Das ist aber wohl eher unwahrscheinlich. Wenn zwei Ereignisse aufeinanderfolgen, heißt das nicht automatisch, daß das erste die Ursache für das zweite ist; der Hahn läßt durch seinen Schrei am Morgen die Sonne nicht aufgehen, auch wenn er das vielleicht glaubt. Statistisch besteht eine hohe Wahrscheinlichkeit, daß schlechte Zeiten wieder besser werden. Das verspricht zumindest die statistische Regel der Regression: Ergebnisse gleichen sich im Laufe der Zeit aus. Eine schlechte Leistung wird mit der Zeit besser, auch wenn nichts unternommen wird. Das Gesetz der Regression ist nicht persönlich zu verstehen, sondern rein statistisch. Danach ist auch zweifelhaft, ob bessere Ergebnisse auf Belohnungen zurückzuführen sind. Auch gute Leistungen sind Schwankungen unterworfen, da sie an Grenzen stoßen; eine gute Führung muß die wahrscheinlichen Grenzen im voraus erkennen und dafür sorgen, daß der Durchschnitt beständig heraufgesetzt wird, damit weiterhin Verbesserungen möglich sind. Um eine gute (oder schlechte) Leistung für längere Zeit beizubehalten, sind besondere Bemühungen nötig. Die Zuckerbrot-Methode bildet die Grundlage für spezielle Anreize, Bonusregelungen und Belohnungen. Sie funktioniert nach dem Prinzip, daß Menschen sich durch Belohnungen, nicht jedoch durch Drohungen motivieren lassen. Und stimmt das auch? Belohnungen sind sicher geeignet, Apathie und Trägheit zu überwinden. Führen sie aber auch zu kreativer Arbeit? Nicht unbedingt, denn Menschen liefern gute Arbeit im Austausch für Belohnungen, für Geld, für Anerkennung und Befriedigung. Aber wieviel sind Belohnungen als Extraanreiz wert, zusätzlich zu angemessener Bezahlung? Wie sehr sind sie geeignet, Menschen dazu zu bringen, überlegter anstatt härter zu arbeiten?

Untersuchungen in den letzten 25 Jahren konnten nicht beweisen, daß Menschen für Belohnungen produktiver oder kreativer arbeiten; sie arbeiten gleich gut, wenn alle die gleiche oder eine ihren Bedürfnissen angepaßte Entlohnung erhalten.[1] Gewöhnlich ist das Gegenteil der Fall: Die besten Mitarbeiter bekommen das meiste Geld, sie werden für Begabung und Ergebnisse bezahlt, nicht für ihre Motivation. Es gibt keine einfache Relation zwischen Belohnung und Anstrengung.

Menschen reagieren nicht mechanisch und vorhersehbar; sie verändern jedes Bonussystem und passen es ihren eigenen Zielen an. Dazu kommt, daß ein System mit Extraanreizen bald als selbstverständlich und normal gilt, so wie wir uns schnell an Hintergrundmusik gewöhnen: Zunächst genießen wir sie, und dann erwarten wir sie wie selbstverständlich. Und wir stutzen, wenn sie endet. So können Belohnungen langfristig demotivieren, außer man schraubt das System immer weiter nach oben.

Kennen Sie die Geschichte von dem exzentrischen Erfinder, der in einem baufälligen Haus am Rande eines Dorfes lebte? An Wochenenden versammelten sich oft ein halbes Dutzend Kinder aus dem Dorf an seinem Tor und verspotteten und verlachten ihn. Sie warfen Dosen in seinen Garten und zerstörten seinen Holzzaun. Eines Morgens ging der Mann hinaus und begrüßte sie: „Ihr schreit nicht laut genug, und ihr ruft ständig die gleichen Wörter. Ich langweile mich allmählich. Ihr bekommt morgen jeder eine Mark, wenn ihr wiederkommt und euch die übelsten Beleidigungen ausdenkt und möglichst laut schreit."

Natürlich waren die Kinder begeistert. Sie kamen am nächsten

Tag und riefen laut einige besondere Beleidigungen, die sie sich von ihren älteren Geschwistern hatten sagen lassen.

„Nicht schlecht", meinte der Mann, „aber die sind noch recht zahm. Ich bin von euch enttäuscht. Kommt übermorgen wieder, und wenn ihr noch besser seid, gebe ich jedem 50 Pfennige."

Die Kinder kamen, schrien lange und laut, und der Mann gab ihnen ihre Belohnung. „Das war gut!" sagte er. „Kommt am Samstag wieder, aber ich kann euch nicht mehr als 10 Pfennige geben."

„Nur 10 Pfennige", spotteten die Kinder, „auf keinen Fall!"

Und damit blieben sie weg.

Und kamen nie wieder – es lohnte sich nicht.

Ein Belohnungssystem unterliegt nicht nur der Gefahr, zu eskalieren; Belohnungen stören Teamarbeit, wenn sie nur an einzelne vergeben werden. Die Balance zwischen Teamarbeit und individueller Arbeit ist schwierig, und wenn einzelne Mitarbeiter Belohnungen erhalten, ist das nicht der beste Weg zu Bestleistungen, da sich das gegen den Teamgeist richtet. In einer amerikanischen Studie wurden 20 Sozialversicherungsbüros untersucht. Das Ergebnis war, daß die Einführung einer leistungsbezogenen Bezahlung sich nicht auf die einzelne Arbeitsleistung auswirkte, obwohl man genaue Indikatoren (wie die Genauigkeit bei der Bearbeitung von Ansprüchen und die benötigte Zeit als Leistungsmaßstäbe) gewählt hatte.[2]

Belohnungen für besondere Verdienste von Mitgliedern eines Teams können noch problematischer sein. Diese auf ‚Ko-Konkurrenz' (Kooperation + Konkurrenz) ausgerichteten Teams nutzen den Wettbewerb zwischen den Mitgliedern, um das beste Gesamtergebnis zu erreichen, wie das zum Beispiel bei Verkaufsteams der Fall ist. Nur einer aus dem Team erhält die begehrte Auszeichnung „Verkäufer des Monats", die mit einem großen Bonus verbunden ist, und das kann ungute Gefühle hervorrufen. Negative Gefühle können auch entstehen, wenn Abteilungen Prämien für besondere Leistungen erhalten und eine Abteilung durch die Schuld eines Mitarbeiters leer ausgeht. Teamleistungen sind in Firmen ein wichtiges Thema, da viele Organisationen dazu übergehen, Teams mit Mitarbeitern aus verschiedenen Funktionsbereichen zu besetzen. Führung ist im Rahmen dieser stark leistungsbezogenen Teams ein wichtiges Thema. Es handelt sich hier nicht um das Gegenteil von Teamarbeit, sondern um eine Ergänzung. Führungskräfte bringen Teams zusammen, und in einem guten Team kann jede und jeder im Rahmen der Zusammenarbeit die Führung übernehmen. Jedes Teammitglied kann, abhängig von der Situation, Führungsfunktionen übernehmen. Die besten Teams bestehen aus Leuten, die Führungseigenschaften entwickelt haben.

Viele Firmen arbeiten in der Praxis mit Teams, heben durch ihre Lohnstruktur jedoch individuelle Bemühungen auf Kosten des Teams hervor. *Quantum*, Hersteller für Computerhardware in Kalifornien, bringt durch seinen Bonusplan zum Ausdruck, wie wichtig er Teamarbeit einschätzt. Alle Mitarbeiter, der Vorstand, Manager und Gelegenheitsarbeiter erhalten einen vom Kapitalertrag abhängigen Bonus.

Zurück zu Belohnungen: Eine Belohnung ist nur dann eine solche, wenn sie vom Empfänger geschätzt wird. Das erscheint einleuchtend, aber ich habe erlebt, wie das Management Anreize bot, die niemand haben wollte. Eine Belohnung ist etwas, was Sie wollen, aber nicht unbedingt bekommen. Geld ist eine Möglichkeit, aber nicht die einzige, und sie wird meist zu häufig genutzt.[3] Jeder verdient eine angemessene finanzielle Entlohnung, und die Bezahlung sollte gut sein – aber meist gelingt es nicht, Menschen dazu zu bringen, für Geld schneller oder besser zu arbeiten.

Welches ist die richtige Belohnung? Das hängt davon ab, wer belohnt werden soll. Es kann Geld sein – die Allzweckbelohnung, die keinen Wert an sich besitzt, aber in Dinge umgewandelt werden kann, die wir Menschen schätzen. Manche Dinge lassen sich damit aber nicht kaufen – Respekt, Ansehen und eine angenehme Atmosphäre, um nur drei zu nennen. Wenn man versucht, diese Dinge zu kaufen, bedeutet das, daß man sie nicht hat.

Geld ist in einer Organisation nicht einfach eine Belohnung, es unterhält das System und unterstützt die Arbeit, die in der Organisation geschätzt wird. Zeigen Sie mir, wo das Geld hinfließt, und ich kann Ihnen zeigen, was für eine Organisation wirklich Wert hat, unabhängig davon, was als Wert genannt wird. Geld ist ein Mittel der

Kontrolle und ein Mittel der Belohnung. Die Wirkung von Geld auf Menschen ist seltsam und oft widersprüchlich. Beispielsweise kommt es vor, daß Menschen, die mehr Geld verlangen, weil sie sich benachteiligt fühlen oder lange keine Lohnerhöhung hatten, die Firma verlassen, auch (oder speziell) wenn die Erhöhung gewährt wird. Und warum? Es ging nicht wirklich um Geld, sie wollten etwas anderes, vielleicht eine Herausforderung, mehr Anerkennung, eine bessere Umgebung. Das bekamen sie nicht, sie erhielten Geld, und sonst änderte sich nichts. Viele Umfragen haben gezeigt, daß für die Menschen Geld als Wert für ihr Berufsleben erst an dritter oder vierter Stelle genannt wird. Bei denselben Umfragen ergab sich jedoch, daß auf die Frage nach der Motivation *anderer* Geld an erster Stelle genannt wurde. Seltsam, daß wir denken, andere wollten das haben, was wir selbst nicht wollen.

Der Vorstellung, daß Menschen für Geld arbeiten, liegt die Annahme zugrunde, daß Menschen völlig rational ausgerichtet sind, daß alles gleichwertig ist und daß sie darauf aus sind, soviel Geld wie möglich zu verdienen. Aber viele Menschen arbeiten sehr viel härter als nötig, um ihr Geld zu verdienen, weil sie Spaß an ihrer Arbeit haben. Sie wählen einen schlecht bezahlten Beruf, weil sie damit glücklich sind, oder sie wählen einen Arbeitgeber, der geringere Löhne bezahlt, weil sie die Menschen, die Atmosphäre oder die Kultur am Arbeitsplatz mögen. Mir gefällt die Geschichte der Computerfirma *Tandem*, die kürzlich von *Compaq* übernommen wurde. Bewarb sich jemand um eine Stelle, nannte man nicht den genauen Lohn, man versicherte nur, daß er dem in der Branche üblichen Lohn entsprach. Man nahm wohl an, daß ein Bewerber, der nur wegen des Geldes kam, für Geld auch wieder gehen würde. Die Firma war mehr darauf bedacht, eine Kultur aufzubauen, als Menschen auf der Grundlage von Geld anzulocken. Ich meine, daß jede Firma, die glaubt, sie könnte Personal nur mit individuellen finanziellen Anreizen motivieren und halten, ihrer Umgebung, ihren Werten und ihrer Kultur nicht annähernd die nötige Aufmerksamkeit schenkt. Im Idealfall will man zukünftige Mitarbeiter, die die eigene Firma einem Konkurrenten vorziehen, der genauso viel Lohn anbietet. Ich kenne viele Menschen, die eine Beförderung ausschlugen, um weiter mit den Kollegen zu arbeiten, die sie mögen und denen sie vertrauen. Wir alle investieren Zeit und Mühen in Tätigkeiten, die uns nichts einbringen, einfach weil wir Spaß daran haben. Das ist keine Rechtfertigung dafür, daß Menschen schlecht bezahlt werden oder weniger bekommen als ihnen zustünde, aber es läßt Zweifel an rein finanziellen Anreizen und Vergütungen entstehen. Wenn wir also Geld nicht als Belohnung einsetzen, was statt dessen?

Führung heißt, Menschen durch gemeinsame Werte zu inspirieren. Erinnern Sie sich an Ihre am meisten kreative, befriedigende Aufgabe? Warum haben Sie sie übernommen? Wie haben Sie sie ausgeführt? Irgend etwas hat die Aufgabe wichtig und wertvoll gemacht – etwas, was Sie sehr schätzen. So wie Sie durch Ihre Werte motiviert werden, lassen sich auch andere über ihre Werte motivieren. Um führen zu können, müssen Sie wissen, was für Ihre Kollegen wichtig ist. Einige gemeinsame Werte werden sich wahrscheinlich finden lassen, um aber mehr zu erfahren, müssen Sie Fragen wie etwa die folgenden stellen:

• Was ist hierbei wichtig für Sie?
• Was schätzen Sie daran?
• Warum ist das für Sie wichtig?
• Was kommt dabei für Sie heraus? Ist es Ihnen viel wert?

Sie sind vielleicht nicht daran gewöhnt, derart persönliche Fragen zu stellen. Unter Umständen hat auch noch niemand Sie je derartiges gefragt. Normalerweise nehmen wir an, daß Dinge, die uns wichtig sind, auch von anderen Menschen geschätzt werden, oder wir vermuten, daß sie zumindest kooperieren oder daß ihnen die Sache egal ist. Wenn wir annehmen, daß andere Menschen dieselben Werte und Werte-Äquivalente haben wie wir, geben wir ihnen, was wir brauchen (was sie vielleicht nicht brauchen), und wir bekommen von anderen, was sie mögen (wir aber vielleicht nicht).

Immer wenn ich zu wissen glaube, was andere wollen oder wertschätzen, denke ich an eine Geschichte, die mir die Grundschullehrerin meiner Tochter erzählte. Die ganze Klasse hatte einen Aufsatz zum Thema schreiben müssen: „Die aufregendste Sache, die mir je passiert ist". Eine Woche später sammelte sie die Arbeiten ein und las sie mit Vergnügen; die besten wollte sie dann der Klasse vorlesen. Alle Geschichten sprachen ihre Phantasie an, bis sie den Aufsatz von Tony las, einem der ruhigsten Schüler. Er hatte geschrieben: „Ich ging nach Amerika und fand einen Schatz in der Wüste. Dann verirrte ich mich. Dann fanden mich meine Eltern, und ich ging nach Hause." Das war alles. Die Lehrerin war fasziniert. Am nächsten Tag fragte sie Tony: „Ich habe gestern abend deine Geschichte gelesen, und sie klang wirklich aufregend, aber eigentlich weiß ich nicht genau, was wirklich geschah. Kannst du mir ein wenig mehr erzählen?"

Tony erzählte ihr, daß er in den Ferien mit seiner Familie in Amerika war und dort mit allen zusammen in der Wüste von Arizona eine archäologische Ausgrabung besichtigte. Er durfte sich die ausgegrabenen Gegenstände genau ansehen, darunter auch einige Töpferwaren, und dabei hatte er seine Eltern in der Wüste verloren. Er war fast gestorben.

Die Lehrerin saß gespannt auf der Stuhlkante, während er die Geschichte erzählte, und fragte dann: „Warum hast du das alles nicht aufgeschrieben?"

„Ich dachte mir, Sie würden sich das selbst ausmalen", sagte er, „das sind doch nur die Details."

Tony hatte in seinem Kopf eine ausführliche, anschauliche Geschichte, und weil sie für ihn so real war, dachte er, sie wäre für andere genauso real. Er nahm an, andere würden sie verstehen oder sich ausmalen können. Er wird hoffentlich lernen, daß die guten Dinge des Lebens im Detail zu finden sind.

Wenn Sie wissen, was für andere wichtig ist, sollten Sie ihre Regeln und ihre Werte-Äquivalente herausfinden. Wie wissen sie, wann ihre Werte berücksichtigt sind? Wie wissen sie, wann gegen ihre Werte verstoßen wird? Werte-Äquivalente sind die beste Belohnung, und sie sind für jeden Menschen anders.

Ihr Kollege zum Beispiel möchte seine Arbeit anerkannt wissen. Dann könnten Sie fragen: „Wie wissen Sie, ob Sie anerkannt werden?"

Und er könnte antworten: „Ich werde gelobt, und meine Arbeit wird öffentlich anerkannt."

Dann könnten Sie weiter fragen: „Woran erkennen Sie, wenn Sie nicht anerkannt werden? Was würde geschehen? Oder ist so etwas schon mal in der Vergangenheit geschehen?"

Und Ihr Kollege könnte sagen: „Ich habe gute Arbeit geleistet, und mein Boß nahm das Verdienst für sich in Anspruch."

Für ihn ist also öffentliche Anerkennung wichtig; im privaten Gespräch gelobt zu werden genügt ihm nicht.

Ich war einmal Zeuge bei einem derartigen Streit, bei dem ein Vorgesetzter darauf bestand, er habe die Arbeit seiner Kollegin anerkannt („Ich habe Ihnen doch gesagt, daß Ihre Arbeit gut war!"), sie aber behauptete, das habe er nicht („Sie haben es nie zu jemandem gesagt, niemand sonst weiß davon!"). Werden die Regeln für den Wert nicht offengelegt, können sich beide Parteien in den Schmollwinkel zurückziehen. Wenn Sie die Werte-Äquivalente kennen, lassen sich diese unsinnigen Streitgespräche vermeiden, bei denen schließlich nur noch „aber ja" und „aber nein" ausgetauscht werden und keine befriedigende Lösung mehr möglich ist.

Wenn Sie diese Fragen nach den Werten mehrmals gestellt haben, werden Sie nie mehr annehmen, Sie wüßten, was Menschen wertschätzen oder wie sie wissen, daß ihr Wert befriedigt wurde. Die Fragen sind persönlich, aber zu Recht – sie behandeln jeden Menschen als ein Individuum mit eigenen Wünschen, Hoffnungen und Zielen. Sie werden vielleicht überrascht sein, wie schnell Menschen Ihnen erzählen, was ihnen wichtig ist – wenn Sie wirklich interessiert sind. Oft sind sie erfreut, daß sich ein anderer die Mühe macht, sie zu fragen. Gelegentlich werden Sie jedoch auch einen mißtrauischen Blick ernten, weil Ihr Gegenüber sich fragt, welche Hintergedanken Sie dabei haben. Vielleicht vermutet er auch, er müßte sich für das, was er sagt, rechtfertigen. Fordern Sie niemanden dazu auf, seine Werte zu rechtfertigen. Wie alle Dinge, die uns tief berühren, sind Werte nicht logisch erklärbar. Und sie sind auch nicht unlogisch – Logik spielt hier einfach keine Rolle.

George Bernard Shaw schrieb: „Vernünftige Menschen passen sich der Welt an. Unvernünftige Menschen passen sich die Welt an. Deshalb hängt jeder Fortschritt von unvernünftigen Menschen ab." Ich glaube, daß ‚Leader' (Führungspersönlichkeiten) sich selbst *und* die Welt anpassen, um ihre Vision voranzutreiben.

Werte und Integrität

Untersuchungen, die sich über zehn Jahre erstreckten und über 15 000 Manager[4] einbezogen, haben gezeigt, daß eine Führungskraft vor allem Integrität besitzen sollte. Integrität ist ein weiterer abstrakter Begriff – aber Werte sind gewöhnlich abstrakt. Was ist Integrität?

Das Wort entstammt dem lateinischen Wort „integritas" und bedeutet Unversehrtheit – im Sinne von Ganzheit. Das Gegenteil ist Desintegration – Auflösung eines Ganzen. Integrität heißt also, als Ganzes handeln. Keine Doppelmoral, nicht das eine sagen und das andere tun. Integrität schafft Vertrauen, und Vertrauen heißt, den eigenen Prinzipien treu zu sein. Sie vertrauen einem Menschen, auf den Sie sich verlassen können. Firmen wiederholen oft wie ein Mantra, daß die Angestellten ihr größter Wert sind. Was geschieht jedoch, wenn die Gewinne zurückgehen? Allzu oft müssen zuerst Mitarbeiter gehen. Und welche Meinung haben sie dann von der Firma? Und, was noch entscheidender ist, wie fühlen sich die Übriggebliebenen? Geschätzt? Ernüchtert? Besorgt, wer wohl der nächste sein wird?

In einer umfangreichen Studie wurden die geschäftlichen Entscheidungen in europäischen Firmen mittlerer Größe überprüft. Fast zwei Drittel der wichtigen Entscheidungen lagen voll auf der Linie der offiziellen Strategie der Firma, und das ist kein schlechter Wert. Jedoch nur ein Drittel der Entscheidungen von durchschnittlicher Wichtigkeit und nur noch eine von 20 minder wichtigen Entscheidungen entsprachen der Strategie. So eine Zuordnung ist von außen natürlich leicht zu treffen. Bedenken Sie einmal, wie sich das aus dem Blickwinkel der Belegschaft ausnimmt. Die wichtigen Entscheidungen, die mit der Firmenstrategie übereinstimmten, waren selten und wurden gewöhnlich hinter verschlossenen Türen von wenigen Mitgliedern der Führungsspitze beschlossen; oft wurden sie geheimgehalten – aus geschäftlichen Gründen, die nicht allgemein bekannt waren. Die kleinen alltäglichen Entscheidungen, von denen die Beschäftigten unmittelbar betroffen waren, kamen häufig vor und wurden offen besprochen, aber nur wenige entsprachen den Prinzipien, die sie verwirklichen helfen sollten. Tagtäglich wurde diesen Mitarbeitern mehrmals bewiesen, daß die Firmenbosse nicht so handelten, wie sie es offiziell vertraten. Wer könnte Mitarbeitern einen Vorwurf machen, die in einer solchen Situation zynisch reagieren? Aus der Sicht eines ‚Leaders‘ (einer Führungspersönlichkeit) sind alle Entscheidungen wichtig, *besonders* die kleinen.

Hier einige Zitate von Jack Welch, dem Vorstandsvorsitzenden der amerikanischen Firma *General Electric*. Er galt allgemein als starke, fähige und unsentimentale Führungskraft. Er trug den Spitznamen „Neutron Jack“, weil er sich bemühte, Personal zu reduzieren und wenig leistungsfähige Tochtergesellschaften zu verkaufen – die Gebäude standen noch, aber es gab nur noch wenige Mitarbeiter. Er soll gesagt haben: „Vertrauen ist in einer Firma unendlich wirksam. Die Menschen geben nicht ihr Bestes, wenn sie nicht überzeugt sind, daß sie fair behandelt werden, daß es keine Günstlingswirtschaft gibt und daß alle eine wirkliche Chance haben.“ Außerdem: „Wenn Sie nicht die ganze Zeit daran denken, den Wert jedes Mitarbeiters zu steigern, haben Sie keine Chance. Welche Alternative haben Sie? Verschwendetes geistiges Potential? Eine uninteressierte Belegschaft?“

Wenn Welch davon spricht, daß er den Wert der Mitarbeiter steigern will, würde ich übersetzen, daß es darum geht, ihnen das Gefühl ihres eigenen Wertes zu vermitteln. Das tun Sie, indem Sie herausfinden, was für die Menschen wichtig ist, und dementsprechend handeln. Sich an Werten zu orientieren heißt nicht, sanft und nachgiebig oder nicht wettbewerbsorientiert zu sein. Es gibt Ihnen jedoch die Kraft zu kämpfen, zu konkurrieren und hart und eindeutig zu entscheiden, da die Entscheidungen auf das zurückzuführen sind, was für Sie und Ihre Mitarbeiterinnen und Mitarbeiter wichtig ist.

Manchmal scheint es, daß Dinge, die wir nicht zählen können, nicht existieren – und Werte und Ziele können nun einmal nicht leicht in meßbare Größen umgesetzt werden. Wir haben bisher keine Methode entwickelt, mit der sie leicht zu messen wären. Aber wir können ihre Wirkung in der härtesten bekannten Währung messen – mit Geld. Was glauben Sie, wäre der Angebotspreis für *Microsoft*? (Natürlich unter der Voraussetzung, daß es auf diesem Planeten ein Unternehmen oder ein Land gibt, das sich dieses Angebot leisten kann.) Es wären viele Milliarden Dollar. Wofür würde der Käufer sein Geld aufwenden? Sicher für mehr als für die Redmond-Gebäude am Washington Square und Bill Gates' Lächeln. Der Käufer würde eine Gesellschaft kaufen, die in der Lage ist, riesige Profite zu machen, und zwar wegen der Art und Weise, wie der Sachverstand, das intellektuelle Kapital und die Vorstellungskraft der Mitarbeiterinnen und Mitarbeiter nutzbar gemacht werden. Gebäude lassen sich leicht schätzen, menschliche Phantasie nicht, aber sie ist sehr viel mehr wert.

1988 kaufte Philip Morris die Firma *Kraft* für fast 13 Milliarden Dollar. Das Sachanlagevermögen (die Gebäude, Büros, Warenhäuser und Immobilien) wurde auf etwa eineinhalb Milliarden Dollar geschätzt. Die immateriellen Werte (die Werte, das Marketing-Know-how, der Markenname und die Kreativität) waren fast siebenmal mehr wert als das Sachanlagevermögen. Ähnliche Relationen lassen sich bei allen Firmenübernahmen feststellen. Das Verhältnis zwischen dem Wert einer Firma auf dem Aktienmarkt und den Wiederbeschaffungskosten für das Sachanlagevermögen wird „Tobin-Verhältnis" genannt, nach dem bekannten Ökonom James Tobin, der an der Universität Yale lehrt. Das Magazin *Fortune* veröffentlichte 1991 einige typische Werte, und sie reichten von 8:1 für einige Softwarefirmen bis zu 2:1 für Hardwarefirmen mit mehr Sachanlagevermögen. Gemeinsame Werte und Ziele führen zu einem Wettbewerbsvorteil.

Wird eine Organisation nicht von gemeinsamen Werten gelenkt, braucht sie mehrere Managementebenen zur Kontrolle. Welche der bekannten multinationalen Organisationen auf der Welt hat Ihrer Meinung nach die wenigsten Managementebenen? Sie vermuten vielleicht, daß diese Organisation auf Werten gründet, und Sie haben recht. Es ist die römisch-katholische Kirche. Der Papst bildet die Spitze, und nach ihm kommen nur die Kardinäle und die Bischöfe. Drei Ebenen. Der Definition nach eine Glaubensgemeinschaft, hat die Kirche nur wenig Bedarf an einem umfangreichen hierarchischen Management.

Und welche bekannte multinationale Organisation hat Ihrer Meinung nach die meisten Managementebenen? Das müßte eine Organisation sein, in der Befehle und Kontrolle wichtig sind, in der wenig

Vertrauen vorhanden ist. Die Antwort: die russische kommunistische Partei. Aus Argwohn und Mißtrauen entstanden, hielt sie Argwohn und Mißtrauen aufrecht. Sie bildete über 50 Jahre eine gewaltige Hierarchie zur Unterdrückung von Freiheit und freiheitlicher Ideen.

Politik und Religion sind zwei der am stärksten gefühlsbetonten Bereiche (vielleicht weil sie so eng mit den zwei anderen gefühlsbetonten Bereichen verbunden sind: mit Geld und Tod). So ist es vielleicht nur angemessen, daß sie in diesem Spannungsfeld Rekordhalter sind.

Wegweiser in die Zukunft

Mit dem Versprechen, unsere Werte umzusetzen, machen ‚Leader‘ (Führungspersönlichkeiten) uns ein Angebot. Sie zeigen uns einen Weg zu träumen, hinauszugehen über bloßes Imitieren, uns zu beteiligen bei der Entstehung von etwas Größerem als wir selbst es darstellen, etwas Wichtiges zu erreichen, entweder mit anderen als Partnern in einem Team im kleineren Rahmen oder als Teil einer Gemeinschaft in einem größeren Rahmen. Führungskräfte zeigen auf, wie wir uns mit Aktivitäten und Fertigkeiten, angetrieben von Werten und Überzeugungen, über unser bisheriges Umfeld hinaus ausbreiten können, jenseits dessen, was ein Individuum allein für sich erreichen könnte.

Zum Beispiel kann keiner allein ein Denkmal bauen, dazu müssen viele Menschen zusammenarbeiten. Wir betrachten *Stonehenge* und bewundern den Aufwand an Zeit und die Hingabe, die für das Aufrichten dieser Steine nötig waren, und wir staunen über die Vision, die die Erbauer damals antrieb, diese Stätte zu schaffen. *Stonehenge* ist das Denkmal einer Vision, die wir nur annähernd begreifen können. Ich frage mich, ob irgendeines unserer Denkmäler in 2000 Jahren noch stehen wird und unsere Nachfahren es bewundern und sich fragen, wie wir das mit unserer primitiven Technik geschafft haben. Ich habe gelesen, daß die NASA hofft, vor dem Jahr 2008 den ersten

Menschen auf den Mars zu bringen. Die gesamte Reise soll an die zwei Jahre dauern. Es ist die bisher riskanteste Raumfahrtmission, und für mich wäre das kaum ein Ferienziel; es besteht jedoch kein Mangel an Freiwilligen. Führungspersonen hinterlassen so etwas wie ein Vermächtnis, etwas Einzigartiges, woran sich Mitarbeiterinnen und Mitarbeiter erinnern. Sie leben in der Erinnerung der Menschen weiter, deren Leben sie verändert haben.

Jedesmal, wenn wir die Grenze zur äußeren Welt erweitern, verschieben sich auch die Grenzen unserer inneren Welt. Wir vergrößern den ‚Ideenraum'. Jeder Fortschritt in Wissenschaft, Kunst und Technik bedeutet, daß wir über genau die einschränkenden Ideen hinausgelangt sind, die uns in der Vergangenheit vom Weiterkommen abgehalten haben.

Ich sammle gerne Vorhersagen, die sich als völlig falsch erwiesen haben. Es ist leicht, im nachhinein zurückzuschauen und über die Naivität unserer Vorfahren zu spotten – historischer Fortschritt erscheint unvermeidlich oder unvorstellbar, je nach dem, ob man ihn aus dem Blickwinkel der Vergangenheit oder der Zukunft beurteilt. Ich hebe die Liste auf, damit ich daran denke, nicht zu selbstgefällig zu beurteilen, was möglich wäre, und damit ich nicht in die Zukunft schaue und dort nur die Vergangenheit widergespiegelt sehe.

Jede Erfindung, jeder Fortschritt in Wissenschaft und Kunst beginnt mit einem subversiven Gedanken.

Durch trübe Scheiben blicken

Hier sind einige Zitate, die ihre Urheber lieber nicht gesagt hätten. Die zitierten Meinungen wurden von vielen geteilt. Wie viele Kolumnen und Erklärungen werden bei den Experten unserer Zeit in zehn Jahren ungute Gefühle auslösen? Ich habe meine Sammlung bereits begonnen.

„Wer um Himmels willen möchte Schauspieler sprechen
hören?"
(Warner, *Warner Brothers*, 1927)

„Der Zugang zum Bauchraum, zur Brust und zum Gehirn
wird dem klugen und humanen Chirurgen für immer ver-
schlossen bleiben."
(Sir John Ericksen, Chirurg von Königin Victoria, 1873)

„Louis Pasteurs Theorie von den Krankheitserregern ist
lächerliche Fiktion."
(Pierre Pachet, Professor für Physiologie in Toulouse, 1872)

„Alles, was erfunden werden kann, wurde bereits erfunden."
(Ausschußmitglied des amerikanischen Patentamts, 1899)

„Die Börse hat, wie es aussieht, ein permanent hohes Niveau
erreicht."
(Irving Fisher, Professor für Ökonomie an der Universität
Yale, 1929)

„Professor Goddard kennt das Verhältnis Aktion/Reaktion
nicht, und er weiß nicht, daß man für eine Reaktion mehr als
ein Vakuum braucht. Es scheint ihm an den Grundkenntnis-
sen zu fehlen, wie sie täglich in der Mittelschule gelehrt werden."
(Leitartikel in der *New York Times* über Robert Goddards
revolutionäre Arbeit über Raketen, 1921)

„Flugmaschinen schwerer als Luft sind undenkbar."
(Lord Kelvin, Präsident der *Royal Society*, 1895)

„Das Telefon hat zu viele Mängel, als daß man es ernsthaft
als Mittel der Kommunikation in Betracht ziehen könnte.
Das Gerät hat grundsätzlich keinen Wert für uns."
(Internes Schreiben der *Western Union*, 1876)

„Ich glaube, es gibt einen Weltmarkt für vielleicht fünf
Computer."
(Thomas Watson, Vorsitzender von *IBM*, 1943)

Und als letztes ...

„Wir mögen Ihren Sound nicht, und Gitarrenmusik ist nicht
mehr gefragt."
(*Decca Recording Company*, Ablehnung der Beatles, 1962)

Widerstand

Bisher haben wir davon gesprochen, andere zu motivieren, wie steht
es aber mit Ihrer eigenen Motivation? Führungseigenschaften zu
entwickeln heißt sich verändern, und Veränderung ist sowohl ein
Versprechen als auch eine Bedrohung. Wie Ihre gegenwärtige Situation auch ist, sie ist Ihnen zumindest vertraut, und Sie haben sich
an sie gewöhnt. Gewohnheiten haben die gleiche Wirkung wie die
Schwerkraft, sie verhindern, daß Sie davonschweben. Unsere Gewohnheiten sind mit den Organisationsabläufen zu vergleichen, die
eine Firma in Gang halten. Sie dienen dazu, bei minimalem Aufwand
ständig die gleichen Ergebnisse zu erzielen. Sie sind für das System
einer Organisation sehr wertvoll, bis es verändert werden soll. Dann
werden Gewohnheiten schnell zu Feinden.

Es wäre ungewöhnlich, wenn Sie nicht an irgendeinem Punkt Ihrer Reise Widerstand spüren würden. Widerstand ist im Niemands-
land zwischen Trägheit und Bereitschaft angesiedelt, in dem Geist
und Fleisch zur gleichen Zeit willig und schwach sind. Wir wünschen
uns gleichzeitig die Stabilität von dem, was wir haben, und die Hoffnung auf das, was wir wollen. Der Widerstand verteidigt all die Gewohnheiten, die wir entwickelt haben - deshalb sollten Sie diesen
Widerstand respektieren, er ist wichtig. Er hat eine positive Absicht:
Er schützt Sie vor möglichem Schaden und bewahrt das, was Ihnen
an Ihrer gegenwärtigen Situation wichtig ist. Widerstand ist der
Wächter der Psyche.

Hinter dem Widerstand der Organisation steckt dieselbe Absicht.
Organisationen verfügen über viele Abläufe, die für gleichmäßig
gute Ergebnisse sorgen. Firmen tendieren dazu, die Leute einzustel-

len, die am besten in die bestehende Managementkultur passen. Dadurch wird diese Kultur und die Arbeitsweise weitergeführt und gestärkt. Wenn eine Organisation sich zu verändern beginnt, leisten natürlich viele Menschen Widerstand. Er sollte respektiert werden als die andere Seite der Stabilität, die der Organisation in der Vergangenheit ihren Erfolg ermöglicht hat.

Gewohnheiten sind ein Weg, mit der Ungewißheit umzugehen, die durch die ständigen Veränderungen um uns herum entsteht. Wir brauchen ein gewisses Maß an Stabilität in unserem Leben. Davon hängt unser psychologisches Gleichgewicht ab, so wie unser Leben davon abhängt, daß bestimmte Systeme in unserem Körper in der Balance sind: die Körpertemperatur, der Wasserhaushalt, Atmung, Nervensystem und Herzschlag. Wenn wir feststellen, daß etwas gut funktioniert, ist es sinnvoll, es weiterhin so zu machen.

Unser Körper verfügt über homöostatische Systeme, die jede Veränderung, die unangenehm wird, buchstäblich dämpfen. Wenn uns zu heiß wird, schwitzen wir, es fließt mehr Blut zur Haut, wir verlieren Wärme. Je mehr wir schwitzen, desto mehr Hitze verlieren wir, und so kühlen wir entsprechend ab. Je heißer uns wird, desto mehr kompensieren wir. Der Körper will seinen Zustand beibehalten – das wird als Homöostase bezeichnet.

Ähnliche Systeme bewahren unser psychisches Gleichgewicht. Wir haben einen festgelegten Pegel für unser Wohlbefinden, den wir, anders als unseren Flüssigkeitsspiegel, *direkt beeinflussen können*. Je größer die Differenz zwischen dem erwünschten und dem aktuellen Pegel des Wohlbefindens ist, um so beunruhigter sind wir. Wenn die Differenz größer wird, versuchen wir die Unruhe zu dämpfen, um wieder in den Zustand des Wohlbefindens zurückzukehren. Veränderungen können natürlich dazu führen, daß die Differenz zwischen unserem gewünschten Zustand und dem aktuellen Zustand sehr groß wird.

Wie können wir diesen Umstand für uns nutzen? Erstens können Sie das Zögern als einen Freund betrachten, der Sie vor Veränderung warnt. Zweitens sollten Sie bedenken, daß Sie persönlich sehr viel weniger Einschränkungen unterliegen als Ihre Physiologie. Die Umstände ändern sich, also wäre es nicht nur dumm, sondern auch unmöglich, wenn Sie angesichts unaufhörlicher Veränderungen immer die gleiche Person bleiben wollten. Wir sollten die *Beziehung* zwischen unserer Umwelt und uns konstant halten, aber unser Leben muß deshalb nicht gleich bleiben. Vielmehr müssen wir uns beständig verändern, um gleich zu bleiben, gerade so wie unsere Haut sich jeden Tag erneuert, damit wir am Leben bleiben.

Wenn Sie sich für Veränderungen entscheiden, werden Sie, sofern Übereinstimmung mit Ihrer Vision und Ihren Werten besteht, dadurch auf eine höhere Ebene gelenkt. Führung ist ein Beispiel für diese Art ‚generativer Veränderung'. Sie können den mit Veränderungen einhergehenden Widerstand überwinden, indem Sie darauf achten, daß einige wichtige Lebensbereiche stabil bleiben.

Ein Beispiel: Einer meiner Freunde zog letztes Jahr in ein neues Haus, heiratete wieder und trat eine neue Arbeitsstelle an. Er wollte all diese Veränderungen, war aber trotzdem beunruhigt. Also entschied er, daß drei Dinge in seinem Leben gleichbleiben sollten: sein sportliches Trainingsprogramm, die Besuche bei seinen Kindern aus erster Ehe und seine berufliche Stellung (man hatte ihm eine Beförderung angeboten, die er abgelehnt hatte). Er sagte, das brauche er als Gegengewicht, um die Veränderungen auszugleichen. Dabei stellte er sich Waagschalen vor: Er brauchte ein Gegengewicht, damit sein Leben nicht aus dem Gleichgewicht geriet.

Die Homöostase im Körper funktioniert in etwa wie der Thermostat einer Heizung. Mit diesem stellen Sie die gewünschte Temperatur fest ein. Fällt die Temperatur unter diese Einstellung, schaltet der Thermostat die Heizung ein. Wenn die Heizung läuft, steigt die Temperatur wieder auf die gewünschte Höhe. Ähnlich können Sie sich Ihre Reaktion auf Veränderungen vorstellen. Auf welchen Punkt haben Sie Ihren Thermostat für Veränderungen eingestellt? Wie groß ist Ihr Bereich, in dem Sie sich wohl fühlen? Wieviel Veränderung können Sie tolerieren, ohne einzugreifen? Wenn Ihre Toleranzschwelle niedrig ist, werden Sie mit Zögern auf die kleinsten Veränderungen reagieren. Ist Ihre Toleranzschwelle sehr hoch, sieht Ihr Leben ganz anders aus: Vielleicht gibt es in Ihrem Leben so viele Veränderungen, daß Ihr Privatleben sehr chaotisch verläuft und es Ihnen schwerfällt, länger bei einer Sache zu bleiben. Das Leben mit Ihnen wird dann aufregend, vielleicht sogar anstrengend sein. Nutzen Sie also Widerstand als ein Signal, um sich nicht nur die beabsichtigten Veränderungen anzusehen, sondern auch, um Ihre Toleranzschwelle in Frage zu stellen. Manchmal ist dieser Level noch derselbe wie in der Kindheit, und man hat vergessen, ihn anzupassen.

Würde ein Thermostat so eingestellt, daß er bereits auf Temperaturunterschiede von einem Zehntel Grad reagiert, würde sich die Heizung alle paar Minuten ein- und ausschalten. Ein Thermostat für Veränderungen, der zu sensibel reagiert, würde Sie veranlassen, ständig Pläne zu machen und sie bei kleinsten Veränderungen wieder fallen zu lassen. Das hieße, daß Sie versuchen, Ihr Leben bis in die kleinsten Einzelheiten zu managen, und Sie würden auf alles, was außer der Reihe geschieht, sehr sensibel und intolerant reagieren.

Stellen Sie sich andererseits einen Thermostaten vor, der nur in Abständen von fünf Grad reagiert. Sie würden frieren, ehe die Heizung sich wieder einschaltete. Ein derartiger Thermostat für persönliche Veränderungen würde bedeuten, daß Sie über lange Zeit gleich bleiben, dann plötzlich aufmerksam würden und sich drastisch verändern würden. Irgendwo zwischen diesen beiden Extremen liegt ein Bereich, der uns ein gutes Leben und Anpassung erlaubt. (Ich vermute, daß wir heutzutage eine größere Bandbreite an Toleranz benötigen, als dies früher der Fall war.)

Ihr persönlicher Thermostat für Veränderungen

- Scheint es in Ihrem Leben viele Veränderungen zu geben oder nur sehr wenige? Wie reagieren Sie auf Veränderungen?
- Wieviel Toleranz bringen Sie für Veränderungen auf?
- Denken Sie an einige Veränderungen, denen Sie sich unterzogen haben, die sich positiv ausgewirkt haben? Was war gut daran?
- Denken Sie jetzt an einige Veränderungen, die sich nicht gut ausgewirkt haben? Was war an ihnen unbefriedigend?
- Denken Sie an die Veränderungen, die Sie vornehmen würden, um in Ihrem Leben und bei Ihrer Arbeit stärker die Führung zu übernehmen. Was hat Sie bisher von diesen Veränderungen abgehalten?
- Hat sich seitdem etwas verändert?

Was könnte Sie davon abhalten, weiter danach zu streben, ein ‚Leader‘ (eine Führungspersönlichkeit) zu werden? In Ihrem Umfeld verändern sich vielleicht Ihre Beziehungen – Sie könnten Freunde verlieren, aber auch welche gewinnen. Sie verderben sich vielleicht sogar Ihre Karriereaussichten, wenn Sie im Augenblick in einer Firma arbeiten, die mit Befehlen und Kontrolle geleitet wird. Man sagt, in solchen Firmen bliebe keine gute Tat ungestraft. Sie werden auch eigene Schwächen überwinden und neue Ressourcen entwickeln müssen, so wie der Held in einem Märchen. Diese Schwächen zu überwinden ist der wichtigste Schritt auf dem Weg zur Führung. Wie könnten Sie die Vorteile Ihrer gegenwärtigen Situation beibehalten und sich dennoch zur Führungskraft weiterentwickeln? Im allgemeinen kommt die Furcht vor Veränderungen in zweierlei Gestalt daher:

1. Die verständliche Furcht vor Erfolg – neue Probleme, neue Herausforderungen, keine alten Sicherheiten. Ich glaube, daß wir durch die Schule mißtrauisch gegenüber Erfolgen werden. Erfolg in einer schulischen Prüfung zieht eine Belohnung nach sich: Man wird für eine weitere, härtere Prüfung ausgewählt. Wann gehören Prüfungen dieser Art endlich der Vergangenheit an? Nur wenn Sie selbst entscheiden, daß sie es sind.

2. Erfolg läßt Sie aus der Menge hervorstechen. Sie werden zur Zielscheibe des Neids all jener, die weniger erfolgreich sind. So müssen Sie für den Fall des Erfolgs genauso planen wie für den Fall des Versagens.

Das sind die wirklichen Gefahren, über die Sie nachdenken müssen. Die andere Furcht, die natürlich genauso verständlich ist, ist die Angst vor Versagen. Und Versagen ist vielleicht etwas, womit Sie bereits schmerzlich vertraut sind.

Vom Versagen der Vergangenheit zum Erfolg der Gegenwart

Sie haben unter Umständen in der Vergangenheit bereits versucht, sich zu verändern, hatten damit aber keinen Erfolg. So erscheinen Ihnen Veränderungen jetzt weniger attraktiv. Vielleicht war der

Zeitpunkt nicht der richtige, aber die alte Erinnerung wirkt noch
nach. Sie können diese Erinnerung jetzt heilen.
- Denken Sie an die Zeit zurück, als Sie eine Änderung herbeiführen wollten, Ihnen dies aber nicht gelang. Sehen Sie sich
  selbst in dieser Zeit. Was haben Sie zu erreichen versucht?
- Beobachten Sie sich wie auf einer Kinoleinwand. Nehmen Sie innerlich völlig Abstand von Ihrem Selbst auf der Leinwand, als
  wären das dort nicht Sie, sondern ein Freund, der Ihre Rolle
  spielt, um Ihnen zu zeigen, was geschah. Er wird Sie bald auch um
  Rat fragen. Sehen Sie sich den Film bis zum Ende an.
- Was können Sie von diesem Vorfall lernen, damit er sich so nicht
  noch einmal ereignet?
- Was hätte nach Ihren Vorstellungen statt dessen geschehen sollen?
- Welchen Rat würden Sie der Person im Film im nachhinein geben,
  damit die Situation für sie besser würde?

Stellen Sie sich vor, daß Sie das jetzt tun. Durchleben Sie den Vorfall
in Ihrer Phantasie noch einmal, sehen Sie sich selbst anders handeln,
und sehen Sie, wie sich die Situation anders auflöst. Räumen Sie dann
Ihre geistige Leinwand leer.

Wiederholen Sie diesen Vorgang mindestens dreimal, und lassen
Sie dabei nach jeder Wiederholung Ihre innere Leinwand wieder leer
werden.

Treten Sie noch einmal ins Bild. Stellen Sie sich vor, Sie sind wieder
in der Situation und durchlaufen die Szene, und zwar auf die neue
Art, die Sie zuletzt ausprobiert haben. Nehmen Sie dazu Ihren eigenen Rat an – handeln Sie in der Situation anders und sehen Sie, wie
sie dieses Mal endet.

Ist das zufriedenstellend?

Falls nicht, schauen Sie sich den ursprünglichen, unveränderten
Film noch einmal an. Achten Sie darauf, was Sie noch aus ihm lernen
können und was Sie noch vorschlagen könnten. Gehen Sie dann in
der Vorstellung wieder in die Situation hinein, und handeln Sie entsprechend dem neuen Rat. Machen Sie das so lange, bis Sie mit dem
Ablauf zufrieden sind.

Es gibt noch eine weitere Möglichkeit zur Lösung. Vielleicht sind Sie die Veränderung nicht zur richtigen Zeit angegangen. Egal, was Sie damals getan haben, es wäre *nie* so ausgegangen wie geplant.

Für diesen Fall können Sie überlegen, welche Umstände damals anders hätten sein müssen, damit das Ereignis anders abgelaufen wäre.

Haben sich die Umstände in der Zwischenzeit verändert? Wenn nicht, was können Sie tun, um etwas zu verändern, damit Sie jetzt die damals geplante Veränderung sicher durchführen können?

Die beschriebene Technik können Sie auch anwenden, wenn Sie vor einer schwierigen Entscheidung stehen. Stellen Sie sich dabei Ihr zukünftiges Selbst als einen Ratgeber vor, der die Veränderung erfolgreich hinter sich gebracht hat. Welchen Rat würde er Ihnen geben?

Die Schattenseite der Veränderung

Veränderung ist riskant. Deshalb sollten Sie auch einen Mißerfolg einkalkulieren und sich absichern (im Englischen spricht man von „downside planning") – ein Vorgang, der Versicherungsgesellschaften sehr reich macht. Wenn Sie ein mögliches Desaster abgedeckt haben und wissen, daß es Ihnen auch dann gutgehen wird, wenn es zum Schlimmsten kommt, können Sie viel leichter vorwärtsgehen.

Wenn Sie sich Ihre geplanten Veränderungen ansehen, welche Gefahren sind mit ihnen verbunden? Was könnte schiefgehen? Nur weil es sich lohnt, eine Sache durchzuführen, heißt das noch nicht, daß damit auch der Erfolg garantiert ist. Motivationskassetten und -bücher fordern Sie auf „Sei positiv!", nur sind Optimismus und Glaube allein kein Ersatz für sorgfältige Planung. Nehmen Sie alles zusammen, dann besteht ein gute Chance auf Erfolg.

Als meine Tochter elf war, meldete sie sich bei einem Jugendzentrum für einen Kanukurs auf der Themse an. Sie konnte schwimmen, aber die Themse hat eine starke Strömung, ist breit, braun und nicht sehr einladend. Von ihrer ersten Stunde kam sie ziemlich empört zurück. „Ich dachte, beim Kanufahren geht es darum, nicht ins Wasser zu fallen", sagte sie, „sie haben uns aber mindestens eine halbe Stunde lang das Kentern beigebracht."

Ich war *sehr* froh darüber. Dieser Trainer sagte nicht: „Kentern? Daran solltet ihr gar nicht denken! Denkt positiv!"

Sobald Sie wissen, was Sie bei einem Mißgeschick tun können, brauchen Sie nicht mehr daran zu denken. Deshalb lernen Reiter zu Beginn ihres Trainings, wie man vom Pferd fällt, und Rennfahrer üben, wie man sich bei einem Aufprall verhält. Wenn Sie keine Vorstellung davon haben, was Sie bei einem Unfall tun können, werden Sie von dem Gedanken daran verfolgt – und das zu Recht.

Widerstand erforschen

Denken Sie an die Veränderung, die Sie planen, und stellen Sie sich die folgenden Fragen:

- Welche weiteren wichtigen Veränderungen könnten damit verbunden sein?
- Welche wichtigen Punkte sprechen dafür, die Veränderung nicht durchzuführen?
- Was verliere ich, wenn ich die Veränderung durchführe?
- Was gewinne ich?
- Was in meinem Leben soll gleich bleiben – als Gegengewicht für die Veränderung?
- Wie wichtig ist diese Veränderung für meine Entwicklung in Richtung ‚Leadership' (Führung)?
- Wie wichtig ist es überhaupt, Führungseigenschaften zu entwickeln?
- Welches ist das größte äußere Problem, auf das ich bei dieser Entwicklung stoßen könnte?
- Welches ist die größte innere Schwäche auf diesem Weg? (Das ist gleichzeitig Ihr größter Vorteil. Das Überwinden dieser Schwäche ist der schnellste Weg zur Führung.)
- Welche Eigenschaft müßte ich besonders entwickeln, um diese Schwäche zu bekämpfen?
- Welche Verbindung kann ich zwischen dem äußeren Problem und der inneren Schwäche erkennen?

Hier sind vier Fragen, mit denen Sie einen eventuellen Mißerfolg (im Englischen „downside planning") und das Gegenteil, einen eventuellen Erfolg (englisch „upside planning"), vorausplanen können:

- Was ist das Schlimmste, das geschehen könnte, wenn ich keinen Erfolg habe? (Und bin ich dagegen abgesichert?)
- Was ist das Beste, das geschehen könnte, wenn ich keinen Erfolg habe? (Und wie attraktiv erscheint mir das?)
- Was könnte schlimmstenfalls geschehen, wenn ich erfolgreich bin? (Und bin ich darauf vorbereitet?)
- Was könnte bestenfalls geschehen, wenn ich erfolgreich bin? (Und ist das wirklich in Ordnung?)

Denken Sie daran, daß eine Führungsrolle auch ihre Schattenseiten hat. Die Menschen erwarten von Ihnen, daß Sie etwas Besonderes sind, sie projizieren ihre Hoffnungen und Ängste auf Sie und erwarten, daß Sie Lösungen finden. Wenn Sie sich weigern, ernten Sie unter Umständen Empörung. Je mehr Sie in der Öffentlichkeit stehen, desto eher ist das der Fall, da die Menschen nicht mit Ihnen, sondern mit ihrer eigenen Phantasie von Ihrer Person in Beziehung treten. Öffentlicher Beifall ist angenehm – so lange Sie die Erwartungen erfüllen. Von Führungspersönlichkeiten wird oft erwartet, daß sie perfekt sind, das heißt, daß sie der Vorstellung von Perfektion in den Köpfen der Menschen entsprechen – und das kann eine große Bürde sein.

Kulturen unterscheiden sich darin, wieviel Humanität sie bei ihren führenden Persönlichkeiten tolerieren, und eigentlich ist eine solche Stellung in jeder Kultur mit Risiko behaftet. Sie verschafft den Betreffenden eine Sonderstellung, auch wenn durch die gemeinsame Vision und gemeinsame Ziele der Kontakt zu den anderen gehalten wird. ‚Leader' (Führungspersönlichkeiten) müssen Vorbild sein, aber das Idealisieren ihrer Person kann leicht umschlagen, so daß sie zum vergötterten Idol werden. Niemand ist perfekt, und je höher der Sockel ist, auf dem man steht, desto deutlicher sind die tönernen Füße zu sehen.

Nehmen Sie sich vor den Erwartungen anderer Menschen, aber auch vor Ihren eigenen, in acht. Führungspersönlichkeiten müssen realistisch sein. Wenn Sie sich selbst besser kennen, werden Sie mehr über Führung erfahren, und während Sie sich zur Führungskraft entwickeln, werden Sie wiederum sich selbst besser kennenlernen.

Eine Vision ist wichtig, ich habe jedoch zu viele Visionäre mit stählernem Blick getroffen, die sich unter dem Diktat einer persönlichen Vision oder Mission abmühten. Sie waren für die angenehmen Dinge des Lebens blind geworden. Solche Menschen halten jeden fest und erzählen ihm von ihrer Mission, während der andere eigentlich die eigenen Angelegenheiten weiter verfolgen will. Die eigene Vision hat sie süchtig werden lassen, sie scheinen an Entzugserscheinungen zu leiden, wenn sie nur einen Tag davon getrennt sind. Sie wirken getrieben, und das Zusammensein mit ihnen ist anstrengend. Ich denke, daß eine Vision ein Teil Ihres Lebens sein sollte, und nicht Ihr Leben Teil der Vision. Die Vision sollte den Kontakt mit anderen Menschen ermöglichen, sie jedoch nicht abschrecken. Eine Vision ist wie ein Licht, das Sie die Möglichkeiten eines erfüllten Lebens erkennen läßt. Sie können dieses Licht zu einer hellen Fackel zusammenfassen, Sie können es aber auch wie das sanftere Tageslicht nutzen, bei dem Sie Ihren Weg deutlicher erkennen. Wenn Sie aufgrund einer Vision tätig werden, bedeutet das nicht, daß Lachen, Spaß und Entspannung verboten sind.

Und nun eine letzte Geschichte, die mir mein bulgarischer Freund Christo Georgiev über den bulgarischen Nationalhelden Vassil Levski erzählt hat. 1837 in Karlovo geboren, wurde er während der Revolution, in der Bulgarien sich von der Herrschaft der Türken befreite, zum Märtyrer.[6] Nach allem, was man hört, war er ein bemerkenswerter Anführer, ein professioneller Revolutionär mit wenig Kampferfahrung. Er schuf jedoch innerhalb von zwei Jahren eine Untergrundbewegung mit über 200 Gruppen in Städten und Dörfern in ganz Bulgarien. Es handelte sich dabei um eine Art Staat im Staat, mit eigenen Polizeikräften, einem Postdienst, offiziellen Archiven und, besonders erstaunlich, offiziellen Bilanzen. Auch wenn Levskis Person von seinen Landsleuten verklärt wurde, scheint er doch alle Eigenschaften eines ‚Leaders‘ (einer Führungspersönlichkeit) besessen zu haben – und eine Vision von einem freien Land, die er mit seinen Landsleuten teilte, die Fähigkeit, andere unter gefährlichen Umständen zu inspirieren, und große strategische und taktische Kriegskenntnisse. Levski war gegen die türkische Herrschaft und stellte auch eine Gruppe von Widerstandskämpfern zusammen. Die christliche Kirche war sein Verbündeter, und er wurde oft in Klöstern, häufig in speziell errichteten Verstecken verborgen. Er wurde 1873 getötet; 1877 war die türkische Herrschaft in Bulgarien beendet.

Folgender Ausspruch ist von ihm überliefert: „Wenn ich gewinne, gewinne ich für das ganze Volk. Wenn ich verliere, verliere ich nur für mich selbst."

Kapitel 5

Hinweise und Regeln auf dem Weg

Reisen kann gefährlich sein, und Zwischenfälle sind immer möglich, auch wenn die Reise noch so gut geplant ist. Was werden Sie mitnehmen auf Ihren Weg? Welche Art ‚Überlebensausrüstung' ist für den Weg zur Führung nötig? Sie können nicht viel mitnehmen, da Sie unbeschwert reisen wollen (wenn auch nicht mit zu leichtem Gepäck), und ein vollgestopfter Koffer hindert Sie nur. Welche Ressourcen brauchen Sie?

Auf Ihrer Reise werden Sie auf Herausforderungen stoßen, für die Sie mit drei Arten von Ressourcen gerüstet sind, die zu den drei Merkmalen eines ‚Leaders' (einer Führungspersönlichkeit) passen:

1. Sie brauchen Fertigkeiten des Selbstmanagements – damit Sie sich entwickeln und durch Ihr Beispiel führen sowie Ihre Vision ausbauen können.

2. Sie brauchen Beziehungsfertigkeiten, um andere zu beeinflussen und zu überzeugen, damit sie Sie begleiten, außerdem um anderen bei der Entwicklung von Führungseigenschaften zu helfen und um hervorragende Teams aufzubauen.

3. Sie sollten systemisches Denken beherrschen, damit Sie die jeweilige Situation verstehen und langfristig planen, anstatt nur kurzfristig etwas zu bereinigen.

Mentorinnen und Mentoren

Ihre größte Ressource ist jemand, dem Sie vertrauen und der bereit ist, Sie anzuleiten. Falls der oder die Betreffende diese Reise selbst bereits hinter sich hat, ist das um so vorteilhafter, er oder sie kann dann Mentor für Sie sein. In der *Odyssee*, dem griechischen Epos von Homer aus dem 9. Jahrhundert vor Christus, war Mentor ein alter Freund und Berater des Helden Odysseus und Tutor für seinen Sohn Telemachos. Dieser Name wurde in unsere Sprache übernommen und bezeichnet heute einen vertrauenswürdigen Förderer und Lehrer. Mentor wurde von den griechischen Göttern inspiriert – übrigens geht das Wort „Enthusiasmus" auf griechische Wurzeln zurück („éntheos") und bedeutet „von einem Gott besessen sein". Enthusiasmus kann so viel Kraft und Inspiration beinhalten, daß er hohen (‚göttlichen') Ursprungs zu sein scheint. Ein Mentor ist ein begeisterter Freund, eine Lehrerin, jemand, dem man sich anvertrauen und an dessen Schulter man sich anlehnen kann. Niemand, und gewiß auch keine Führungspersönlichkeit, ist unverwundbar und völlig selbständig.

Wer war in der Vergangenheit Ihr Mentor? Ein Mentor ist nicht unbedingt ein grauhaariger alter Mann mit einem weißen Rauschebart, der wie eine Hollywood-Version Gottes aus dem verfilmten Alten Testament aussieht. Jeder kann ein Mentor, eine Mentorin sein. Ein lebender Mensch ist der beste Mentor, aber es muß nicht eine Person sein. Vielleicht ist Ihr Mentor ein Buch. Sie erinnern sich sicher an ein Buch oder eine Buchreihe, von der Sie als Kind stark beeindruckt waren. Vielleicht wurden dadurch sogar Ihre Vorstellungen von dem, was Sie im Leben erreichen wollen, geprägt. In jeder guten Geschichte übernimmt eine Person die Rolle eines Mentors, und einige werden so anschaulich dargestellt, daß sie vor unseren Augen lebendig werden und uns direkt ansprechen. Auch in Filmen treten Mentoren auf. In der Trilogie *Krieg der Sterne* wird der Jedi-Ritter Obi Wan Kenobi der erste Mentor für Luke Skywalker. Und auch als Obi Wan stirbt, bleibt er weiterhin Mentor. Später übernimmt Yoda, Obi Wans ehemaliger Mentor, diese Rolle. Yoda entspricht zwar kaum Lukes Vision eines Jedi-Ritters, das zeigt aber, daß Mentoren nicht immer unseren Vorstellungen entsprechen.

Sie können Ihre Mentoren selbst wählen oder werden unter Umständen von Ihren Mentoren ausgewählt. Ich zähle meine Kinder zu meinen Mentoren. Ich habe sehr viel von ihnen gelernt, auch wenn es mir zum jeweiligen Zeitpunkt nicht immer angenehm war.

Während ich dieses Buch schrieb, las ich einen Zeitungsartikel über die Freuden und Gefahren der Stiefvaterrolle. Der Verfasser wählte einen Kunstmenschen (einen sogenannten Cyborg) aus dem Film *Terminator 2*, gespielt von Arnold Schwarzenegger, als Rollenvorbild eines guten Stiefvaters (zumindest teilweise): nicht wegen seiner Unzerstörbarkeit, sondern weil der ehemalige Terminator den Jungen, auf dessen Schutz er programmiert ist, so unerschütterlich beschützt, wie er ihn im ersten Teil der Filmserie unerbittlich verfolgt hat. Ein Cyborg, der auf Töten programmiert ist, ist sicher nicht die erste Wahl für das Rollenmodell eines Stiefvaters, aber ein Teil seines Charakters war perfekt geeignet. Mentoren bieten nie eine *vollständige* Antwort oder ein umfassendes Rollenmodell – kopieren Sie also einen Mentor nicht, sondern tragen Sie dazu bei, daß er oder sie Ihre besten Seiten ans Licht bringt und Sie mehr Sie selbst werden können. Solange Sie sorgfältig auswählen, welche Teile Sie modellieren (also zum Vorbild nehmen), bieten sich viele literarische und historische Charaktere als Mentoren an. Wie wäre es zum Beispiel mit der unerschütterlichen Motivation und Hingabe von Tim Robbins in dem Film *Die Verurteilten*? Oder mit dem Erfindergeist von Harrison Ford als Indiana Jones in *Jäger des verlorenen Schatzes*? So wie die beiden sich mit Hingabe und Erfindergeist auf die Suche begeben haben, können auch Sie möglicherweise diese Eigenschaften nutzen.

In vielen Kulturen orientiert man sich traditionell gern an Tieren. Bei Tieren zeigen sich Eigenschaften krasser als bei uns, da sie nicht durch intellektuelle Überlegungen oder Sorgen über langfristige Konsequenzen oder Moral beeinflußt sind. Sie können nicht sprechen, also spricht ihr Verhalten für sie. Immer wenn ich in den Zoo gehe, beobachte ich gerne die Großkatzen dabei, wie sie in ihrem Käfig auf und ab tigern. Sie erscheinen unheimlich stark und gleichzeitig unglaublich leicht und anmutig. Sie scheinen Entspannung mit sofortiger Aktionsbereitschaft verbinden zu können. Wir halten Katzen für faul, aber mir scheint, sie tun nur das Nötige und wenden dafür minimale Anstrengung auf. Diese Eigenschaften hätte ich gerne.

Auch ein Ort kann Mentor sein. Es gibt Orte, an denen Sie sich wohl fühlen, Orte, die Ihnen gefallen, Orte zum Nachdenken. Natürliche Schönheit wirkt gleichzeitig inspirierend und beruhigend, und ich fühle mich dann zurückversetzt nach Maui auf Hawaii, in die Schönheit und Ruhe am Abend, wenn die Sonne hinter der Insel Molokai untergeht. Bei Sonnenuntergang ist alles sehr ruhig, die Luft wird milder, sie scheint Geräusche zu absorbieren: Die Geräusche verschwinden und hinterlassen keine Spur. Wenn mein Leben in London sehr hektisch wird, kann ich mich trotzdem in diesen entspannenden Augenblick zurückversetzen. Solche Mentor-Orte gibt es überall, und wenn Sie einen gefunden haben, bleibt er Ihnen erhalten, da Sie ihn in sich tragen können.

Die eigenen Mentoren auswählen

Wählen Sie einen Menschen, dem Sie trauen können, jemanden, mit dem Sie über Ihre Ideen sprechen können, vielleicht ein Familienmitglied, einen Freund oder eine Arbeitskollegin.

Wählen Sie jetzt drei weitere Mentoren für Ihre Reise. Das können Menschen sein, die Sie kennen, Menschen, von denen Sie gehört, die Sie aber nie getroffen haben, Gestalten aus der Literatur oder der Geschichte, Tiere oder Orte der Inspiration. Mentor zu sein ist ein ehrenhafter Status, wählen Sie also gut. Sie müssen Ihren Mentoren vertrauen können.

1. Der erste Mentor sollte in der Lage sein, Ihnen beim größten äußeren Problem, das sich möglicherweise ergibt, zu helfen (Sie haben dieses Problem in Kapitel 4 in der Übung *Widerwillen erforschen* identifiziert). Wen kennen Sie, der ähnliches bewältigt hat oder bewältigen könnte?

2. Zweiter Mentor sollte eine Person sein, bei der Sie das Gefühl haben, sie könnte Ihnen bei den größten inneren Schwächen hel-

fen, die Sie abhalten könnten, ein ‚Leader' (eine Führungspersönlichkeit) zu werden (siehe auch hier die o.g. Übung). Kennen Sie
jemanden, der diese Schwäche überwunden hat oder helfen
könnte, sie zu überwinden? Wählen Sie eine erfundene Gestalt,
wenn Sie keine geeigneten Menschen kennen.
3. Den dritten Mentor können Sie frei wählen. Wen wünschen Sie
sich, damit sie oder er die Reihe Ihrer Ratgeber vervollständigt?
Vielleicht jemanden, der ganz anders ist, als Gegengewicht zu den
bisherigen?

Im Mittelalter hatten englische Könige und Lords einen Hofnarren.
Er erzählte Witze, führte Tricks vor und unterhielt jedermann. Er
zog die Menschen auf, indem er ihnen ihre Schwächen bewußt
machte und an ihrem Ego kratzte, wenn sie aufgrund ihrer Stellung
überheblich geworden waren. Er war ein besonderer Mentor des
Burgherren. Wegen seiner besonderen Stellung durfte er Dinge sagen, die andere nicht äußern durften, ohne bestraft zu werden. Er
vertrat eine abweichende Meinung, eine leicht verzerrte Sichtweise,
ironisch, schrullig und kritisch. In der Shakespeareschen Tragödie
König Lear sind einige sehr schöne Beispiele enthalten: Der Narr ist
der einzige, der dem verwirrten König die Wahrheit sagt, und der
einzige, der ihm in seinem Wahn bis zum tragischen Ende beisteht.
Der König handelt wahrhaft närrischer als der Narr. Ein Hofnarr ist
ein guter Mentor.

Wählen Sie selbst also mindestens drei innere Mentoren, am besten drei möglichst verschiedene. In einer Führungsposition warten
keine leichten Probleme mit fertigen Antworten auf Sie. Wäre das
der Fall, bräuchten Sie keinen Mentor – ein Mathematiker oder eine
Logikexpertin würde genügen.

Wenn Sie Rat brauchen, suchen Sie sich am besten für einige Minuten einen ruhigen Ort. Sie holen sich das Bild eines jeden Mentors
vor Ihr inneres Auge und lassen es möglichst lebendig, farbig und
‚real' werden. Fragen Sie nacheinander alle um Rat. Lassen Sie sich
Zeit. Vielleicht geschieht zunächst nichts, vielleicht erhalten Sie eine
offensichtliche oder eine unerwartete Antwort. Ihre Antworten können Geschichten, Bilder, Klänge, geheimnisvolle Anspielungen und

unklare Hinweise sein. Vielleicht sind es Traumfragmente oder Aufgaben. Was auch immer, es sind Antworten, nicht unbedingt die
‚richtigen‘, aber möglicherweise Hinweise, wie Sie besser an Ihre
Frage herangehen können. Die Probleme, die auf Sie zukommen,
sind weder leicht noch fest umrissen, sie lassen sich eher mit komplexen Formen in einem dunklen Raum vergleichen. Sie wissen nicht,
was da ist, und Sie müssen erst aus unterschiedlichen Richtungen
Licht darauf richten, um die wirkliche Größe und Form zu erkennen. Mentoren helfen Ihnen, und je unterschiedlicher die Mentoren
sind, um so vielfältiger und erhellender sind die Gesichtspunkte.
Drei ähnliche Mentoren würden alle den gleichen Teil des Problems
beleuchten, und Sie würden diesen Teil sehr gut verstehen, aber der
Rest bliebe im Dunkeln. Wenn Sie Ihre Antworten haben, denken Sie
anschließend über folgende Fragen nach:
• Was haben die Mentorinnen und Mentoren gemeinsam?
• Worin unterscheiden sie sich?
• Welches Handeln schlagen sie vor?

Äußere Mentoren sind nicht Ihre einzige Ressource. Nehmen Sie
sich etwas Zeit, und erstellen Sie eine Liste Ihrer Ressourcen. Unterscheiden Sie einzelne Bereiche: Menschen, Rollenmodelle, äußeres
Umfeld, Fertigkeiten / persönliche Qualitäten, Werte / Überzeugen.

Menschen

Sie kennen viele Menschen, die Ihnen helfen können, ohne Ihr er-
wählter Mentor zu sein – Freunde, Arbeitskollegen, Familienmitglie-
der und Bekannte. Einige Menschen sind in bestimmten Situationen
hilfreich, Mentoren in jeder Situation.

Rollenmodelle

Wen kennen Sie, der dieselben Herausforderungen wie Sie bewältigt
hat? Was hat er oder sie getan? Wie hat er oder sie gedacht?
   Sie können diese Menschen entweder wegen ihrer Denkweise
oder wegen ihrer Handlungsweise als Modell wählen.

Äußeres Umfeld

Hier gibt es viele Möglichkeiten – Ihr Lebensraum, Ihr Besitz, Bücher, Zeitschriften, Tonbänder, Computer. Auch Ressourcen in Ihrer Nachbarschaft sowie in Ihrem gesamten Umfeld können hilfreich sein.

Fertigkeiten und persönliche Qualitäten

Sie können hier drei Arten unterscheiden:

- *Fertigkeiten des Selbstmanagements*: Ihre persönlichen Eigenschaften, die Sie selbst an sich mögen, und die Eigenschaften, die andere an Ihnen mögen. Denken Sie auch an einige Eigenschaften, die andere kritisiert haben. Auf welche Weise könnten diese von Vorteil sein? Wenn Menschen zum Beispiel sagen, Sie wären überaus kritisch, dann haben Sie ein gutes Auge für Details. Wenn Sie als stur bezeichnet werden – dann geben Sie nicht leicht auf. Jede Eigenschaft, die unter bestimmten Umständen ein Nachteil ist, kann in einer anderen Situation eine Ressource sein. Seien Sie deshalb achtsam, wo und wie Sie Ihre Fertigkeiten anwenden.
- *Beziehungsfertigkeiten*: Machen Sie sich die Fertigkeiten bewußt, mit denen Sie Ihre Beziehungen gestalten.
- *Fertigkeiten zur Problemlösung*: Welche Art von Problemen können Sie lösen? Welche Spiele beherrschen Sie gut? Wie könnten Sie einige der erfolgreichen Strategien aus solchen Spielen ins ‚wirkliche‘ Leben übertragen?

Werte und Überzeugungen

Was ist für Sie wichtig? Verspüren Sie dabei leidenschaftliche Begeisterung? Welche Überzeugungen haben Sie bezüglich Ihrer eigenen Person und bezüglich anderer, die Ihnen helfen können? Ihre Werte und Überzeugungen sind mächtige Ressourcen.

Fertigkeiten enthüllen

Manchmal halten wir Fertigkeiten wie in Schachteln versteckt und setzen sie nicht ein, wenn es angebracht wäre. Oft verfügen wir über die nötigen kommunikativen Fertigkeiten, aber wenn wir sie brauchen könnten, stehen sie uns nicht zur Verfügung. Deshalb glauben wir, wir hätten diese Fertigkeiten nicht. Ich erinnere mich an eine Frau, die mit mir über ihre Probleme in ihrer Firma sprach. Sie war in Sitzungen sehr ungeduldig und versuchte, ihre Pläne durchzusetzen und andere zu überzeugen. Anschließend bedauerte sie es, wenn daraufhin die Situation eskaliert war. Diese Vorfälle waren für ihre Karriere nicht förderlich, unabhängig davon, ob sie sich durchsetzen konnte oder nicht. Ich fragte sie, was sie gut konnte und auch gerne tat. Sie gestand verlegen, daß sie Freunde bei Problemen gut beraten könne. In diesen Gesprächen gelang es ihr, anhand vieler Fragen herauszufinden, was die Betreffenden dachten. Sie zog daraus sehr viel Befriedigung, da sie helfen konnte und oft kreative Lösungen fand, an die die Freunde selbst nicht gedacht hatten. Sie beobachtete in den Gesprächen laufend, wie sich ihre Gesprächspartner fühlten, indem sie auf die Stimme und die Gesten achtete, ebenso auf das, was sie sagten.

Im Beruf, sagte sie, verhalte sie sich ganz anders: Sie teile den anderen einfach mit, was sie dächte, und sie sage auch, wenn andere im Unrecht seien. Ihr Ziel sei, ihre Zuhörer zu überzeugen, daß sie recht habe, und sie wisse, daß sie nur dann Erfolg haben könne, wenn sie Zustimmung bekäme; Feedback beachtete sie überhaupt nicht. Sie betrachtete die Kollegen als ihre Gegner.

Ich schrieb all diese Punkte auf, und wir gingen sie dann gemeinsam durch, indem wir sie mit Distanz betrachteten. Sie konnte selbst kaum glauben, daß sie sich in den verschiedenen Situationen so unterschiedlich verhielt. Sie beschloß, Gespräche an ihrer Arbeitsstelle als Beratungsgespräche anzusehen. Das heißt, sie würde ihre Gesprächspartner wie ihre Freunde behandeln. Das bedeutete nicht, daß sie sie gern haben müßte, sie wollte nur erreichen, daß sie sich gut fühlten, wenn sie mit ihr sprachen. Sie achtete auf deren Feed-

back und paßte sich, wenn sie etwas sagen wollte, in Stimmlage und
Körpersprache ihren Gesprächspartnern an. Sie stellte häufiger Fragen, anstatt sofort Anweisungen zu geben. Das Ergebnis war für sie
sofort sichtbar – die Atmosphäre an ihrer Arbeitsstelle verbesserte
sich und die Diskussionen wurden konstruktiver. Ihre Gewohnheit,
anderen zu sagen, was zu tun sei, übertrug sie auf andere Arbeits-
situationen, in denen sie selbst entschieden auftreten mußte.

Auch Sie können Ihre Ressourcen übertragen.

Ressourcen übertragen

Suchen Sie eine Situation aus Ihrem Alltag, in der Sie nicht die Er-
gebnisse erzielen, die Sie anstreben – vielleicht eine berufliche Situa-
tion, vielleicht der Umgang mit anderen oder mit einem bestimmten
Menschen. Denken Sie an eine typische Szene und beantworten Sie
dann die folgenden Fragen:
* Was versuchen Sie dabei zu erreichen?
* Wie beurteilen Sie, ob Sie erreichen, was Sie beabsichtigen?
* Auf welche Anzeichen achten Sie?
* Was tun Sie, um zu bekommen, was Sie wollen? Schreiben Sie
  alles auf, was Sie unternehmen und was Sie sagen.
* Wie sehen Sie die andere Person in der Situation?

Anschließend denken Sie an eine Situation, in der Sie bekamen, was
Sie wollten. Das kann irgendeine Situation sein. Es muß sich nicht
um dieselbe Person handeln, oder es muß auch keine weitere Person
beteiligt sein. Dann beantworten Sie die gleichen Fragen:
* Was wollen Sie erreichen?
* Worauf achten Sie, um zu wissen, daß Sie das auch bekommen?
* Was tun Sie, um Ihr Ziel zu erreichen?
* Wenn eine andere Person beteiligt ist, wie sehen Sie sie? Wenn
  niemand beteiligt ist, welche Haltung nehmen Sie ein?

Legen Sie jetzt die beiden Listen nebeneinander. Sehen Sie sich die
Unterschiede an. Meist stellt sich bei unbefriedigenden Situationen
heraus, daß die Betreffenden nur ein Ziel haben, sie gehen nicht auf

das Feedback ein, das sie bekommen – und daß sie ihr Ziel erreicht haben, wissen sie erst, wenn sie es wirklich erreicht haben. Das ist als Beweis nutzlos. Stellen Sie sich einen Verkäufer vor, der erst dann weiß, daß der Kunde kaufen wird, wenn der Kunde auch wirklich „Ja" sagt. Dieser Verkäufer bekäme nie Feedback und wüßte damit nicht, wie er sein Produkt am besten anbietet. Ein guter Verkäufer beobachtet den Kunden die ganze Zeit – Tonfall, Körpersprache und Worte – und sucht nach Anzeichen von Zustimmung oder Ablehnung. Funktioniert eine Methode nicht, wird er eine andere ausprobieren. Der Verkäufer weiß nur deshalb, was funktioniert, weil er ununterbrochen beobachtet.

Außerdem kennt man in einer unbefriedigenden Situation kaum Möglichkeiten, sich anders zu verhalten; man hat sich vorher nicht überlegt, was man bei einem drohenden Mißerfolg tun könnte. Der Gesprächspartner wird meist als Gegner gesehen, als jemand, der im Weg steht. Vielleicht verursacht eine solche Situation ein schlechtes Gefühl bei Ihnen, aber das hilft auch nicht. Das bedeutet nur, daß jedesmal, wenn Sie den oder die Betreffende sehen, dieses schlechte Gefühl im Hintergrund lauert, und je schlechter Sie sich fühlen, desto weniger Ressourcen und Ideen stehen Ihnen zur Verfügung.

Im Gegensatz dazu haben Sie in positiv verlaufenden Situationen mehrere Ziele, Sie kennen viele Alternativen, um sie zu erreichen, Sie beobachten die Situation ununterbrochen und haben eine positive Einstellung zu Ihrer Aufgabe.

- Wie könnten Sie die Fertigkeiten, die Ihnen unter guten Umständen zur Verfügung stehen, auf die unbefriedigende Situation übertragen?
- Welche zusätzlichen Ergebnisse würden Sie dadurch erhalten?
- Welche Hinweise könnten Sie bereits während eines Gesprächs und nicht erst am Ende beobachten?
- Wie viele verschiedene Methoden können Sie sich vorstellen, um in besagter Situation Ihr Ziel zu erreichen?
- Wie gelingt es Ihnen, über Ihre Gesprächspartner positiv zu denken? Sie müssen sie nicht mögen oder besonders freundlich zu ihnen sein – Sie könnten in ihnen einen Lehrer (sie lernen viel-

leicht, effektiver zu verhandeln) oder einen gleichwertigen Gegner (etwa einen Konkurrenten im sportlichen Wettkampf) sehen.

Nachdem Sie diese Fragen beantwortet haben, stellen Sie sich vor, wie Sie sich bei Ihrer nächsten Begegnung mit jenem Menschen verhalten. Verfolgen Sie das Treffen auf Ihrer inneren Leinwand. Ist es jetzt besser? Angenehmer? Hat sich noch keine Verbesserung ergeben, können Sie weitere Alternativen durchspielen. Achten Sie darauf, daß diese Ihren Werten entsprechen. Manches Mal, wenn ich Firmenkunden durch diesen Prozeß begleitete, entdeckten sie dabei, daß sie mit dem Betreffenden gar keine Geschäfte machen wollten oder daß sie das Gewünschte auch auf andere Weise bekommen konnten.

Denken Sie zum Schluß an Ihre Reaktion in der ersten Situation (Sie bekommen nicht, was Sie wollten). Gibt es einen Bereich in Ihrem Leben, in dem diese Reaktion nützlich wäre?

Die gesamte Übung trifft den Kern einer guten Kommunikation. Ihre Einflußmöglichkeiten als ‚Leader' (als Führungspersönlichkeit) stützen sich auf Ihre Ziele und Ihre Vision, auf Ihre Fähigkeit, Feedback von anderen wahrzunehmen, und auf Ihren Vorrat an alternativen Verhaltensweisen.

Einfluß nehmen

Klären Sie für sich Ihre Ziele in einer Situation – Sie sollten mindestens drei finden. Achten Sie auf die Übereinstimmung dieser Ziele mit Ihrer Vision.

- Verfolgen Sie aufmerksam, was Ihr Gesprächspartner sagt, wie er es sagt und was er durch seine Körpersprache zum Ausdruck bringt. Nur durch Ihre Sensibilität erreichen Sie, was Sie wollen.
- Überlegen Sie sich mehrere verschiedene Vorgehensweisen.
- Finden Sie einen Weg, den Gesprächspartner positiv zu sehen – wenn auch vielleicht nur als jemanden, der Sie Geduld lehren kann.
- Vergewissern Sie sich, daß die gesamte Situation Ihren Werten und Ihren ethischen Vorstellungen entspricht.

Jemand, der die Leitung übernommen hat, braucht Entschlossenheit. Allerdings nicht die Art Entschlossenheit, die an zusammengebissenen Zähnen, einer schmalen Oberlippe und hervortretenden Schläfenadern abzulesen ist – das ist nur Energieverschwendung. Sie brauchen die Geduld und Konzentration eines Samurai-Kriegers – ruhig, zentriert und bereit, den Gegner zu umkreisen und auf den richtigen Moment für den Schlag zu warten – oder aber die aufmerksam entspannte Haltung einer Katze.

Ich glaube, wir alle haben diese Art Entschlossenheit bereits erlebt, meist in der Kindheit, wenn wir Dinge zustande brachten, die uns einige Mühe bereiteten, die Erwachsene jedoch als selbstverständlich betrachteten. Eltern überlassen ihre Kinder entweder sich selbst, um ‚ihren Charakter zu bilden‘, oder sie bieten ihre Hilfe an, werden jedoch von den Kindern abgewiesen, weil diese vieles selbst ausprobieren wollen. Im Alter von vier Jahren waren Puzzles meine Lieblingsbeschäftigung. Meine Großeltern schenkten mir zu Weihnachten ein besonders schwieriges Puzzle von der Schlacht von Waterloo, über die ich damals natürlich noch nichts wußte. Auf dem Puzzle war Napoleon in einer roten Uniform mit goldenen Verzierungen abgebildet, er trug etwas Schwarzes auf dem Kopf, das wie ein gefaltetes Papierboot aussah, und gestikulierte wild hinter seinen zurückweichenden Truppen her. (Das Puzzle war offensichtlich in England und nicht in Frankreich hergestellt.) Pferde, Kanonen und Infanteristen standen eng beisammen – in einer dichten Rauchwolke. Mir gefiel das Bild. Es vermittelte eine Art heldenhafter Verzweiflung, die mich sehr beeindruckte. Ich weiß nicht mehr, wie viele Teile das Puzzle hatte, aber sicher mehr, als ich ohne Hilfe zählen konnte. Ich war tagelang damit beschäftigt. Die Ränder schaffte ich ohne viel Mühe, sie waren leicht zusammenzusetzen, aber dann ging es nicht weiter. Meine Eltern, meine Großeltern und mein Onkel wollten mir alle helfen. Einmal nahm mein Großvater sogar ein Teil, zeigte mir, wohin es paßte, und setzte es für mich ein. Aber ich wehrte mich: „Nein, ich will das selbst machen!" Ich nahm das Teil wieder heraus und mischte es trotzig unter die übrigen. Je weniger ich weiterkam, desto mehr wuchs meine Entschlossenheit, das Puzzle zu vollenden. Ich wollte mich nicht von kleinen bemalten Teilen aus Pappe unterkriegen lassen. Schließlich wurde ich doch fertig, und es schien Monate gedauert zu haben (tatsächlich vier Tage). Ich kann mich noch gut an meine wilde Entschlossenheit erinnern und erkenne sie auch bei anderen Kindern. Allgemein wird angenommen, daß Kinder nur eine kurze Aufmerksamkeitsspanne haben, aber ihr Fokus läßt sich mit einem Laserstrahl vergleichen. Vielleicht bleibt er deshalb nicht lange erhalten, weil er so intensiv ist.

Vielleicht erinnern Sie sich auch an etwas, das Sie unbedingt schaffen wollten. Aus heutiger Sicht sieht die Sache vielleicht nicht sehr groß aus, aber damals war sie wichtig. Von Gandhi ist der folgende Ausspruch überliefert: „Was Sie tun müssen, erscheint vielleicht nicht sehr wichtig zu sein, und doch ist es unbedingt notwendig, daß Sie es tun." Das ist eine Qualität, die ein ‚Leader' haben sollte.

Gewinner und Verlierer

‚Leader' (Führungspersönlichkeiten) betrachten sich gerne als Gewinner. Sie sind Optimisten, und zwar aus der Überzeugung heraus, daß sie Geschehnisse beeinflussen können. Sie beginnen eine Sache und sind überzeugt, daß sie ihnen gelingen wird, sofern sie nicht durch irgend etwas daran gehindert werden. Sie planen so gut wie möglich voraus, um Probleme zu vermeiden, halten nach denkbaren Fallen Ausschau und versuchen sie im Vorfeld zu beseitigen. Sie fokussieren das Ergebnis (allerdings nicht in der naiven Hoffnung, daß trotzdem alles gut wird), sie sind entschlossen, es zu schaffen, und rechnen fest mit dem Erfolg. Gewinnen ist eine Überzeugung und ein geistiger Zustand. Das positive Ergebnis entspringt der geistigen Erwartung. Im Gegensatz dazu beginnen Verlierer eine Sache meist mit der Vorstellung, daß sie ihnen wahrscheinlich nicht gelingen wird.

Wie gelingt es Ihnen, daran zu glauben, daß Sie Ihre Ziele erreichen werden? Manchmal scheint alles dagegen zu sprechen. Welche Bedenken erfolgreiche Menschen in Führungspositionen auch haben, sie handeln, *als ob* sie sicher wären, ihr Ziel zu erreichen.

Niemand kann die Zukunft vorhersagen; wenn Sie sich aber so verhalten, als seien Sie sich Ihrer Sache sicher, haben Sie die besten Chancen. Diese Einstellung ist genauso realistisch wie die pessimistische
Variante, vorausgesetzt, Sie haben sich optimal vorbereitet. Wenn es
schon keine Gewißheit gibt, ist Optimismus keine so schlechte Idee.

Die Erwartungshaltung des Gewinners

Eine positive Erwartungshaltung ist eine Fertigkeit. Sie können sie
selbst entwickeln, indem Sie neue Wege finden, wie Sie Ihre Erwartungen gestalten.

Wie erschaffen wir Erwartungen? Dafür gibt es drei Möglichkeiten. Erstens schenken wir nicht jeder Erfahrung das gleiche Maß an
Aufmerksamkeit, wir *löschen* vieles. In jedem Augenblick könnten
wir Tausenden von Dingen unsere Aufmerksamkeit zuwenden. Da
wir nicht alles aufnehmen können, entwickeln wir, meist in der
Kindheit, Regeln dafür, was unsere Aufmerksamkeit auf sich zieht.

Was nehmen Sie jetzt im Augenblick bewußt wahr? Und was
haben Sie nicht bewußt wahrgenommen, obwohl Sie es auch hätten
wahrnehmen können?

Alle Menschen sehen die Welt unterschiedlich. Wenn sich fünfzig
Menschen die gleiche Szene anschauen, ergibt das fünfzig verschiedene Berichte. Was wir erleben, geht durch den Filter unserer Er-
innerungen, Werte, Interessen und Anliegen, wobei immer eine
Leitung für ‚Notsignale' offenbleibt, damit wir zum Beispiel Brand-
geruch oder drohende Gewalt wahrnehmen. Wir erinnern uns nicht
an das, was wir nicht wahrgenommen haben.

Dieser Vorgang der selektiven Wahrnehmung läßt sich mit der
Wahl eines Fernsehkanals vergleichen. Sport, aktuelle Ereignisse, Sei-
fenopern, Actionfilme, Nachrichten und Dokumentarfilme konkurrieren um unsere Aufmerksamkeit. Da wir nicht alle gleichzeitig
sehen können, wählen wir das aus, was uns interessiert. Alle Kanäle
sind gleichzeitig verfügbar, aber wir können sie nicht gleichzeitig
sehen.

Zweitens *verzerren* und verändern wir unsere Sinneseindrücke.
Wir interpretieren Dinge in Situationen hinein, die vielleicht nicht

vorhanden sind oder nicht beabsichtigt waren. Verzerrung ist die Basis für Mißtrauen und Paranoia, aber auch für Kreativität. Das Leben wäre sehr langweilig, wenn alles nur eine ,richtige' Bedeutung hätte. Schließlich *generalisieren* wir unsere Erfahrungen auch. Wir stellen aufgrund früherer Erfahrungen Regeln über die Welt auf und wenden diese auf neue Erfahrungen an. Diese Fertigkeit ist grundlegend, denn wir müßten sonst alle Probleme jedesmal von Grund auf neu lösen. Alle Zahlen werden auf dieselbe Weise addiert oder subtrahiert. Wenn Sie ein Auto fahren können, können Sie alle ähnlichen Modelle fahren. Wenn Sie wissen, wie man eine Türe mit einem Schlüssel aufschließt, wissen Sie das für alle Zeit. Generalisierungen sind gedankliche Gewohnheiten. Sie machen die Welt sicherer, weniger vieldeutig und eher vorhersagbar. Generalisierungen können jedoch einschränken, wenn wir die falsche Lektion lernen oder uns die Zukunft als ein Abbild der Vergangenheit vorstellen. Wir kommen nicht weiter, wenn wir immer versuchen, unsere gegenwärtige Erfahrung durch vergangene Erfahrungen zu erklären. Generalisierungen sind an Wörtern wie „alle", „jeder", „niemand", „immer" zu erkennen.

Glaubenssätze oder Überzeugungen sind Generalisierungen über die Vergangenheit, die auf die Gegenwart und die Zukunft projiziert werden, um diese entsprechend dem Bild der Vergangenheit zu formen. Generalisierungen und damit verbundene Überzeugungen lassen sich gut auf unbelebte Objekte anwenden – auf Dinge, die sich kaum verändern. Menschen allerdings verändern sich. Kein Mensch ist wie der andere, und auch derselbe Mensch kann sich aufgrund entsprechender Erfahrungen oder einfach mit zunehmendem Alter drastisch verändern. Generalisierungen müssen immer wieder auf den neuesten Stand gebracht werden.

Wenn wir aufgrund unvollständiger oder nicht repräsentativer Erfahrungen generalisieren, entstehen mentale Modelle, die zu falschen Vorhersagen führen. Da Überzeugungen jedoch wie Prophezeiungen wirken, die sich selbst erfüllen, sind falsche Vorannahmen nicht leicht zu widerlegen – wir sind dann für Gegenbeispiele nicht sehr empfänglich. Vor einigen Jahren arbeitete ich mit dem Manager einer Papierfabrik. Er hatte zwei Assistenten, aber er delegierte Arbeit, und speziell wichtige Aufgaben, nur sehr ungern. Infolgedessen war er meistens überarbeitet, seine Assistenten jedoch unterbeschäftigt. Er erkannte nicht, wie er diese Situation selbst herbeigeführt hatte, und beklagte sich bitterlich. Mehrere Assistenten hatten bereits gekündigt, da sie sich unterfordert gefühlt hatten und ihre Arbeit nicht genügend gewürdigt sahen. Die Kündigungen bestärkten den Manager in seiner Auffassung, daß die Assistenten nicht gut genug waren, daß er also recht hatte, wenn er nur wenig delegierte. Warum aber delegierte er nicht? Er hatte das vorher getan, aber einige große Projekte, die er einem Assistenten überantwortet hatte, gingen daneben. Er erzählte mir, daß er dann beschlossen hatte, daß „Delegieren nicht funktioniere" – eine Aussage mit einer interessanten Doppelbedeutung – und daß er deshalb wichtige Arbeit selbst erledige. „Wenn Sie wollen, daß etwas gut gemacht wird", pflegte er zu sagen, „müssen Sie es selbst tun." Er war entschlossen, wie er es ausdrückte, denselben Fehler nicht noch einmal zu machen. Darauf erklärte ich ihm, daß er den falschen Fehler meide. Delegieren an sich war nicht falsch. Sein Fehler war vielmehr, daß er bei den Projekten, die er delegiert hatte, nicht nachforschte, was schiefgelaufen war, damit er *diesen* Fehler in Zukunft vermeiden konnte. Sein neuester Fehler bestand darin, alle Assistenten so zu behandeln, als seien sie es, die jene alten Projekte vermasselt hatten. Der betreffende Assistent hatte sich weiterentwickelt, mein Freund nicht.

Generalisieren hat sehr viel mit Optimismus zu tun, denn Optimisten haben ihre eigene Methode zu generalisieren. Erstens bestehen schlechte Erfahrungen für sie aus einer Kombination von eigenem Handeln plus einer Reihe ungünstiger äußerer Umstände, die sie nicht kontrollieren konnten. Deshalb übernehmen sie nicht die volle Verantwortung, sie sind jedoch für die Ergebnisse verantwortlich. Sie nutzen die Ergebnisse als Feedback, sie analysieren sie, um die Fehler zu finden, und überlegen, was beim nächsten Mal anders gemacht werden müßte. So lernen sie ganz spezifisch aus einem Fehler. Für sie liegt das Ergebnis auf der neurologischen Ebene des Verhaltens. Sie haben etwas *getan*, aber das macht sie noch nicht zu einem inkompetenten *Menschen*. Zweitens behandeln Optimisten diese Erfahrung als einen spezifischen Fall, der, wenn überhaupt, nur wenig Auswirkungen auf ihre übrigen Aktivitäten hat. Drittens betrachten sie einen Mißerfolg als einen Einzelfall, der keinen Präzedenzfall schafft. Es wird nicht jedes Mal so enden.

Wenn eine Sache gut läuft, denken Optimisten genau entgegengesetzt: Sie heben ihren eigenen Anteil hervor und halten sich das richtige Timing zugute. Sie nehmen das Verdienst für das, was sie geleistet haben, an und fühlen sich deshalb gut. Zusätzlich stellen sie die Verbindung zu allen anderen Gelegenheiten her, bei denen sie erfolgreich waren, und sehen in der Zukunft weitere Erfolge. Bei den Optimisten spielen sich diese Überlegungen auf der Identitätsebene ab, sie wissen, daß sie als Menschen kompetent und erfolgreich sind, weil sie ihre Sache gut gemacht haben. Optimisten richten ihre Wahrnehmung auf andere Teile ihrer Erfahrung als es Pessimisten tun.

Optimismus ist nicht nur Glück oder eine heitere Veranlagung, sondern eine Denkstrategie: die Art, wie Sie selbst über Ihre Erfahrungen denken – die Strategie von Gewinnern. Die Strategie von Verlierern dagegen ist ungesund. Die Medizin kennt für sie den Begriff ISG (Internal, Stabil, Global): *Internal*, weil der Fokus auf das gerichtet ist, was man getan hat, und das führt zu Selbstanklagen. *Stabil*, weil das Muster von Versagen als nicht veränderbar angesehen wird, und *global*, weil das Versagen alle Lebensbereiche überschattet.

Dieses Verlierermuster wurde in einer Langzeitstudie an gesunden und erfolgreichen Studenten der Jahrgänge 1942 bis 1944 an der Universität Harvard untersucht. Diese Studenten wurden getestet, um festzustellen, ob sie vorwiegend die Pessimismusstrategie (ISG) anwendeten oder eher optimistisch waren. Alle fünf Jahre wurden bei den Gruppen gründliche medizinische Untersuchungen vorgenommen. Als sie älter wurden, verschlechterte sich der Gesundheitszustand allgemein, aber die Differenz zwischen den Gesündesten und den am wenigsten Gesunden vergrößerte sich mit der Zeit. Insgesamt gesehen waren die, die mit 25 Jahren die Optimismusstrategie angewandt hatten, auch später gesünder. Die Gesundheit der Gruppe der Pessimisten verschlechterte sich zusehends, besonders zwischen 40 und 45 Jahren, und dies ließ sich nicht durch andere Ursachen erklären. Statistisch gesehen war die Kausalität so eindeutig wie bei Rauchen und Lungenkrebs. So ist es sehr erstaunlich, daß wir uns zwar bemühen, Kinder vom Rauchen abzuhalten, uns aber keine Mühe geben, sie eine optimistische Denkweise zu lehren. Auch Pessimismus sollte (wie Zigaretten) mit warnenden Hinweisen versehen werden.

Gewinnerstrategie: Aus Fehlern wird Wissen

Eine schlechte Erfahrung ist:
- ein Ergebnis Ihres Handelns und äußerer Umstände
- Feedback, um daraus zu lernen und eine Wiederholung zu vermeiden
- das Ergebnis eines Fehlers; der Betreffende wird dadurch keine inkompetente Person
- ein spezifisches und einmaliges Ereignis.

Eine gute Erfahrung ist:
- Beweis für eine gute Einschätzung und gutes Timing
- etwas, für das man den Verdienst annimmt und sich gut fühlt
- etwas, von dem man lernen und das man wiederholen kann
- Beweis dafür, daß man eine kompetente Person ist
- ein weiteres Teil in einem Erfolgsmuster.

Verliererstrategie: Aus Fehlern werden Katastrophen

Eine schlechte Erfahrung ist:
- das Ergebnis des eigenen Handelns; man ist selbst schuld
- etwas, das zeigt, daß man inkompetent ist
- etwas, das sich auf viele Lebensbereiche auswirkt
- eine weitere Katastrophe auf der Liste.

Eine gute Erfahrung ist:
- ein Beweis, daß man dieses Mal Glück hatte
- das Ergebnis von etwas, das man getan hat, nicht davon, wer man ist
- ein isolierter Einzelfall.

Aufgaben lösen und Beziehungen nutzen

1997 veröffentlichte *The Journal of European Quality* eine interessante Artikelserie über europäische Führungskräfte.[1] Dazu waren Beschäftigte (als die ‚internen Kunden‘ einer Führungskraft) befragt worden, welches für sie die wichtigsten Führungseigenschaften waren und was eine hervorragende Führungskraft für europäische Firmen ausmache. Acht Führungsstile kamen dabei zusammen: der Teamarbeiter, der Hauptmann, der Stratege, der Kreative, der Aufgabenorientierte, der Engagierte, der Spezialist und der Impulsive. Die Mehrheit nannte den strategischen Stil an erster Stelle. Strategische Fähigkeiten wurden am höchsten geschätzt, um langfristig die Richtung vorzugeben, eine Wettbewerbsstrategie zu formulieren und ein Unternehmen entsprechend der Möglichkeiten auf dem Markt zu führen. An zweiter Stelle stand die aufgabenorientierte Führungskraft und danach an dritter Stelle der Hauptmann (Führung von der Spitze aus, indem er Respekt und Vertrauen der Mitarbeiter gewinnt) und der Teamarbeiter.

Erste Führungsaufgabe ist die Vorgabe einer Vision. An zweiter Stelle steht das Erarbeiten einer Strategie sowie von Zielen und Aufgaben, mit deren Hilfe die Vision umgesetzt werden kann. Als Drittes muß darauf geachtet werden, daß die Aufgaben ausgeführt werden, sonst wird kein Ziel erreicht und keine Vision realisiert.

Nachdem die Strategie festgelegt ist, sieht sich eine Führungskraft vor der Aufgabe, verschiedene Anforderungen miteinander in Relation zu setzen: Die geplante Arbeit muß erledigt werden, und gleichzeitig sollte zu den Mitarbeitern im Team eine gute Beziehung hergestellt werden. Beides ist durchaus miteinander vereinbar: Der Fokus auf die Arbeit ist wichtig, aber das heißt nicht, daß die Beziehungen vernachlässigt werden müssen.

Die richtige Balance zwischen Aufgabe und Beziehung kann ein kniffliges Unterfangen sein. Die Arbeit muß erledigt werden, aber Menschen sind keine Roboter – sie haben Gefühle, Erwartungen und Werte. Eine gute Beziehung herzustellen ist ein Teil der zu erledigenden Aufgaben. Einzelne Aufgaben können langweilig oder bedeutungslos erscheinen, wenn sie nicht als Schritte zu Einzelzielen und einer Vision gesehen werden, die auch die Belegschaft für wertvoll erachtet. Führungskräfte müssen ihre Mitarbeiterinnen und Mitarbeiter motivieren, damit sie die Aufgabe ausführen wollen. Sie müssen an ihre Werte appellieren, damit die Arbeit getan wird.

Ist die Arbeit nicht genau definiert, werden die Beziehungen zwischen den einzelnen um so wichtiger. Denken Sie nur an Situationen, in denen Ihnen der Sinn Ihrer Arbeit nicht klar war. Je weniger Sie von Ihrer Arbeit überzeugt sind, desto mehr sind Sie auf die Unterstützung anderer angewiesen. Wenn Sie sich kompetent fühlen und von Ihrer Aufgabe überzeugt sind, brauchen Sie weniger Unterstützung von außen. Unterstützung fördert eine zuversichtliche Haltung.

Damit Aufgaben befriedigend erledigt werden, muß der Fokus auf die Beziehungen gerichtet sein. Unter extremen Umständen, zum Beispiel beim Bergsteigen, muß sich jedes Mitglied der Gruppe darauf verlassen können, daß jeder seine Aufgabe beherrscht und – was ebenso wichtig ist – auch im richtigen Moment übernimmt. Alle zählen aufeinander. Besonders in einer gefährlichen Situation ist sofortiges Handeln sehr wichtig, und deshalb müssen alle Mitglieder der Gruppe einander vertrauen. Wenn schon zu Beginn eines Unternehmens keine guten Beziehungen zwischen den Mitgliedern bestehen, entzweit sich das Team unter dem Druck einer Herausforderung.

Ich möchte von der Abteilungsleiterin der Kundenabteilung eines Möbelhauses berichten. Jennys Spezialität ist die Bildung von Teams. Sie ist sehr erfolgreich, wenn die Mitarbeiter im Team ungeschult sind und widerwillig arbeiten. Sie fokussiert die Aufgabe. Menschen, die sie gern haben, bezeichnen ihren Stil als dirigistisch; Menschen, die sie ablehnen, sagen, sie führe sich wie ein Boß auf. Sie teilt den Leuten genau mit, was sie wann, wo und mit wem tun müssen. Sie sorgt dafür, daß die Arbeit getan wird, und kümmert sich dann um die Beziehungen. Auch Teams, die arbeitswillig, aber ungeschult sind, liegen ihr. Ihr Fokus liegt auch hier auf der Arbeit, aber sie ist dabei entspannter, weil sie weiß, daß die Mitarbeiter das nicht ausnutzen werden.

Alan arbeitet in einer anderen Abteilung derselben Firma. Seine Stärke ist das Knüpfen von Beziehungen. Besonders gelingt ihm das bei fähigen Teams, die zu wenig Leistung bringen: Sie wissen, was zu tun ist, und schaffen das auch gut, wenn sie dazu bereit sind, aber sie sind vielleicht etwas erschöpft. Alan ist nicht dirigistisch; er baut die Menschen auf und schafft es meist, die Teams aus der Gefahrenzone herauszubringen. Jenny und Alan sind bei aller Verschiedenheit außerordentlich gut.

Eines Tages wurde in der Firma der verhängnisvolle Entschluß gefaßt, daß beide ihre Stellung tauschen sollten. Jenny bekam Alans Team, und er bekam Jennys Team, und das Ergebnis war eine Katastrophe. Ich hatte dann die Aufgabe, die Fertigkeiten der beiden zu modellieren, damit Jenny lernte, wie Alan Beziehungen schuf, und Alan andererseits lernen konnte, sich, wenn nötig, mehr auf die Aufgabe zu konzentrieren. Beide würden an Führungskompetenz gewinnen, wenn sie entsprechend der Situation zwischen beiden Stilen hin- und herwechseln könnten – aufgaben- oder beziehungsorientiert. Keine Führungskraft ist so gut, daß sie nicht dazulernen könnte, und Jenny und Alan waren sehr überrascht, daß es derart unterschiedliche Arten von Teams gab.

Es war interessant, wie Jenny selbst ihre Fertigkeiten beurteilte und wie die Teams sie sahen. Sie dachte, Beziehungen aufzubauen sei ihre Stärke, aber die Teams und andere Managerkollegen meinten, ihr gelänge es besser, eine Arbeit erledigt zu bekommen. Die Menschen respektierten sie, empfanden sie aber nicht als menschlich warm. Alan war sich darüber klar, daß er unkompliziert war und die Leute ihn mochten, wenn aber eine Arbeit zu mißlingen drohte, wußte er nicht, wie er energischer werden sollte, ohne barsch zu erscheinen.

Wie halten *Sie* es mit Aufgaben und Beziehungen? Wenn Sie mit Freunden oder Kollegen arbeiten, konzentrieren Sie sich mehr auf die anstehende Aufgabe oder auf die vorhandene oder zu schaffende Beziehung? Gewichten Sie die beiden Bereiche unterschiedlich, abhängig davon, was unter verschiedenen Umständen erforderlich ist, oder bleibt die Gewichtung bei allen Ihren Aktivitäten gleich?

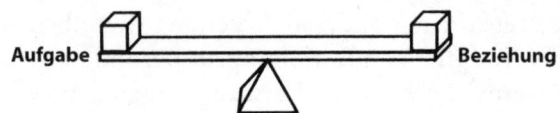

Aufgabe und Beziehung in Relation setzen.
Fokussieren Sie die Aufgabe, wenn:
- *im Team bereits gute Beziehungen bestehen und die Belegschaft einander vertraut*
- *das Team arbeitsbereit, aber ungeschult ist*
- *die Situation kritisch ist.*

Fokussieren Sie die Beziehung, wenn:
- *das Team kompetent ist und zuwenig Leistung bringt*
- *wenn ein Team neu gebildet wird*
- *die Belegschaft kompetent ist und aktuell eine schwierige Aufgabe zu bewältigen ist.*

Die Regeln der Straße

Corruptissima republicae, plurimae leges.
Im verdorbensten Staat gibt es die meisten Gesetze.
(Tacitus, römischer Historiker, 55–117 n. Chr., *Annalen* 3, 27;
zitiert n. Puntsch, 1992)

Bei Beziehungen geht es letztendlich um nichts anderes als um Vertrauen. Vertrauen beruht auf allgemeinen Werten, und es setzt voraus, daß die Grenzen dessen, was erlaubt und was nicht erlaubt ist, verstanden und anerkannt werden. Wie werden Grenzen definiert? Grenzen bilden den äußeren Rand des Erlaubten, sie trennen, sie geben Struktur und legen Spielräume fest. Gemeinsame Regeln ergeben gemeinsame Grenzen. In jeder Organisation gibt es offizielle und inoffizielle Regeln, und keine Gruppe (sei es ein Team, eine Familie, eine Gemeinschaft oder ein Treffen von Freunden) kann ohne sie existieren, denn Regeln beruhen auf einer gemeinsamen Übereinkunft. Wenn Sie gemeinsame Regeln brechen, verscherzen Sie sich das Vertrauen.

Römisches Recht und Gewohnheitsrecht

Grenzen können auf zwei sehr unterschiedliche Arten festgesetzt werden, entweder nach römischem Recht beziehungsweise nach dem *Code Napoléon* (frz. Zivilgesetzbuch von 1804; fand weite Verbreitung im europäischen Recht) oder nach Gewohnheitsrecht (dieses Recht stützt sich auf richterliche Entscheidungen, die überlieferte Gewohnheiten und Präzedenzfälle als Grundlage haben; es bildet die Basis für das Privatrecht des angelsächsischen und des römischen Rechts). Römisches Recht verbietet alles, was es nicht erlaubt. Wenn etwas also nicht explizit erlaubt ist, ist es verboten. Gewohnheitsrecht erlaubt, was es nicht verbietet. So können Sie alles tun, außer es gibt eine Regel, die Ihnen etwas verbietet.

Stellen Sie sich einen Raum für Ihre Ideen und Aktivitäten vor. Das ist Ihr Ideenraum. Wo sind die Grenzen? Das römische Recht setzt Ihnen enge Grenzen. Gewohnheitsrecht läßt Ihnen die Freiheit, Ihre eigenen Grenzen zu setzen.

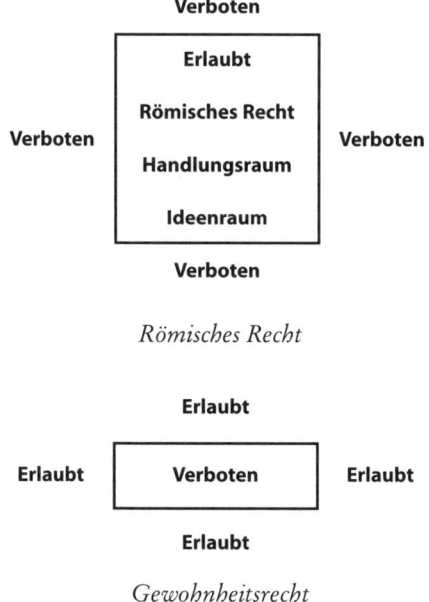

Römisches Recht

Gewohnheitsrecht

Sobald Ihre Vision und Ihre Ziele definiert sind, überlegen Sie, wie Sie dies alles erreichen können. Das römische Recht grenzt Ihre Möglichkeiten sehr viel mehr ein als das Gewohnheitsrecht. Römisches Recht ist wenig flexibel, da es kaum Wahlmöglichkeiten läßt. Wahrscheinlich ist kein Regelwerk so weit gefaßt, daß alle Eventualitäten Berücksichtigung finden. Römisches Recht versucht die Mittel zum Zweck zu spezifizieren, weniger den Zweck selbst, und wenn keine gemeinsamen Werte und Vertrauen vorhanden sind, ufert das Regelwerk aus. Führungspersönlichkeiten setzen die Ziele, aber bezüglich der Mittel sollten sie sehr flexibel sein. Die Mittel müssen durch gemeinsame Werte definiert werden – je mehr Regeln, desto weniger Raum bleibt für Werte. Regeln sollten Raum lassen für Werte, aber allzu viele Regeln lassen das Vertrauen schwinden. Und wenn wenig Vertrauen vorhanden ist, braucht es mehr Regeln.

Ziele und Mittel zum Erreichen des Ziels

- Die, die führen, benennen die Absicht; Werte bestimmen die Mittel zum Erreichen des Ziels.
- Eine Vision läßt sich aufteilen in Absicht (Bestimmung) und Werte.
- Es sind die Möglichkeiten und weniger die Notwendigkeiten, die die Vision bestimmen.
- Gewohnheitsrecht bestimmt die Grenzen.

- Die Absicht bedingt die Aufteilung in mehrere Ziele.
- Ziele werden unterteilt in Zielvorstellungen. Die Zielvorstellungen sind die kleineren Ziele, von denen jedes einzelne einen genau definierten Schritt zur Erreichung des Ziels darstellt.
- Zielvorstellungen werden durch bestimmte Aufgaben erfüllt. Aufgaben sind die Arbeit, die notwendig ist, damit die Zielvorstellungen erfüllt werden; Aufgaben werden mit der Gruppe abgestimmt.
- Das Gewohnheitsrecht definiert, wie diese Aufgaben erfüllt werden können.

- Werte bestimmen die Richtung und die Mittel zur Erreichung der Zielvorstellungen und bestimmen damit auch die Ziele, Zielvorstellungen und Aufgaben.

Werte

Gegenwärtiger Zustand ——————————————— **Erwünschter Zustand**

Das römische Recht unterdrückt Innovationen, da es den verfügbaren Ideenraum beschränkt. Dieser Rechtsvorstellung liegen feste Prinzipien und eine unveränderliche Sicht der Welt zugrunde: Die Welt ist einfach so, und das bedeutet implizit, daß sie auch so bleiben wird. Das römische Recht gilt als die überlieferte Weisheit, die von den Hütern dieser Weisheit von Generation zu Generation weitergegeben wird. Diese Weisheit wird zwar vielleicht weitergegeben, aber gemischt mit einer gehörigen Portion an Vorurteilen, Einschränkungen und einengenden Generalisierungen der Vorfahren. Römisches Recht akkumuliert; es sammelt immer mehr Gesetze, und diese werden selten aufgehoben, ergänzt und überarbeitet, so daß das Gesetzbuch unter ihrem Gewicht ächzt. Organisationen und Länder mit römischem Recht besitzen eine riesige Gesetzessammlung, die beständig erweitert wird – das gilt für alle kleinen Organisationen bis hin zu staatlichen Organisationen. (Aus dem *Code Napoléon* zum Beispiel wurde nie ein Gesetz gestrichen, sondern immer nur neue hinzugefügt. Dieses Vermächtnis des römischen Rechts wirkt bis heute in Frankreich nach, wo es mehr Gesetze pro Kopf gibt als in jedem anderen Land.)
Führungspositionen sind in jeder Kultur mit Risiko verbunden, da Führungspersönlichkeiten sich prinzipiell vom Status quo entfernen. In Ländern mit römischem Recht ist dies besonders riskant. Unter römischem Recht überwacht die Verwaltung die Einhaltung der Gesetze. Führungskräfte können in einem Klima von Mehrdeutigkeit und Unsicherheit besonders aktiv werden, Kulturen und Organisationen mit römischem Recht tolerieren das jedoch nur ungern. Eine Organisation nach römischem Recht ist mehr darauf aus, Fehler aufzudecken, als Möglichkeiten zu erkunden. Die Organisation ist mehr auf die Vergangenheit als auf die Zukunft ausgerichtet.

Gewohnheitsrecht stützt sich stärker auf die Praxis und auf Präzedenzfälle; es ist eine lebendige Gesetzessammlung, die in der Gegenwart modifiziert wird, um für die Zukunft besser gerüstet zu sein. Da hierbei erlaubt ist, was nicht verboten ist, wirkt Feedback in einer Art, wie es beim römischen Recht nicht möglich ist. Gewohnheitsrecht schließt Schlupflöcher, wenn offensichtlich wird, daß bestimmte Vorgehensweisen der Gemeinschaft schaden; trotzdem bleiben große Freiräume. Innovationen werden nicht als Ausdruck gegen die Regeln verstanden, und so können Menschen ohne Angst vor Folgen experimentieren.

Römisches Recht verbietet, was nicht ausdrücklich erlaubt ist, also widersprechen Innovationen den Regeln und können sofort gestoppt werden, noch ehe mögliche Vorteile nachgewiesen werden können. Es wird eine Rechtfertigung verlangt, ehe die Innovationen gutgeheißen werden. Dabei ist es viel leichter, aufzuzeigen, was falsch ist, als zu beweisen, daß etwas richtig ist. Unter römischem Recht besteht die Neigung, immer neue Restriktionen zu erfinden und nur wenige aufzuheben.

Ein gutes Beispiel für die Wirkung des römischen Rechts bot sich in den siebziger Jahren in England, als die Gewerkschaften dazu aufriefen, „Arbeit nach Vorschrift" zu machen, um dadurch höhere Löhne und bessere Bedingungen zu erstreiten. Historisch gesehen entstanden die Gewerkschaften in einer Zeit der Unterdrückung als Vertreter der Rechte der Arbeiter gegenüber den Besitzern und Managern. Die Besitzer besaßen ursprünglich große Macht über ihre Beschäftigten, die Löhne waren niedrig, die Arbeitsbedingungen waren schlecht, und ein Einzelner hatte keine Chance, wenn er sich beklagte, seine Stimme hatte kein Gewicht in Verhandlungen. Gewerkschaften und Management trauten sich gegenseitig nicht, ihre Wurzeln gingen auf ökonomische Konflikte und Klassenkampf zurück. Die Regeln der Gewerkschaften wurden fixiert, um die Macht der Bosse zu bremsen. Es wurde sehr detailliert festgelegt, was erlaubt war und was nicht, weil die Gewerkschaftler dachten (und das oft zu Recht), daß das Management jede Nachlässigkeit oder Zweideutigkeit ausnutzen würde. Im Laufe der Jahre veränderte sich die Wirtschaft, und Gewerkschaften und Management fanden zu einer Art Partnerschaft; die Gewerkschaftregeln nach römischem Recht wurden jedoch nie auf den neuesten Stand gebracht. Als dann die Gewerkschaften zur „Arbeit nach Vorschrift" aufriefen, hatten die Beschäftigten ein wahres Labyrinth von römischen Gesetzen zu befolgen, in dem genau festgelegt war, wie die Arbeit getan werden mußte (beziehungsweise wie die Arbeit früher erledigt wurde, was aber lange nicht mehr aktuell war, da die Methoden antiquiert waren). In der Praxis regierten Gewohnheitsrecht, neue Technologien, mehr Vertrauen, Machtverschiebungen und eine neue Gesetzgebung. Die Praxis war aufgaben-, nicht regelorientiert. So führte die Arbeit nach Vorschrift immer zu Einbußen für die betreffende Industrie.

Das Recht anwenden

Die Grenzen, die Sie sich selbst oder anderen setzen, legen den für Innovation und Aktivität verfügbaren Raum fest. Römisches und Gewohnheitsrecht bestimmen, wie diese Grenzen gesetzt werden. Betrachten Sie Ihre Arbeit:

* Welches Recht dominiert, römisches oder Gewohnheitsrecht?
* Gibt es in Ihrer Organisation viele Regeln, die nur festlegen, was Sie tun können (römisch), oder gibt es mehr Regeln, die festlegen, was Sie nicht tun können (Gewohnheitsrecht)?
* Kann bei den Regeln Feedback berücksichtigt werden, und ändern sie sich, wenn es im Unternehmen Veränderungen gibt?
* Gibt es unrealistische Regeln, die dazu geführt haben, daß in der Praxis manches inoffiziell geschieht?
* Wie leicht werden neue Ideen berücksichtigt?
* Machen Sie die Erfahrung, daß Sie ständig gegen die Grenzen des Erlaubten anrennen?
* Gibt es ein Regelwerk? Wie oft wird etwas geändert?
* Wird dabei Feedback angenommen?

Betrachten Sie Ihr persönliches Leben: Wenn Sie nicht sicher sind, was Sie tun sollen, fragen Sie sich dann: „Darf ich das tun?", oder fragen Sie: „Ist das verboten?" Die erste Frage entspricht römischem, die zweite Gewohnheitsrecht.

Anstatt sich zu sagen „Ich kann das nicht tun", sollten Sie sich fragen „Warum kann ich das nicht tun?"

Römisches Recht	Gewohnheitsrecht
• Verbietet, was es nicht erlaubt	• Erlaubt, was es nicht verbietet
• Praxis ist durch Regeln eingeschränkt	• Regeln sind durch die Praxis eingeschränkt
• Erstickt Innovation	• Fördert Innovation
• Setzt Ihrer Freiheit Grenzen	• Setzt Ihren Einschränkungen Grenzen
• Unterstützt die Verwaltung	• Unterstützt die Führung
• Vermindert Vertrauen	• Fördert Vertrauen
• Legt die Mittel zur Erreichung des Ziels fest	• Legt die Ziele fest – die Mittel zur Erreichung sind frei wählbar
• Beurteilt Handeln durch Vergleich mit der Vergangenheit	• Blick auf Gegenwart und Zukunft
• Nicht offen für die aktuelle Praxis	• Offen für Feedback aus der aktuellen Praxis
• In der Praxis ist inoffizielles Handeln nötig, um zu funktionieren	• Was Sie sehen, ist für Sie offiziell auch erreichbar
• Immer mehr Regeln und Ergänzungen der Regeln	• Regeln ändern sich, die Zahl der Regeln bleibt ziemlich konstant

Lernen

„Bildung macht es leicht, ein Volk zu führen, macht es jedoch schwierig, es anzutreiben; ein gebildetes Volk ist leicht zu regieren, aber keinesfalls zu versklaven."
(Lord Brougham, 1778–1868, als er Lordkanzler von England war)

Ich mag dieses Zitat, aber ich würde Bildung durch „Lernen" ersetzen; das macht das Zitat persönlicher und unmittelbarer und bringt von schulischer Bildung weg. Durch Lernen können wir Führungseigenschaften entwickeln und bei anderen die notwendigen Eigenschaften fördern. Wie aber geschieht das?

Lernen ist eine andere Art von Reise zu größeren Fertigkeiten, um bessere Ergebnisse zu erzielen. Wir starten mit einer bestimmten Absicht: eine Beförderung zu erreichen, ein Projekt zu beenden, uns selbst besser zu verstehen, ein Problem zu lösen oder eine Fertigkeit zu verbessern. Wenn wir uns auf den Weg machen, gibt es eine Differenz zwischen dem, was wir wissen, und dem, was wir wissen wollen oder wissen müssen. Lernen überbrückt diese Differenz – wenn wir die andere Seite erreichen, haben wir das Wissen und somit einen Beweis für unseren Erfolg. So planen, entscheiden und handeln wir, um zu bekommen, was wir wollen. Wir erhalten Ergebnisse (nicht immer die gewünschten) und beurteilen laufend, ob uns die Ergebnisse unserem Ziel nähergebracht haben. Wenn das der Fall ist, machen wir weiter, wenn nicht, tun wir weniger (wenn wir klug sind) oder versuchen etwas anderes. Lernen stellt einen Kreis dar, vergleichbar mit einem Rad, das uns zu unserem Ziel transportiert.

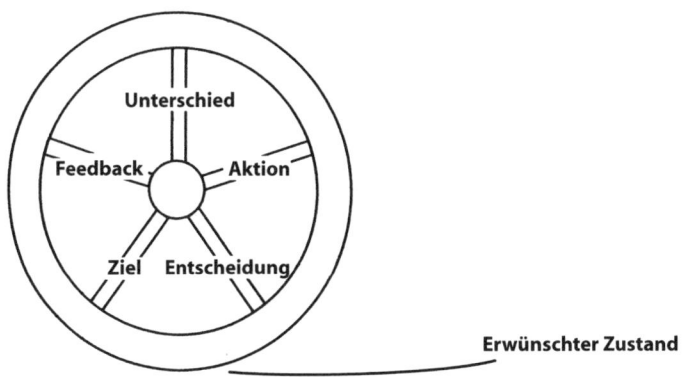

Einfaches Lernen

Als „einfaches Lernen" bezeichne ich das Lernen, das im Rahmen vorhandener Überzeugungen, Ideen und Annahmen stattfindet. Ihre Ergebnisse veranlassen Sie nicht, Ihre Überzeugung, die Sie bezüglich eines Problems haben oder die Ihre Vorstellung von sich als Person in Frage zu stellen. Alles kann im Rahmen des römischen Rechts geschehen. Beim einfachen Lernen stellen Sie Fragen wie etwa folgende:

- Wie können wir dieses Problem lösen?
- Wie können wir dieses Problem umgehen?

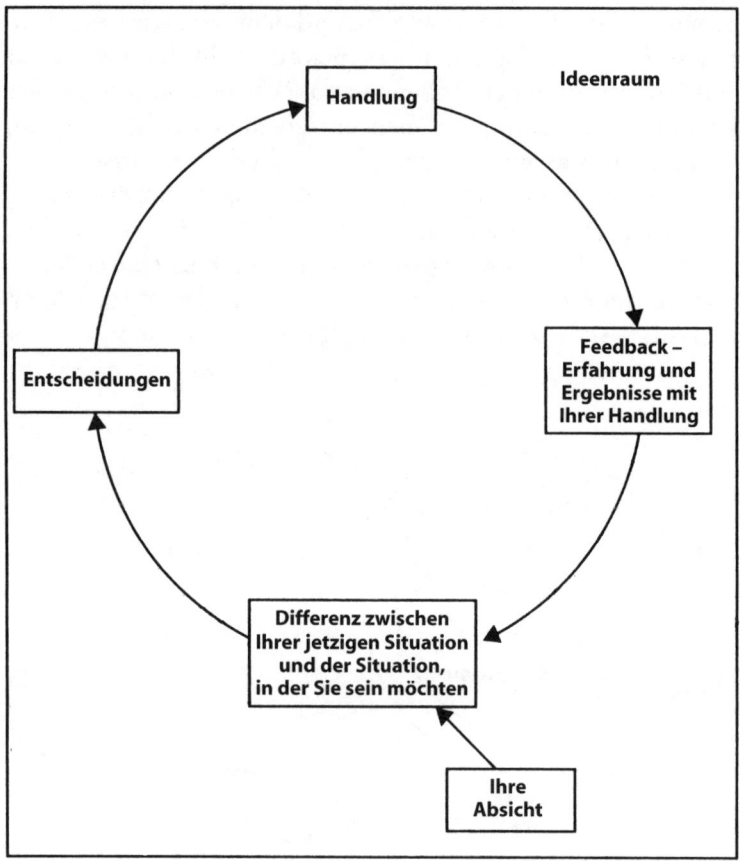

Wenn Sie immer wieder das gleiche tun, mit dem gleichen mittelmäßigen Ergebnis, dann haben sie nichts aus vorherigen Erfahrungen gelernt, Sie bleiben also, wo Sie waren. Gehen Sie (bei dem Spiel *Monopoly*) nicht über „Los" (den Startpunkt), ziehen Sie nicht den Gewinn ein. Dieser Lernzyklus ist auch als *Single Loop Learning*

(Lernen mit einfachem Rückkoppelungskreislauf oder kurz: einfaches Lernen) bekannt.[2] In der Praxis werden die Regeln oft übertreten, wenn das römische Recht die Wahlmöglichkeiten einschränkt und wir nicht weiterkommen.

Generatives Lernen

Lernen ist generativ, wenn Sie Ihre Annahmen über sich selbst und über das, was in einer Situation möglich ist, in Frage stellen. Das geht

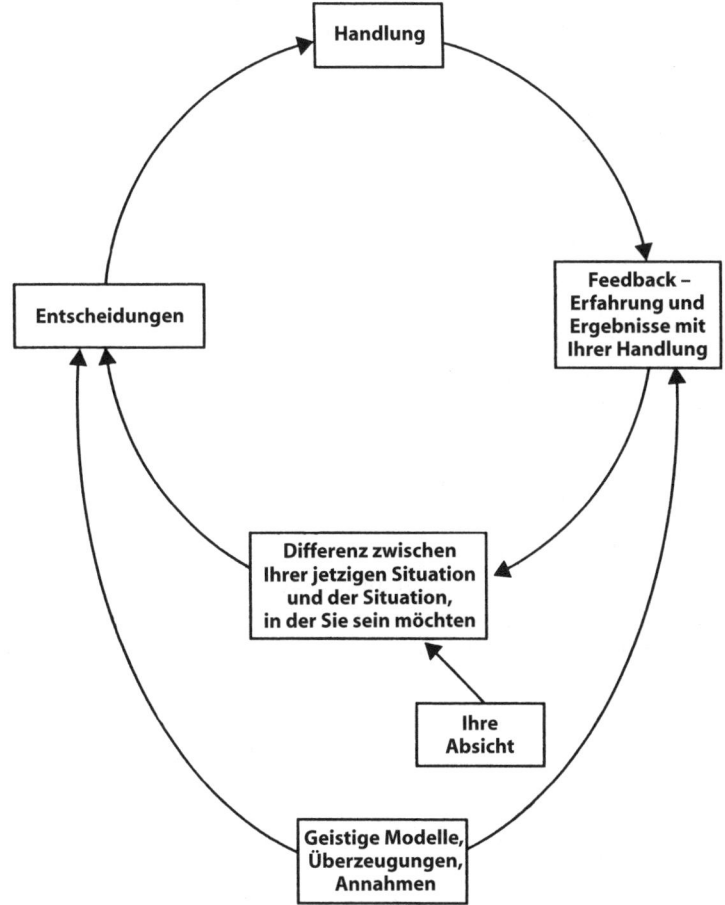

unter dem Gewohnheitsrecht leichter, da Ihr Ideenraum größer ist und Sie die Ergebnisse Ihrer bisherigen Handlungen nutzen können, um die Ursache des Problems zu hinterfragen. Ihre Überzeugungen durchlaufen einen Rückkoppelungskreislauf.

Römisches Recht läßt nur einfaches Lernen zu – Problemlösungen innerhalb fester Grenzen des Denkens und Handelns. Gewohnheitsrecht erlaubt generatives Lernen – Lernen, das die Chance bietet, ein Problem nicht nur zu lösen, sondern auch *das Denken zu eliminieren, durch das das Problem überhaupt entstanden ist.*

Generatives Lernen kann Sie auf Ihrer Reise schneller voranbringen – oder Sie kommen zu dem Schluß, daß es besser wäre, sie würden sich ein ganz anderes Reiseziel aussuchen.

Ich kenne den Manager einer kleinen Abteilung einer Medienfirma, die Grafiksoftware herstellt. Phil war sehr innovativ und beständig auf Verbesserungen bedacht. „Was keine Fehler hat, kann man trotzdem besser machen", war sein Motto, das ihm Konflikte mit seinem Manager David einbrachte, der so gar nicht auf Phils Ideenstrom aus war. Seine Position war: „Was fehlerlos ist, läßt man in Ruhe." Er wollte nicht, daß Phil sich Verbesserungen für irgendwelche Produkte überlegte, ehe eine Beurteilung vorlag. Phil gelang es ausgezeichnet, bei der Software bis in die Details vorzudringen, während David mehr am größeren Bild interessiert war. Phil war sehr frustriert; er fühlte sich in der Firma nicht geschätzt und glaubte, David blockiere seine Ideen und seine Beförderungschancen. Er wollte eine Chance haben, um sich und seine Ideen unter Beweis zu stellen.

Phil kam immer wieder mit neuen Ideen zu David, und dieser wies ihn jedesmal ab. Phil beherrschte einige NLP-Techniken, und er versuchte in Gesprächen Rapport mit David herzustellen, zum Beispiel durch Angleichen der Körperhaltung und der Sprechgeschwindigkeit. Sie kamen viel besser miteinander aus, aber David wies Phils Ideen weiterhin zurück. Phil führte lange Diskussionen mit David und versuchte ihn zu überzeugen, daß es sich lohnen würde, seine Ideen weiter zu verfolgen, aber er erreichte nichts.

Phil dachte mehr visuell, das heißt in Bildern. David war kinästhetisch orientiert, er verließ sich auf seine Gefühle und auf seine Intuition. Also änderte Phil im Gespräch mit David seine gewohnte visuelle Sprache („Ich *betrachte* das als wirklich wichtig, damit können wir unseren *Horizont* erweitern, warum müssen wir alles *schwarzweiß* sehen?") Er erklärte sein Anliegen in kinästhetischer Sprache, also etwa: „Ich denke, das ist wirklich eine *starke* Idee, ich würde mich freuen, wenn Sie ein *Gefühl* dafür bekämen, damit Sie *merken*, daß es sich lohnt, weiterzumachen." Der Rapport besserte sich weiter, aber Phil drang nach wie vor mit seinen Ideen nicht durch. Er versuchte, mit David auf einer höheren Ebene einig zu werden – zum Wohle des Unternehmens: Er wisse Davids Absicht zu schätzen, lieber vorsichtig abzuwarten, wie sich die Software verkaufe; auch er denke an das Wohl der Firma, wenn auch auf andere Weise. David stimmte ihm zu, aber nichts änderte sich.

In zunehmender Verzweiflung versuchte es Phil über Davids Kopf hinweg beim nächsthöheren Vorgesetzten, aber das erwies sich nicht als gut. David erfuhr davon, und die Beziehung verschlechterte sich. David gab dann einige von Phils Ideen an einen Freund in einer anderen Abteilung weiter. Dieser Freund legte die Vorschläge seinem Manager vor, der Innovationen gegenüber aufgeschlossener war. Die Firmenpolitik machte es unmöglich, Phil als Urheber zu nennen, und so war die Abteilung des Freundes erfolgreich, während Phil immer unglücklicher wurde.

Alle Aktionen Phils waren Versuche, das Problem mit einfachen Rückkoppelungskreisläufen zu lösen. Er arbeitete nicht in einer Organisation römischen Rechts, aber durch David steckte er fest in dieser rechtlichen Falle. Er fühlte sich eingeengt.

Jede dieser Strategien hätte funktionieren können, aber als das nicht der Fall war, fing Phil an, einige seiner Annahmen in Frage zu stellen. Hatte er vielleicht Unrecht? Waren seine Ideen überhaupt gut? Sie schienen in einer anderen Abteilung gut angekommen zu sein. Lief er ständig gegen eine Mauer an? Phil besaß sehr viel Entschlossenheit, und das war seine größte Ressource, wenn er immer wieder mit neuen Produktideen kam – er gab nie auf, bis er noch etwas ausgetüftelt hatte, um die Software zu verbessern. Aufgeben hieß für ihn, nicht für seine Sache einzustehen. Durch weiteres Nachdenken gelangte er zu dem Schluß, daß seine größte Stärke, sein

Durchhaltevermögen beim Überprüfen neuer Software, ihn am Weiterkommen hinderte. Entschlossenheit war, ohne daß er es merkte, zu Sturheit geworden. Es gibt nur wenige Qualitäten, die im falschen Kontext nicht zu einer Belastung werden können. Reizt man Qualitäten aus, verkehren sie sich oft ins Gegenteil.

Phil bewarb sich bei einer anderen Abteilung und hatte kein Glück. Schließlich resignierte er und kündigte, und er wechselte in eine Firma, die seine innovative Begabung besser zu schätzen wußte. So gab es doch noch ein Happy-End, aber nicht ohne viel vergebliche Mühe. Sie können jedoch nicht wissen, ob Ihre Mühe umsonst war, ehe Sie es nicht versucht haben, und oft müssen Sie mehrmals den einen Kreis durchlaufen, ehe Sie zu einem Muster übergehen, bei dem man von *Double Loop* (Lernen in doppelten Rückkoppelungskreisläufen, kurz: Doppelkreislauf-Lernen) spricht, und Ihre Vorannahmen in Frage stellen.

Lösungen und Beschlüsse

Führungskräfte stehen oft vor komplexen Problemen und müssen in der Lage sein, trotzdem vorwärts zu gehen. Einige Probleme sind relativ einfach – es gibt für sie eine bestimmte Anzahl passender Lösungen und einen klaren Ablauf für die Lösung. Sich auf einer Straßenkarte die Route herauszusuchen ist ein einfaches Problem. Und je mehr Sie sich mit einem einfachen Problem beschäftigen, desto mehr mögliche Antworten laufen gewöhnlich auf eine optimale Lösung hinaus. Bei komplexen Problemen ist das Gegenteil der Fall. Bei diesen Problemen erscheinen bei genauerer Betrachtung immer mehr mögliche Lösungen, und Ihre Einschätzung des Problems wird wichtiger als das Problem selbst. Wie kann eine Firma im Wettbewerb auf dem Markt bestehen? Was bedeutet Führung, und wie können wir sie erreichen? Das sind Beispiele für komplexe Probleme. Alle wichtigen und interessanten Probleme sind komplex. Und die persönlichen Vorannahmen bilden einen Teil des Problems. Probleme lassen sich in vier Kategorien unterteilen:

1. Die Probleme sind lösbar (trifft aber nur für einfache Probleme zu). Es gibt eine einzige optimale Lösung, gewöhnlich in dieser Form: „Was sollen wir tun: A oder B?" Zum Beispiel ein neues Auto kaufen oder in Urlaub fahren? Das Problem wird gelöst, indem man sich für eines von beiden entscheidet.

2. Die Probleme können in einem anderen Rahmen gelöst werden (re-solved). Sie betrachten das Problem als Teil eines größeren, weitreichenderen Problems. Anstatt darüber nachzudenken, ob Sie ein Auto kaufen oder in Urlaub fahren wollen, überlegen Sie sich, daß Sie mehr Geld verdienen wollen, damit Sie sich beides leisten können – falls Sie das wollen.

3. Die Probleme können aufgelöst werden (dis-solved). Das Problem spielt keine Rolle mehr, weil etwas Wichtigeres dazwischenkommt. Eine plötzliche Krankheit zwingt Sie, Ihre Ersparnisse aufzubrauchen, so daß Sie sich weder das Auto noch den Urlaub leisten können, oder Sie gewinnen im Lotto, können sich beides mehrfach leisten und behalten trotzdem Geld übrig. Oder Sie beschließen einfach, daß Ihnen alles egal ist, und denken nicht mehr darüber nach.

4. Sie können sich von einem Problem lösen (ab-solve). Dann ist das Problem nicht mehr Ihr Problem. Sie geben es an jemanden weiter, oder Sie finden jemanden, der es Ihnen abnimmt.

Das erinnert mich an die Geschichte von dem Mann, der von seinem Nachbarn viel Geld geliehen hatte. Der Zeitpunkt der Rückzahlung kam immer näher, und schließlich blieb nur noch ein Tag. Der Mann war verzweifelt, aber er würde das Geld nicht zurückzahlen können. Am Vorabend des Stichtags ging er zu Bett, aber er wälzte sich nur unruhig im Bett umher und konnte nicht schlafen; er war zu sehr mit seinen Gedanken beschäftigt. Schließlich nahm er den Telefonhörer und wählte die Nummer seines Nachbarn. Dieser meldete sich.

„Hallo", sagte der erste, „Sie wissen, das Geld, das ich Ihnen schulde, ist morgen fällig."

„Ja", kam die vorsichtige Antwort.

„Nun, ich kann es Ihnen noch nicht zurückzahlen." Und dann legte er den Hörer auf. Mit einem Seufzer der Erleichterung sagte er

zu sich selbst: „Okay, jetzt kann *er* sich an meiner Stelle Sorgen machen."

Menschen in Führungspositionen sollten angesichts eines komple-
xen Problems ihre eigenen Überzeugungen und Annahmen in Frage
stellen. Das heißt, daß sie alle Einschränkungen in Frage stellen, alle
Annahmen überprüfen und die Darstellung des Problems hinterfra-
gen. ‚Leader' stellen Fragen wie:
- Ist das überhaupt ein Problem?
- Was setzen wir bei diesem Problem voraus?
- Wie könnte ich die Sache noch betrachten?
- Was könnte das sonst noch bedeuten?
- Wofür könnte das noch nützlich sein?
- Unter welchen Umständen wäre das kein Problem mehr?
- Was muß noch zutreffen, damit dies ein Problem ist?
- Was tun wir, um dieses Problem zu bewältigen?

Das Lernen einer Organisation

Das Lernen der Organisation unterscheidet sich leicht vom individuellen Lernen. Wie können Organisationen lernen, unabhängig von
den Menschen in der Organisation? Dieses Lernen besteht aus der
Summe individuellen Lernens, es scheint jedoch größer und anders
als dieses zu sein; es scheint durch die komplexen Interaktionen der
Menschen zu entstehen. Das Wissen einer Gruppe ist größer als die
Summe des Wissens der einzelnen Mitglieder – eine Summe entsteht
durch Addition; Lernen ist jedoch Multiplikation.

Der Begriff der „lernenden Organisation" ist eine nützliche
Abkürzung für eine Organisation, die sich ständig verändert und
experimentiert, indem sie das Feedback der eigenen Ergebnisse
benutzt, um ihre Form und ihre Abläufe zu verändern, so daß sie
konkurrenzfähig und erfolgreicher wird.

Das Lernen der Organisation ist wie ein Regenbogen: Es entsteht
etwas ganz anderes und Unerwartetes, wenn alle Elemente am richti-

gen Platz sind. Wenn die Menschen in einer Organisation selbst lernen und vor Herausforderungen gestellt werden, bezeichne ich das als Lernen der Organisation.

Wissen und Information

Der Erfolg einer Organisation hängt davon ab, wie gut die Mitarbeiterinnen und Mitarbeiter zusammenarbeiten und das gemeinsame Wissen nutzen. Wassertropfen und Licht treffen häufig zusammen, aber nur in seltenen Fällen entsteht dabei ein Regenbogen. Entsprechend gibt es für Organisationen viel mehr Möglichkeiten zu versagen als Chancen zum Erfolg.

Wir sprechen oft von Wissen, aber dieses entsteht nur langsam aus vielen Quellen. Die Wirtschaft wird von Daten überflutet. Unmengen von Fakten konkurrieren um die Aufmerksamkeit, und die Mitarbeiter müssen sie nach *Informationen* durchforsten – nach relevanten Daten, die für das Unternehmen von Vorteil sind. Diese Informationen werden aus einer überwältigenden Menge von Fakten, Meinungen und Analysen herausgefiltert, die alle auf dem Markt zur Verfügung stehen.

Die Ziele einer Firma bestimmen die Filter, durch die Daten zu Informationen werden. Sie schaffen Ordnung im Chaos. So sind die Informationen nur so gut wie die Ziele und Werte der Organisation. Diese Informationen werden dann koordiniert und verbunden (wieder aufgrund von Firmenzielen und -werten), und damit entsteht Wissen.

Die Qualität der Beziehungen, der Verbindungen und der Kommunikation innerhalb der Organisation läßt Informationen zu Wissen werden. Person A besitzt Informationen über die Firma X, Person B über die Firma Y. Nur wenn beide sich unterhalten, können sie die Markttendenzen einschätzen. Dann kann ihre Organisation sich der Tendenz anschließen. Dabei sind so viele Kombinationen möglich, daß ein Computer derartige Einsichten nie liefern könnte:

• Kundeninformationen werden zu Kundenbeziehungen.
• Produktinformationen werden zu innovativen Produkten.
• Marktinformationen werden zu marktpolitischen Überlegungen.

Das entstandene Wissen ist so gut wie die inneren Netzwerke. Wissen ist ein Wertzuwachs. Mit diesem kann die Organisation erfolgreich sein. Wissen ermöglicht Vorausschau – die Fähigkeit, in die Zukunft zu sehen, Muster zu erkennen und Vorhersagen zu treffen. Wissen ermöglicht auch Einsichten – die Fähigkeit zu erkennen, wie die Gegenwart von Mustern der Vergangenheit geprägt ist, und zu entscheiden, welche Muster beibehalten und welche geändert werden müssen.

Das Lernen einer Organisation bedeutet auch, daß beständig Wissen geschaffen und genutzt wird, damit sie im Wettbewerb erfolgreich bestehen kann. Wenn Organisationen nach diesem Wissen handeln, erhalten sie anschließend das Feedback der Kunden, und der Prozeß beginnt von neuem. Das in der Organisation vorhandene Wissen formt die Filter mit, durch die Informationen aus den Daten gewonnen werden, und so wird aus dem ganzen Prozeß ein sich selbst verstärkender Zyklus.

Wissensmanagement bedeutet weit mehr, als ein gutes Computersystem zu finden, in dem die Daten gespeichert und sortiert werden. Es geht dabei um die Schaffung von Netzwerken, damit die Menschen aus Informationen Wissen entstehen lassen können. Es geht dabei auch um die Wertschätzung der Menschen, die einen Teil des intellektuellen Kapitals der Organisation zwischen ihren Ohren tragen. Management des Wissens umfaßt außerdem ein System von Belohnungen, damit es sich für die Menschen lohnt, Kontakte zu pflegen und Wissen zu schaffen, das der Organisation nutzt.

Wissen läßt sich nicht speichern, da es ununterbrochen als Reaktion auf sich verändernde Bedingungen geschaffen wird. Computer können nur Wissen über vergangene Situationen speichern, das zwar nützlich sein kann, aber kein Ersatz für intelligente Mitarbeiterinnen und Mitarbeiter ist. Wissen kann auch nicht getrennt von den Menschen, die es besitzen, behandelt werden. Es ist leichter, einen Computer zu warten, als Menschen zu betreuen. Wenn ein Mitarbeiter erschöpft oder überarbeitet ist, kann er nicht kreativ sein. Wissensmanagement heißt auch, sich um die Menschen zu kümmern und sie zu inspirieren. ‚Leader‘ (Führungspersönlichkeiten) tun auch das.

Das Lernen der Organisation: Einen Regenbogen entstehen lassen

- Menschen gewinnen Informationen aus Daten.
- Daten sind: alle möglichen Fakten, Analysen und Meinungen.
- Informationen sind die Daten, die für das Unternehmen wichtig sind. Je mehr Sie über das Unternehmen wissen, desto besser sind Ihre Filter.
- Wissen entsteht, wenn Informationen verknüpft werden, um einen Wert, Erkenntnisse und Weitblick zu gewinnen.

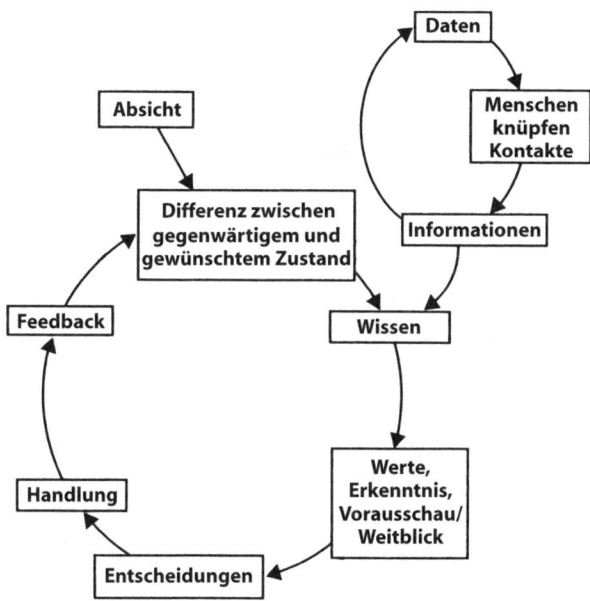

Verschiedene Arten des Lernens einer Organisation

Organisationen können sich mit einfachem Lernen begnügen, sie können generatives Lernen pflegen und natürlich auch nicht lernen:

- **Nicht lernen**
  Organisationen können wie Menschen immer wieder dieselben ineffektiven Handlungen ausführen – das ist, als ob man ein totes Pferd mit der Peitsche schlägt. Wenn Sie merken, daß Ihr Pferd tot ist, steigen Sie am besten ab. Nur zu oft ernennen Organisationen einen Ausschuß, der das Pferd genauer untersuchen oder die Reitkünste der Belegschaft verbessern soll. Vielleicht hat er auch die Vorgabe, zu leugnen, daß das Pferd tot ist, und statt dessen zu verkünden, daß es nur schlafe.

- **Einfaches Lernen**
  Einfaches Lernen dient der Stabilität und bedeutet meist, daß ein Ablauf festgelegt wird, der beständig schneller, billiger und effektiver wiederholt werden kann. Das ist kurzfristig eine gute Sache. Langfristig entsteht daraus vielleicht ein guter, schneller und billiger Ablauf für einen veralteten Prozeß. Einfaches Lernen fragt: Wie können wir einen Ablauf schaffen, der dieses Problem löst?

- **Generatives Lernen**
  Hierbei stellen Organisationen ihre Annahmen bezüglich des Marktes in Frage. Ein Beispiel dafür ist der Einstieg von *Microsoft* ins Internet. Vor 1995 vertrat man bei *Microsoft* die Meinung, das Internet würde für den Computer nicht von Bedeutung sein. Deshalb verwendete man alle Energie auf das, was man schon immer gut gemacht hatte – Betriebssysteme für PC. *Microsoft* hätte das auch weiter so machen können, aber man organisierte die Arbeit und die Betriebssysteme völlig neu, als das Internet an Bedeutung gewann. Generatives Lernen in Organisationen ist nur durch generatives Lernen der Menschen in diesen Organisationen möglich. Eine für generatives Lernen typische Frage: Welche Annahmen setzen wir in dieser Situation voraus, und sind diese auch zutreffend?

Für Managementaufgaben reicht einfaches Lernen. Um führen zu können, brauchen Sie generatives Lernen.

Kapitel 6
Spiele und Wächter

Regeln, Gesetze und Grenzen

Regeln sind gut, haben aber nur einen begrenzten Geltungsbereich. Sie müssen auf der Basis gemeinsamer Werte vereinbart werden. Jede Regel, die keine breite Zustimmung findet, kann nur durch einen Kontroll- oder Polizeiapparat durchgesetzt werden. Und auch wenn Regeln durch Belohnung oder Strafe verstärkt werden, brauchen sie die breite Zustimmung der jeweiligen Gemeinschaft.

Gesetze sind für alle bindend, und die in einem Land geltenden Verhaltensregeln setzen Grenzen, sie erleichtern Entscheidungen und sind eine Art Leitfaden für unbekannte Situationen. In einem fremden Land sollten Sie die Gesetze und Bräuche kennen, und wenn Sie neu in eine Gemeinschaft oder Firma kommen, sollten Sie sich mit deren Regeln vertraut machen. Dies sind Verhaltensregeln, so etwas wie eine Kleiderordnung, ein oftmals unausgesprochenes „So machen wir das bei uns" – und Sie gehen ein Risiko ein, wenn Sie das ignorieren. Manche Regeln sind offenkundig, vielleicht öffentlich ausgehängt, oder Teil des Arbeitsvertrags, aber es gibt viele inoffizielle Regeln, die Sie erst kennenlernen, wenn Sie einige Zeit an Ort und Stelle arbeiten. Außerdem haben wir eigene innere Verhaltensregeln, die vielleicht im Gegensatz zu Gesetzen und Regeln stehen: So werden Geschwindigkeitsbegrenzungen im Verkehr häufig mißachtet, und da Computersoftware leicht zu kopieren ist, wird sie oft nicht gekauft. Ebenso setzen wir auch hinsichtlich gesetzlicher und moralischer Vorschriften vielmals unsere eigenen Grenzen.

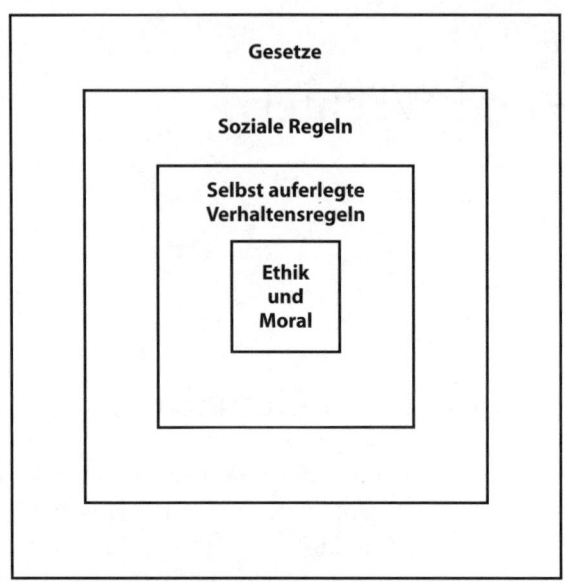

Alle ‚Leader‘ (Führungspersönlichkeiten) operieren in Grenzbereichen oder außerhalb von Grenzen. In extremen Fällen arbeiten Anführer wie Martin Luther King, Mahatma Gandhi oder die chinesischen Studentenführer vom Platz des Himmlischen Friedens außerhalb der äußersten Grenzen – der Gesetze ihres Landes –, um diese Gesetze zu ändern. Sie müssen sich dabei auch außerhalb anderer Grenzen – lokaler gesellschaftlicher Regeln und ihrer eigenen inneren Regeln – stellen, um ihr Ziel zu erreichen. Einige, die Außergewöhnliches anführen, operieren zwar außerhalb ihrer lokalen Regeln, aber gemäß den nationalen Gesetzen. Aber alle diese Führungspersönlichkeiten müssen ihre eigenen Verhaltensregeln in Frage stellen. Sie müssen sich über akzeptierte Regeln und Normen hinaus vorwagen, nicht unbedingt wie Bilderstürmer oder gewalttätig (obwohl das manchmal der Fall ist), sondern aus Erkundungsdrang. Menschen, die die Leitung übernommen haben, reisen in unbekanntes Gebiet, das ihnen selbst und auch ihren Mitreisenden fremd ist. Das bedeutet, daß Sie in einer Führungsposition bereit sein müssen, Ihre persönlichen Grenzen zu erweitern, ein Risiko auf sich zu nehmen und etwas zu tun, vor dem Sie sich fürchten. Wenn Sie ein ruhiges, bequemes Leben ohne Veränderungen anstreben, sollten Sie nicht die Führung übernehmen wollen (und sich auch niemandem anschließen, der das anstrebt).

Vertrauen

Außerhalb Ihrer vertrauten Grenzen müssen Sie neue Regeln aufstellen und das finden, was allen Regeln und Werten zugrunde liegt – Vertrauen. Sowohl Vertrauen in sich selbst als auch Vertrauen zu anderen. Vertrauen ist die Grundlage aller Beziehungen. Wenn Sie sich und anderen trauen, steht Ihnen ein riesiger Ideen- und Handlungsspielraum zur Verfügung.

Was aber ist Vertrauen? Wieder eine Nominalisierung, ein abstraktes Substantiv. Wie denken *Sie* über Vertrauen? Was heißt für Sie, sich selbst oder einem anderen Menschen zu vertrauen?

Vertrauen ist Bestandteil so vieler Fertigkeiten einer Führungskraft, daß man nicht ohne es auskommt. Außerdem ist es meiner Meinung nach die wichtigste Führungseigenschaft. Vertrauen in sich selbst ist Voraussetzung, um einen neuen Pfad einzuschlagen, besonders wenn andere Ihnen sagen, Sie sollten zu Hause bleiben. Sie brauchen auch Vertrauen, um sich der Führung eines anderen Menschen anzuvertrauen. Wir haben Vertrauen in die Stärke eines Menschen, daß er uns nicht im Stich läßt, sowohl buchstäblich als auch metaphorisch. Vertrauen läßt uns mit Ungewißheit fertig werden.

Vertrauen gibt es in zweierlei Gestalt. Sie haben erstens Vertrauen, wenn Sie etwas bereits ausprobiert und getestet haben. Hier befinden Sie sich auf vertrautem Terrain, hier wissen Sie, daß Ihnen etwas oder jemand in der Vergangenheit geholfen hat, und Sie vertrauen darauf, daß das so bleiben wird. Sie haben zum Beispiel einen Kollegen gebeten, Sie bei einer Sitzung zu unterstützen, und Sie vertrauen darauf, daß er es wieder tut, weil er dies schon einmal getan hat. Oder Sie haben viele Kollegen erfolgreich geschult, also haben Sie Vertrauen in Ihre Coachingfähigkeiten. Ein Freund erzählt Ihnen, was ihm passiert ist, und Sie glauben ihm. All dieses baut letzten Endes einfach auf Vertrauen – Vertrauen in die anderen, Vertrauen in sich selbst, auf der Grundlage früherer Erfahrungen. Vertrauen heißt, daß Sie nicht nachdenken und keine alternativen Pläne machen müssen. Wenn Ihr Freund sagt, daß er Sie unterstützt, vertrauen Sie darauf, daß er das tut, und Sie brauchen sich nicht zu überlegen, was Sie sagen oder tun, wenn er Sie nicht unterstützt.

Zum zweiten baut sich Vertrauen mit der Zeit auf – wir testen, wie stark die Unterstützung ist, verlassen uns darauf und nehmen das Risiko in Kauf, im Stich gelassen zu werden. Auf diese Weise bauen wir Beziehungen auf und zeigen einem anderen Menschen immer mehr von uns selbst. Das Risiko dabei entsteht durch unzureichendes Wissen – wieviel müssen Sie über einen Menschen wissen, bevor Sie ihm trauen können? Wird er Sie im Stich lassen? Wird er Sie auslachen? Fühlt er genauso wie Sie? Gewöhnlich urteilen wir im nachhinein. Wenn sich die Beziehung als gut erweist, sind Sie ein gut kalkuliertes Risiko eingegangen. Geht die Beziehung schief, haben Sie tollkühn etwas gewagt. Während die Beziehung besteht, trifft keines von beiden zu; Sie entscheiden in einer ungewissen Situation einfach nach bestem Wissen. Auch wenn Sie Menschen gut kennen, werden Sie vielleicht von ihnen im Stich gelassen. Wenn jemand Sie belügt, war er nicht vertrauenswürdig. Ein Fehler erweist sich erst im nachhinein als ein solcher. (Im Englischen heißt Fehler *mis-take* – etwas falsch erfassen.) Wenn Sie sagen, daß Sie einen Fehler gemacht haben, betonen Sie damit, daß Sie noch immer vertrauenswürdig sind.

Die Meßlatte für Vertrauen wird unterschiedlich angelegt. Die Schwelle für Vertrauen entwickelt sich aufgrund von Erfahrungen, speziell frühkindlichen Erfahrungen mit Erwachsenen. Liegt die Schwelle zu niedrig, vertrauen Sie zu leicht. Sie testen am Beginn nicht genügend, wieviel Rückhalt Sie erwarten können, und werden vielleicht oft im Stich gelassen. Liegt die Schwelle zu hoch, wollen Sie zu viele Informationen – Lebensgeschichte, Geburtsdatum, Kragenweite und Zahnpastamarke – ehe Sie jemandem trauen. Dadurch sind für Sie nur wenige Menschen vertrauenswürdig, und Sie sind unter Umständen emotional isoliert. Einige Menschen schwanken zwischen den beiden Extremen hin und her; ihre Schwelle ist anfangs zu niedrig, und sie werden ausgenutzt. Anschließend sind sie desillusioniert und beschließen, daß niemand vertrauenswürdig ist. Ist die Schwelle dann zu hoch gesetzt, hat niemand eine Chance, sich als vertrauenswürdig zu erweisen; sie erhalten kein Feedback und können nicht lernen, wo die Schwelle am besten wäre. Diese Menschen fühlen sich dann isoliert und beschließen vielleicht, daß es doch gut wäre, anderen Menschen zu trauen, und so sind sie nicht vorsichtig genug und werden wieder ausgenutzt.

Es ist nicht gut, hundertprozentig oder gar nicht zu vertrauen, es sind durchaus Abstufungen möglich. Ihre Schwelle liegt am besten in der Mitte, so daß eine gewisse Intimität möglich ist, Sie aber davor sicher sind, ausgenutzt zu werden. Es gibt keine absolute Gewißheit, aber durch Ihr Vertrauen entscheiden Sie, wie nahe Sie anderen Menschen kommen. Sammeln Sie möglichst viele Informationen, besonders wenn Sie viel zu verlieren haben; letztendlich müssen Sie aber immer einen Vertrauensvorschuß gewähren.

Menschen, die führen, sind Realisten, sowohl was Vertrauen als auch was andere Dinge angeht. Sie sind nicht wahllos zu jedermann freundlich, sie mißachten keineswegs ihre Erfahrung oder ihre eigene Wahrnehmung. Allen Menschen gleichermaßen zu trauen, wäre naiv (und gefährlich), und manchen Menschen kann man in bestimmten Situationen trauen, in anderen aber nicht. Im täglichen Leben können wir jemandem vielleicht in Gelddingen vertrauen, würden ihm aber im Hinblick auf unseren Ehepartner nicht trauen (oder umgekehrt). Wir beurteilen Menschen nach ihren Handlungen oder nach ihren Werten, bevor wir uns entscheiden, ihnen in einer bestimmten Situation zu trauen. Aber wie viel Information brauchen Sie? Wann beschließen Sie, daß Sie genug Informationen haben?

Gilt bei Vertrauen für Sie das römische oder das Gewohnheitsrecht? Davon werden Ihre Beziehungen nämlich entscheidend beeinflußt.

Gewohnheitsrecht geht von der Annahme aus, daß Menschen vertrauenswürdig sind, ehe das Gegenteil bewiesen ist. Menschen, die sich an das Gewohnheitsrecht halten, sammeln Informationen, und wenn sie keine Beweise für das Gegenteil finden, vertrauen sie dem anderen. Das römische Recht setzt dagegen voraus, daß

Menschen nicht vertrauenswürdig sind, es sei denn, sie beweisen, daß sie Vertrauen verdienen. Menschen, die dieser Vorstellung anhängen, sammeln Informationen, weil sie Beweise brauchen, daß jemand vertrauenswürdig ist; dann erst handeln sie. Das ist nicht nur ein kleiner Unterschied, sondern eine grundsätzlich andere Lebenseinstellung. Das prägt ihre Art, die Welt zu sehen, und ihren Umgang mit Menschen ganz entscheidend. Das Zusammenleben mit anderen setzt ein gewisses Maß an Vertrauen voraus, sonst wäre Leben nicht möglich.

In einer Führungsposition müssen Sie vertrauenswürdig sein, denn Ihnen begegnet häufig Unsicherheit. Sie werden sich mit eigenen Zweifeln und der eigenen Unsicherheit auseinandersetzen müssen, und es ist an Ihnen, andere zu überzeugen. Menschen halten generell an dem fest, was sie wissen, außer Sie überzeugen sie von etwas Besserem; und um sie zu überzeugen, sollten Sie sie dazu bringen, Ihnen zu vertrauen. Als Führungskraft müssen Sie zunächst andere Menschen da, wo sie unsicher sind, unterstützen. Die Mitarbeiterinnen und Mitarbeiter wollen Ihre Stärke fühlen, um von Ihrer Vertrauenswürdigkeit überzeugt sein zu können. Später unterstützt dann jeder den anderen.

Um Vertrauen zu lernen, gibt es keine Technik – dieser Aspekt geht über NLP-Techniken hinaus. NLP verwendet den Begriff „Rapport" für eine Beziehung, die durch Vertrauen und Einfluß geprägt ist. Auch wenn das ein guter erster Schritt ist, so ist Rapport auf eine Situation und eine Zeitspanne beschränkt. Ich denke, daß Sie, wenn Sie vertrauenswürdig sind, auch Rapport haben, aber Sie schaffen nicht unbedingt Vertrauen, indem Sie Rapport herbeiführen, denn Rapport geschieht im jeweiligen Augenblick und für einen bestimmten Zweck. Vertrauen ist mehr als Rapport. Vertrauen reicht tiefer, denn es umspannt alle neurologischen Ebenen und reicht zeitlich weiter. Rapport besteht kurzfristig, Vertrauen langfristig. Wenn Sie jemandem vertrauen, vertrauen Sie ihm auch in seiner Abwesenheit.

NLP bietet viele Mittel, um Rapport zu schaffen – zum Beispiel durch Pacen aller neurologischen Ebenen (siehe Kapitel 2 *Referenzen für Ihre Führung*):

- durch Matching (Angleichen) der Bekleidung, des Erscheinungsbildes und kultureller Gebräuche auf der Umweltebene
- durch Matching von Körpersprache, Haltung, Gestik und Stimme auf der Verhaltensebene
- durch Matching der Denkweise, um dadurch Kompetenz auf der Ebene der Fertigkeiten zu beweisen
- und speziell durch Matching von Überzeugungen und Werten.

Damit wird in einem aktuellen Augenblick Rapport geschaffen, und die, die führen, nutzen diese Fertigkeiten auch.

Rapport entsteht dann, wenn man ehrlich zu verstehen versucht, wie die Welt für den anderen aussieht, und wenn man bereit ist, die Welt durch seine Augen und Ohren zu erfahren. Ein altes indianisches Sprichwort besagt: „Beurteile einen anderen Menschen nicht, ehe du eine Meile in seinen Mokassins gegangen bist." Es ist wichtig, daß Sie die Menschen, die Sie beeinflussen wollen, verstehen. Sie sollten ihnen zu verstehen geben, daß Sie ihre Überzeugungen und Werte anerkennen. Verstehen heißt aber nicht übereinstimmen – Sie müssen nicht einer Meinung sein. Menschen, die gut Rapport herstellen können, bauen auch gute Beziehungen auf. Wenn sie sich jedoch selbst nicht vertrauen und ihr Wort nicht halten, traut man ihnen nicht unbedingt. Nur Vertrauen schafft Vertrauen.

Vertrauen beginnt mit Selbstvertrauen. Es ist dann vorhanden, wenn Sie sich über Ihre eigenen Grenzen und Werte im klaren sind, wenn Sie wissen, was Sie tun und was Sie unterlassen. Wenn Sie versprechen, etwas zu tun, dann werden Sie, wenn Sie vertrauenswürdig sind, Ihr Wort halten. Vertrauenswürdig werden Sie nicht dadurch, daß Sie Menschen dazu bringen, Ihnen zu vertrauen, Sie müssen vielmehr zeigen, daß Sie ihr Vertrauen *wert* sind, indem Sie sich zu einem Menschen entwickeln, dem andere vertrauen. Im NLP ist Vertrauen ein Wert auf der Identitätsebene und keine Fertigkeit.

Wie Führung ist auch Vertrauen eine weitere Nominalisierung von etwas, das gegenseitig sein muß. Vertrauen existiert nicht isoliert. Ein Mensch, der niemandem traut, ist wahrscheinlich jemand, dem niemand vertraut. Wenn Sie jedoch Vertrauen in sich selbst haben, dann werden Ihnen auch andere vertrauen.

Mit den folgenden Übungen können Sie Ihre Einstellung bezüglich Vertrauen überprüfen.

Vertrauen und Werte

- Wie entscheiden Sie, wem Sie vertrauen?
- Wie entscheiden Sie, wann Sie vertrauen?
- Welche Regeln haben Sie, wem Sie vertrauen und wem nicht?
- Welche Werte-Äquivalente haben Sie für Vertrauen: Was muß jemand tun, der vertrauenswürdig ist, und was muß er tun, daß er Ihr Vertrauen verliert?
- Halten Sie Menschen zunächst für vertrauenswürdig, bis Sie Gegenbeweise haben, oder sind für Sie Menschen grundsätzlich nicht vertrauenswürdig, bis Sie Gegenbeweise erhalten?
- Welche Beweise brauchen Sie?
- Müssen Sie etwas mit Ihren eigenen Augen sehen?
- Glauben Sie, daß Menschen vertrauenswürdig sind, wenn andere das sagen? Und wenn ja, wessen Worten schenken Sie Glauben?
- Achten Sie auf bestimmte neurologische Ebenen?
- Gibt es ein bestimmtes Umfeld, dem Sie trauen, einem anderen aber nicht?
- Vertrauen Sie Menschen aus einer bestimmten Umgebung, Menschen aus einer anderen Umgebung aber nicht?
- Vertrauen Sie einem Menschen in einem bestimmten Kontext, aber nicht in einem anderen?
- Sind Menschen für Sie vertrauenswürdig aufgrund dessen, was sie tun, egal woher sie sind oder mit wem sie zusammen sind?
- Achten Sie bei Menschen besonders auf die Überzeugungen und Werte, ehe Sie entscheiden, ob sie Ihr Vertrauen verdienen, oder schauen Sie mehr darauf, wer sie als Mensch sind?

Vertrauen erforschen

- Denken Sie über das Wort „Vertrauen" nach. Wie ist es in Ihrem Geist repräsentiert?
- Welches Gefühl verbinden Sie mit Vertrauen?

- Beschreiben Sie dieses Gefühl. Wo in Ihrem Körper ist dieses Gefühl für Sie wahrnehmbar?
- Welche Geräusche oder Stimmen hören Sie innerlich, wenn Sie an Vertrauen denken?
- Beschreiben Sie das, was Sie hören, genauer. Woher kommen die Geräusche oder Stimmen?
- Welches innere Bild haben Sie von Vertrauen? Was zeigt das Bild? Beschreiben Sie es genauer.
- Sind Sie selbst im Bild, oder betrachten Sie das Bild?
- Ist Bewegung im Bild, oder ist es statisch?
- Ist es farbig oder schwarzweiß?
- Wie groß ist das Bild?
- Wie weit ist es weg?
- Wo etwa in Ihrem Sehfeld befindet sich das Bild – rechts, links, oben, unten oder vor Ihnen?
- Überlegen Sie sich ein Symbol für Vertrauen. Achten Sie darauf, daß es auch Stärke widerspiegelt.

Denken Sie jetzt daran, daß Sie jemandem vertrauen. Stellen Sie sich dieselben Fragen:
- Welches Bild haben Sie?
- Welche Geräusche sind zu hören?
- Welche Gefühle sind damit verbunden?

Selbstvertrauen entwickeln

Erkunden Sie Ihre eigenen Vorstellungen von Selbstvertrauen. Denken Sie dabei an ein Modell, an jemanden, dem Sie vertrauen.
- Welches Bild haben Sie von diesem Modell?
- Welche Eigenschaften hat das Bild?
- Ist Bewegung im Bild, oder ist es statisch?
- Ist es farbig oder schwarzweiß?
- Wie groß ist das Bild?
- Wie weit ist es weg?
- Wo in Ihrem Sehfeld befindet es sich – rechts, links, oben, unten oder vor Ihnen?

- Sagt die Person etwas, oder hören Sie Geräusche?
- Fallen Ihnen an der Stimme besondere Merkmale auf?

Machen Sie dieselbe Übung. Wählen Sie dazu einen Menschen, dem Sie nicht trauen.
- Welches Bild, welche akustischen Eindrücke und Gefühle tauchen auf, wenn Sie an diesen Menschen denken?
- Worin unterscheidet sich dieses Bild und die akustischen Eindrücke von dem Bild, das Sie bei der Person hatten, der Sie vertrauten?

Stellen Sie sich vor, Sie würden die zwei Bilder nebeneinander stellen. Wenn jemand, der keine der beiden Personen kennt, die Bilder anschauen und den Geräuschen lauschen würde, woran würde er erkennen, welcher von beiden Sie vertrauen?

Jetzt stellen Sie sich bitte vor, Sie betrachteten sich selbst auf Ihrem mentalen Bild.
- Welche Eigenschaften hat Ihr Bild?
- Trauen Sie dieser Person (diesem „du" im Bild)?

Verändern Sie dieses Bild so, daß es dieselben Eigenschaften bekommt wie das Bild von dem Menschen, dem Sie trauen. Sie können Ihr Modell zu Hilfe nehmen und das Symbol für Vertrauen dazunehmen, das Sie vorher ausgewählt haben. Und welche Eigenschaften sollten Sie entwickeln, damit das Bild überzeugend wirkt?
- Treten Sie in das Bild hinein und werden Sie Sie selbst – vertrauenswürdig.
- Wie fühlt sich das an?
- Fühlt sich das anders an?
- Was müssen Sie tun, um dieses Selbst Wirklichkeit werden zu lassen?

Das „Gefangenendilemma"-Spiel

Vertrauen am falschen Platz kann sehr kostspielig sein, aber um Geschäfte abwickeln zu können, brauchen Sie ein Minimum an Vertrauen. Wie weit können Sie Konkurrenten trauen? Wo liegt die unscharfe Linie zwischen legitimem Wettbewerb und unfairem Handel? Auch fairer Wettbewerb beinhaltet Vertrauen.

Vertrauen bedeutet auch Kooperation, die Zusammenarbeit verschiedener Parteien. Warum aber sollte man überhaupt kooperieren? Wozu das? Bringt das Vorteile für beide Seiten?

Zum Thema Vertrauen und Kooperation wurden mit Hilfe eines Spiels sehr interessante Versuche durchgeführt.[1] Dieses Spiel „Gefangenendilemma" geht folgendermaßen: Sie stellen sich vor, Sie sind Freiheitskämpfer unter einem korrupten Regime. Sie kennen Ihren neuen Partner, mit dem Sie zusammenarbeiten sollen, noch nicht lange. Eines Tages geraten Sie in einen Hinterhalt der Geheimpolizei und werden getrennt befragt. Sie haben keine Möglichkeit, mit Ihrem Partner zu kommunizieren. Der Vernehmungsbeamte bietet Ihnen einen teuflischen Deal an. Wenn Sie Ihren Partner verraten, kommen Sie nicht vor Gericht, Sie sind frei und erhalten eine Belohnung. Ihr Partner wird dann verurteilt und eingelocht. Man sagt Ihnen auch, daß, wenn Sie sich gegenseitig verraten, keiner von Ihnen die Belohnung bekommt und Sie beide im Gefängnis landen. Sie wissen auch, daß die Polizei ohne ein Geständnis über keine Beweise verfügt und daß die Polizei nicht riskieren kann, Sie zu verklagen, wenn Sie stumm bleiben und nicht aussagen. Wenn Sie und Ihr Partner schweigen, werden Sie beide frei sein, um weiterzukämpfen. Und hier nun der entscheidende Punkt: Die Polizei teilt Ihnen mit, daß sie Ihrem Partner das gleiche Angebot gemacht hat.

Was tun Sie?

Aus Ihrer Sicht ist es am besten, Sie würden beide schweigen. Aber können Sie Ihrem Partner vertrauen? Vielleicht braucht er Geld. Wenn Sie schweigen und Ihr Partner Sie verrät, dann haben Sie verloren, und er wird freigelassen und bekommt eine Belohnung. Sie werden verurteilt und eingelocht. Vielleicht ist es besser, wenn Sie

Ihren Partner verraten. Wenn aber Ihr Partner glaubt, daß Sie ihn verraten, dann wird er zuerst Sie verraten, da er nichts zu verlieren hat. Ihre Wahl ist von seiner Wahl abhängig, seine von Ihrer ... Was ist dann die beste Strategie?

Was auch immer Sie wählen, Sie müssen die Konsequenzen auf sich nehmen. Dieses Spiel handelt jedoch von einer hypothetischen Situation, mit deren Hilfe die Probleme demonstriert werden können, die mit Vertrauen und Kooperation beziehungsweise mit Mißtrauen und fehlender Kooperation verbunden sind. Wenn Sie das Spiel nur einmal spielen und keine zusätzlichen Informationen haben, sprechen alle rationalen Gründe dafür, daß Sie Ihren Partner verraten. Aber Vertrauen oder Mißtrauen müssen im Zusammenhang mit einer Beziehung gesehen werden, also ist es realistischer, das „Gefangenendilemma" mehrmals zu spielen, um mit der Zeit die beste Strategie herauszufinden.

Wir müssen immer wieder dieselbe Entscheidung treffen – „Kann ich Dir trauen?" –, aber ein jedes Mal bei anderen Menschen. Jeder Mensch hinterläßt eine Spur: Man weiß entweder, daß jemand sein Wort im allgemeinen hält oder daß er sein Versprechen meist bricht. Wenn möglich, sollten Sie sich umhören, ehe Sie entscheiden, ob Sie jemandem trauen. Können Sie nichts erfahren, müssen Sie sich mit einer Vermutung begnügen und überlegen, was Sie zu verlieren haben, und den Umständen entsprechend entscheiden.

Das Gefangenendilemma wurde in den siebziger Jahren im Rahmen einer Untersuchung zur Spieltheorie gespielt. Die Spieltheorie ist so gar nicht spielerisch, sie untersucht, wie wir uns ohne ausreichende Informationen verbünden und wie wir die Entscheidung über die nächsten Spielzüge treffen. Abhängig von den Spielregeln bringen manche Züge Vorteile, andere Verluste. Um ein Spiel gut zu spielen – sei es ein freundliches Spiel wie Monopoly (falls es überhaupt möglich ist, dieses Spiel in freundlicher Atmosphäre zu spielen) oder die Leitung einer international tätigen Firma – immer ist die Kenntnis der Regeln Voraussetzung. Alle müssen sich an die Regeln halten, sonst gibt es kein Spiel. Auch internationale Gipfeltreffen haben Regeln. Die Spieltheorie untersucht Situationen, in denen es Regeln gibt; die Ergebnisse werden genutzt, um zu versuchen, die ungelösten politischen Probleme der Zeit beizulegen: den Kalten Krieg und die arabisch-israelische Sackgasse.

In den späten siebziger Jahren wollte der Politikwissenschaftler Robert Axelrod die beste Strategie für das Gefangenendilemma herausfinden, und so kam ihm der Gedanke zu einem Computerwettbewerb, der dann in Michigan stattfand. Jeder konnte ein Computerprogramm abgeben, das einen der Gefangenen vertrat. Die Programme sollten an einem Wettbewerb unter dem Motto „Jeder gegen jeden" teilnehmen, einem ‚wiederholten Gefangenendilemma'. Jedes Spiel mit einem Computer als Gegner sollte aus 200 Zügen bestehen, um so den Gegenspielern des Computers die Möglichkeit zu geben, die Strategie des gegnerischen Programms zu erkennen und wenn möglich zu kontern. Jedes Programm würde eine Geschichte und einen Ruf ansammeln, so wie das auch bei Menschen der Fall ist. Jedes Programm wurde mit Informationen darüber gefüttert, wie der Gegner sich in vergangenen Spielen verhalten hatte, damit es seine Strategie in Reaktion auf den Stil des Gegners ändern konnte (falls es dementsprechend programmiert war).

Die Turnierregeln sahen vor, daß die Programme in jeder Runde Punkte sammelten, wobei die Punktgebung sich an der Realität orientierte: Wenn beide Spieler Vertrauen haben, spielen beide gleich gut und es gibt zwei Gewinner. Wenn ein Spieler jedoch vertraut und der andere betrügt, verliert der erste und gewinnt der Betrüger. Die höchste Punktzahl gab es für Verrat, vorausgesetzt, das andere Programm wählte nicht auch Verrat (das heißt informieren, freigelassen werden und eine Belohnung kassieren). Die nächstniedrige Punktzahl gab es für Kooperation, das heißt, beide Spieler wurden freigelassen, weil sie nichts verraten hatten. Noch weniger Punkte erhielten die Spieler, wenn sie beide Verrat übten; dann gingen beide ins Gefängnis, aber wenigstens wurde keiner verurteilt. Die niedrigste Punktzahl wurde dem Spieler zugeteilt, der kooperierte, während der Gegenspieler aussagte. Dieser Spieler wurde eingelocht und mußte auch noch Strafe zahlen.

	Sie üben Verrat	Sie kooperieren
Der andere Spieler übt Verrat	Gleiche Punktzahl für beide (niedrig)	Gegner erhält viele Punkte, Sie selbst nur wenige
Der andere Spieler kooperiert	Sie haben viele Punkte, der andere wenige	Beide mit gleicher Punktzahl (hoch)

Vierzehn Programme wurden eingereicht, angefangen von einfachen Strategien wie „immer Verrat üben", über „immer kooperieren" bis zu sehr komplizierten. Eine Strategie war am Ende des Turniers klarer Sieger. Erraten Sie, welche?

Die Programme mit den ‚netten Kerlen' waren es jedenfalls nicht. Wahllose Kooperation und Vertrauen erhielten nicht viele Punkte, und ich würde beides auch im wirklichen Leben nicht empfehlen. Genauso wenig gewannen die nichtkooperativen Programme. Das Siegerprogramm stammte von dem Psychologen Anatol Rapoport, der an der Universität in Toronto lehrte. Es wurde *Tit for Tat* (wie du mir, so ich dir) genannt und begann im ersten Zug mit Kooperation (und war damit ein Programm nach Gewohnheitsrecht). Anschließend machte das Programm genau den gleichen Zug, den vorher der Gegner gemacht hatte. Das klingt sehr einfach, ist aber sehr wirkungsvoll. Das Programm reichte erst den Olivenzweig, fing also immer mit Vertrauen an. Danach belohnte es Vertrauen mit Vertrauen, bestrafte fehlende Kooperation aber sofort. Da es transparent und vorhersagbar war, wußte der Gegenspieler immer, woran er war. In diesem Sinn war das Programm vertrauenswürdig. Ziel beim Wettbewerb war es, möglichst viele Punkte zu sammeln, und für jede Runde, in der beide Spieler kooperierten, gab es die meisten Punkte. Also machte es Sinn, daß die anderen Programme kooperierten und damit eine Situation mit zwei Gewinnern schufen. Wenn beide Spieler Vertrauen hatten, sammelten beide viele Punkte.

Acht der 14 Programme waren ‚gut' in dem Sinn, daß sie nie in der ersten Runde Verrat übten. Alle acht waren ganz einfach besser als die ‚üblen' Programme, also diejenigen, die bereits in der ersten Runde Verrat übten. Für den Fall, daß alles nur Zufall war, wurde der Wettbewerb wiederholt. Dieses Mal waren sogar 62 Programme dabei, und wieder gewann *Tit for Tat*. Es konnte in einem einzelnen Spiel verlieren (zum Beispiel gegen ein Programm, das immer Verrat übte), aber als langfristige Strategie blieb es eindeutig Sieger.

Das wirkliche Leben ist sehr viel komplexer, aber diese Erfahrung zeigt, daß sich Vertrauen grundsätzlich lohnt, egal wie die anderen Spieler sich verhalten.

Wichtig ist dabei die Tatsache, daß der Erfolg von *Tit for Tat* nicht von der Strategie der anderen Spieler abhing. Was der Gegner auch tat, das Programm spiegelte einfach dessen Zug. Es versuchte nicht, dessen Strategie zu erraten.

Die Gewinnstrategie ist klar: Gegenseitiges Vertrauen macht sich für beide Spieler bezahlt. Und wie kommt gegenseitiges Vertrauen zustande? Sie müssen bereit sein, Vertrauen auf Vorschuß zu gewähren und in Ihren Reaktionen vorhersehbar zu sein. Vertrauen weckt Vertrauen.

Welches wäre die schlechteste Verliererstrategie? Wenn Sie hochkant verlieren wollen, ist Ihr erster Zug Nichtkooperation, danach ärgern Sie sich über den Mangel an Vertrauen beim anderen Spieler und rechtfertigen damit Ihr eigenes mangelndes Vertrauen, und dann üben Sie weiterhin Vergeltung. Mißtrauen zieht Vergeltung nach sich, und so wird ein Spieler, für den die Welt voller Konkurrenten und selbstsüchtiger Opportunisten ist, genau dieses Verhalten bei anderen hervorrufen und so sein Vorurteil bestätigt sehen. Diese Spieler lernen nie dazu, da sie ihr Verhalten nicht mit den Konsequenzen in Verbindung bringen. Sie werden langfristig immer am schlechtesten abschneiden. Und da der Markt, so wie der Dschungel, denjenigen nicht vergibt, die schlecht angepaßt sind, werden sie nicht überleben.

Die entsprechende Führungsstrategie liegt auf der Hand: Vertrauen und kooperieren Sie zunächst, außer Sie haben Informationen, die Sie vom Gegenteil überzeugen. Revanchieren Sie sich sofort, wenn jemand nicht kooperiert *und machen Sie klar, warum Sie das tun*. Stellen Sie die klare Verbindung zum mangelnden Vertrauen des anderen her. Begegnen Sie Vertrauen und Kooperation mit Vertrauen und Kooperation.

Kooperation ist eine praktische Strategie; Vertrauen ist vernünftiges Eigeninteresse.

Spiele und Metaspiele

Viele Menschen mißtrauen anderen Menschen, weil sie die Welt als
ein ‚Nullsummenspiel' betrachten. Diese Spiele müssen einen Gewinner und einen Verlierer haben, wobei der Gewinner auf Kosten
des Verlierers gewinnt. Schach, politische Wahlen, Pferderennen und
Tennis sind allesamt Nullsummenspiele – wenn es einen Gewinner
gibt, gibt es auch einen Verlierer. Ein Plus und ein Minus ergeben
Null, daher der Name (Nullsumme) – nichts bleibt übrig. Mit Null-
summenspielen sind immer folgende Annahmen verbunden:

• Ressourcen sind knapp, es ist nicht genügend vorhanden, und es
  wird nie genügend vorhanden sein.

• Behalten Sie Ihre Strategie für sich – Wissen ist Macht –, sonst
  werden die anderen Spieler Sie schlagen.

• Alles, was einem anderen Spieler schadet, ist gut für Sie. Sie können gewinnen, wenn Sie alle anderen Spieler schlagen, während
  Sie selbst nichts hergeben.

Nicht-Nullsummenspiele müssen nicht unbedingt einen Gewinner
und einen Verlierer haben. Bei diesen Spielen hilft das Unglück eines
Spielers den anderen nicht unbedingt, für sie wird es vielleicht sogar
schwerer. Märkte, die natürliche Umwelt und die menschliche Kommunikation sind allesamt Beispiele für solche Spiele, sie gründen auf
Kooperation und Wettbewerb, auf Ko-Konkurrenz (Kooperation +
Konkurrenz). Nicht-Nullsummenspiele gründen auf folgenden Annahmen:

• Ressourcen sind potentiell größer als irgendein Spieler brauchen
  oder nutzen könnte.

• Jeder hat die Ressourcen, die er braucht, oder er kann sie sich be-
  sorgen.

• Ein Einzelner kommt besser voran als seine Konkurrenten, und
  trotzdem könnte es bei allen schlecht laufen.

• Eine offene Strategie kann ein guter Zug sein – wenn ein Spieler
  weiß, was der andere tut, kann er seine Strategie leichter planen
  und beide können gewinnen.

Diese zwei Spielstrategien sind mehr als nur Spiele, sie sind Lebensphilosophien. Ein Nullsummen-Leben ist hektisch und stressig, man ist ständig unter Druck und voller Sorgen. Wenn man nicht gewinnt, muß man verlieren. Menschen mit dieser Strategie müssen jede Auseinandersetzung gewinnen. Wer bereits mit solchen Menschen zusammengekommen ist, weiß, wie ärgerlich das sein kann. Nur wenige Menschen werden ‚mitspielen‘, wenn sie herausgefunden haben, was da gespielt wird.

Manche Spiele sind jedoch wirklich Nullsummenspiele, und so sollten Sie zuerst aus der Distanz betrachten, um welche Art Spiel es sich handelt, bevor Sie einsteigen. Sie sollten in der Lage sein, aus einigem Abstand zu überprüfen, welche Art von Spiel Sie zu spielen glauben. Wenn Sie das nicht können, sind Sie dazu verdammt, in einem Spiel ohne Ende hängenzubleiben. Endlosspiele kennen keine Regeln für die Veränderung der Regeln, da die Perspektive von außen auf das Spiel fehlt. Diese Spiele haben eine Regel gemeinsam: Die Teilnehmer halten alles für Ernst und nicht für ein Spiel.

Ich habe einige Menschen kennengelernt, die so spielen. Einer von ihnen war Devisenhändler einer Bank in der Londoner City. John liebte seine Arbeit, auch wenn sie mit viel Streß verbunden war und viele Überstunden einschloß, und obwohl er wußte, daß er sehr leicht einige hunderttausend Pfund verlieren konnte, wenn er nicht aufpaßte. Er betrachtete Spekulieren als Nullsummenspiel – wenn er keinen Gewinn machte, bedeutete ein Geschäft für ihn den Verlust eines Bonus. Dieselben Vorstellungen wendete er zu Hause bei seiner Familie an. Er mußte bei Auseinandersetzungen gewinnen, und wenn die Dinge nicht nach seinem Kopf gingen, war er beleidigt. Gespräche waren zum Gewinnen oder Verlieren gedacht, nicht um mehr Argumente zu entdecken. Seine Kinder mußten in der Schule und im Sport hervorragend sein, und wenn das nicht der Fall war, hielt er ihnen einen Vortrag darüber, wie wichtig es war, zu gewinnen und Erster zu sein. „Es gibt nur einen Platz, der einen Wert hat“, pflegte er zu sagen, „und das ist der erste Platz. Wenn du nicht Erster bist, bist du nichts.“ Wenn er sein Bild betrachtete, das seine Arbeit repräsentierte, hatte er entweder ein Bild von sich selbst als Erster, sehr nah aufgenommen, hell, erhöht, mit einem Lächeln (und er hatte ein gutes Gefühl dabei), oder er sah sich nirgends, verloren im Dunkel. Bei diesem Bild fühlte er sich richtig schlecht – also arbeitete er hart, um diese Vorstellung nicht Wirklichkeit werden zu lassen.

Wenn man sich das Leben so vorstellt, ist es verständlich, wenn man verzweifelt um jeden Preis zu gewinnen versucht. Also arbeiteten wir zunächst daran, einen Raum zwischen diesen beiden Repräsentationen zu schaffen, damit John außer „oben und glücklich" oder „verloren im Dunkel" noch andere Möglichkeiten sah. Er stellte auch seine Überzeugung in Frage, daß das Leben genauso wie der internationale Geldmarkt ein Nullsummenspiel sei.

Unsere Überzeugungen ergeben die Regeln für die Spiele, die wir spielen, und wir können das Spiel ändern, indem wir unsere Überzeugungen ändern. Generatives Lernen holt uns aus der Falle mit dem ewig gleichen Spiel, wenn wir zum Beispiel unentwegt das Monopoly-Brett umrunden, aber bereits bankrott sind.

Endlosspiele haben Regeln: Die wichtigste lautet, daß nach den vorhandenen Regeln gespielt werden muß. Sie sollten mißtrauisch werden, wenn Sie folgende Sätze hören:
- „Es können nur bestimmte Leute am Spiel teilnehmen."
- „Es gibt immer Gewinner und Verlierer."
- „Die Zeit läuft ab – wir brauchen jetzt ein Ergebnis."
- „Die Regeln können nicht geändert werden."

Ein Metaspiel ist genau das Gegenteil von einem Spiel ohne Ende. „Meta" kommt aus dem griechischen und bedeutet „hinter", „jenseits". Bei Metaspielen gibt es Regeln darüber, wie die Regeln geändert werden können; Sie können im Grunde jedes Spiel zu einem Metaspiel machen, indem Sie Ihre Annahmen in Frage stellen. Wann immer Sie in eine Situation kommen, in der Sie etwas tun, was nicht angemessen ist, können Sie die vorhandenen Regeln ändern oder neue formulieren. Führungskräfte tun das. Das kann Regeln im beruflichen Umfeld betreffen, oder es kann bedeuten, daß Sie Ihre eigenen Annahmen überprüfen, auch Annahmen bezüglich Ihrer eigenen Person.

Überzeugungen und Vorannahmen

Wir nehmen unsere Erfahrungen und generalisieren sie, und daraus entstehen dann unsere Überzeugungen. Wir nutzen Erfahrungen aus der Vergangenheit, um Leitlinien für die Gegenwart und die Zukunft zu haben. Wir haben uns eine Meinung über uns selbst gebildet, über andere Menschen und über die Welt, in der wir leben. Aus unseren Überzeugungen entstehen unsere Erwartungen. Sie bilden unsere Leitprinzipien, und sie bestimmen unsere Grenzen, insbesondere unsere persönlichen Grenzen. Vertrauen spielt bei unseren Überzeugungen eine große Rolle: Wir vertrauen auf die Wahrnehmung durch unsere Sinne, auch wenn sie uns manchmal in die Irre führen, und wir trauen dem, was andere uns sagen, auch wenn sie sich irren können. Von innen betrachtet scheinen Überzeugungen wahr zu sein. Von außen betrachtet sind es die Vorstellungen, auf die wir vertrauen, und nach denen wir handeln, *als ob* sie wahr wären. Überzeugungen sind die individuellen Regeln, nach denen wir leben. Unsere Überzeugungen entscheiden, ob wir nach römischem oder nach Gewohnheitsrecht leben, ob wir Nullsummenspiele, Metaspiele oder Spiele ohne Ende spielen und ob wir aus dem Kreis des einfachen Lernens ausbrechen können in den Zauberkreis generativen Lernens. Wenn Sie glauben, daß der Verlust des einen der Gewinn des anderen ist, dann macht das Leben als Nullsummenspiel für Sie Sinn. Unsere Handlungen erscheinen immer völlig logisch, wenn man die zugrundeliegende Überzeugung berücksichtigt.

Unsere Überzeugungen sind jedoch unter Umständen veraltet oder waren von vornherein falsch. Zieht man in Betracht, wieviel Einfluß sie auf unser Leben haben, schenken wir ihnen sehr wenig Aufmerksamkeit. Wir denken nie darüber nach, ob sie nützlich und befreiend oder repressiv wirken. Wir verwechseln Überzeugungen mit Tatsachen und halten Überzeugungen für so unveränderlich wie die Schwerkraft, den Tod oder Steuern. Wir stellen eher die Gesetzgebung in Frage als unsere Überzeugungen, aber unsere Überzeugungen bilden unsere *innere* Gesetzgebung. Stellen Sie sich einen Augenblick vor, Sie wären ein Land. Welcher Art sind die Gesetze, nach denen Sie leben? Sind die Regeln und Gesetze gerecht? Wie viel Freiheit gestehen sie Ihnen zu? Leben Sie unter römischem oder Gewohnheitsrecht? Hätten Sie Sanktionen der UNO zu befürchten, weil Sie ein repressives Regime haben, oder wären Sie eine freie Demokratie?

Im ersten Kapitel habe ich Max de Pree zitiert: „Es gehört zu den Aufgaben der Führung, die Realität zu definieren." Jetzt läßt sich erkennen, daß es darum geht, klar zu definieren, was für uns möglich ist, und andere zu überzeugen, daß es auch für sie möglich ist. Ihre Überzeugungen zu Ihrer eigenen Person und über andere sind einige Ihrer besten Ressourcen auf dem Weg zur Führung.

Stellen Sie sich jetzt vor, daß Ihre Überzeugungen so wie die Gesetze eines Landes geändert werden können. Betrachten Sie Überzeugungen einen Augenblick von außen, als die Prinzipien, nach denen wir handeln, *als ob* sie wahr wären. Im NLP spricht man von „Vorannahmen" und weniger von Überzeugungen – Vorannahmen sind etwas, von dem Sie annehmen, daß es in einer bestimmten Situation wahr ist; also handeln Sie, als wäre es wahr. In gewisser Hinsicht glauben wir an die Schwerkraft, also nehmen wir an (und das mit gutem Grund), daß wir uns schwer verletzen würden, wenn wir vom Dach eines Hauses fallen würden. Wir verhalten uns so, als wäre das wahr, und wir vertrauen darauf, daß die Schwerkraft uns nicht im Stich läßt. Also sind wir vorsichtig. Unsere Vorannahmen prägen unser Handeln, sie bestimmen die Regeln und die Grenzen, innerhalb derer wir ein Problem in Angriff nehmen.

Die menschliche Natur ist sehr viel komplexer als die Schwerkraft. Wir können, wenn wir freundlich sind, bei anderen Freundlichkeit hervorrufen, durch feindseliges Verhalten Feindseligkeit, aber die Schwerkraft können wir nicht abrufen. Schwerkraft ist (jedenfalls soweit ich weiß) keine sich selbst erfüllende Prophezeiung, die davon abhängig ist, ob wir an sie glauben. Ich glaube, wir verhalten uns anderen Menschen gegenüber oft so, als wären die menschliche Natur und die Schwerkraft das gleiche.

Vorannahmen für Pläne überprüfen

Ein Plan ist nur so gut wie die Überzeugungen und Annahmen, auf denen er beruht. Hier stelle ich Ihnen eine Methode vor, mit der Sie Ihre Vorannahmen für alle Ihre Pläne und Entscheidungen überprüfen können. Nehmen Sie sich etwas Zeit, damit Sie sich auf diesen Prozeß konzentrieren können. Am besten schreiben Sie Ihre Vorannahmen auf.

* Welches sind Ihre Vorannahmen bezüglich der gegenwärtigen Situation?
* Was muß zutreffen, damit Ihr Plan funktioniert? (Sie können auch nach Vorannahmen suchen, indem Sie an all die Dinge denken, die schiefgehen könnten, und dann die Gründe aufzählen, warum Sie hoffen, daß das nicht geschieht – das sind dann Ihre Vorannahmen.)

Danach unterteilen Sie Ihre Vorannahmen unter zwei Gesichtspunkten:

1. Wie wichtig ist die jeweilige Vorannahme für den Erfolg Ihres Plans? Einige sind vielleicht wesentlich; das heißt, Ihr Plan wird nicht funktionieren, wenn Ihre Vorannahme nicht stimmt. Auf andere können Sie verzichten – wenn sie falsch sind, läßt sich ein Ausweg finden. Bewerten Sie jede Vorannahme mit Punkten von 1 bis 10; 10 heißt, daß sie sehr wichtig sind, 1 bedeutet, daß sie nicht wirklich notwendig sind und sich umgehen ließen.
2. Wie sicher sind Sie sich jeweils? Bei einigen Vorannahmen sind Sie ganz sicher, bei anderen weniger. Vergeben Sie auch hier Punkte, 10 Punkte für ganz sicher bis zu 1 Punkt für den Fall, daß Sie sich Ihrer Sache gar nicht sicher sind.

Wenn Sie alle Vorannahmen unter beiden Gesichtspunkten untersucht haben, unterteilen Sie sie dieses Mal in vier Gruppen:

* Die Annahmen, bei denen Sie sich sicher sind und die für den Erfolg Ihres Plans notwendig sind.
* Die Annahmen, bei denen Sie sich sicher sind, die aber unwichtig sind.

- Die Annahmen, bei denen Sie sich nicht sicher sind und die auch nicht wichtig sind.
- Als letztes die Annahmen, bei denen Sie sich nicht sicher sind, die aber wichtig sind. Diese sollten Sie sich genau anschauen.

Ordnen Sie die Vorannahmen in einer Skizze wie folgt ein.

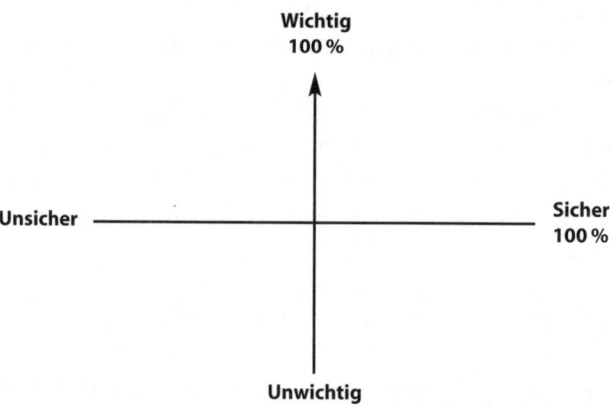

Ihre Cluster sollten sich oben rechts und unten links befinden. Seien Sie vorsichtig, wenn einige Vorannahmen links oben zu finden sind (sehr wichtig, aber auch sehr unsicher). In einem solchen Fall sollten Sie Ihren Plan noch einmal überdenken; er ist viel zu riskant. Genauso ist Vorsicht geboten, wenn die meisten Ihrer Annahmen in eine Kategorie zu gehören scheinen.

Wenn alle in der Gruppe ‚sicher und unwichtig' sind, sollten Sie weiter überlegen – wahrscheinlich haben Sie etwas Wichtiges vergessen, oder einige Vorannahmen sind doch nicht so sicher wie Sie glauben.

Welche Vorannahmen wären für Sie in einer Führungsposition besonders hilfreich? Welche Leitprinzipien wären sehr geeignet? Sie müssen nicht daran glauben, aber wenn Sie handeln, *als ob* sie wahr wären, können Sie herausfinden, was am besten funktioniert. Worauf wir vertrauen, das wird auch für uns wahr.

Annahmen von Führungskräften: Ihre inneren Statuten

Hier einige Vorschläge für Führungspersönlichkeiten. Wenn Sie so handeln, als wären diese Annahmen wahr, können Sie führen. Achten Sie darauf, inwieweit sie zu Ihren inneren Statuten passen. Wollen Sie noch weitere hinzufügen?

- „Ich kann und werde meine Ziele erreichen. Sie sind nicht unerreichbar."
- „Ich habe all die Ressourcen, die ich brauche, oder ich kann sie mir aneignen."
- „Andere haben auch die Ressourcen, die sie brauchen, oder sie können sie sich aneignen."
- „Ich bin vertrauenswürdig."
- „Andere sind vertrauenswürdig, außer wenn ich Beweise für das Gegenteil habe."
- „Verständnis entsteht durch Handeln, nicht durch logisches Denken."
- „Jeder bringt in einer gegebenen Situation sein Bestes."

Wenn Sie Ihre Leitprinzipien ändern, praktizieren Sie generatives Lernen und gewinnen neue Einsichten.

Denken Sie jetzt an eine schwierige Situation mit einer anderen Person. Stellen Sie sich eine Szene vor, die typisch für Ihr Problem ist.

- Und wieder: Wie denken Sie darüber? Welches Bild machen Sie sich davon?
- Ist es farbig oder schwarzweiß?
- Ist es beweglich oder statisch? Wie weit ist es weg?
- Von Ihnen aus gesehen: Wo im Raum befindet sich das Bild? Vor Ihnen, oben, unten oder seitlich von Ihnen?
- Betrachten Sie das Bild, oder sind Sie selbst im Bild und sehen die Szene mit Ihren eigenen Augen?
- Hören Sie in dieser Szene Geräusche?
- Wie würden Sie die Geräusche beschreiben? Wie laut sind sie? Hören Sie auch Stimmen?
- Wie fühlen Sie sich bei dieser Szene?

Blenden Sie die Szene wieder aus, und kommen Sie in die Gegenwart zurück. Schauen Sie sich um, und machen Sie sich Ihre Umgebung bewußt. Was wollen Sie in dieser Situation erreichen?

Nehmen Sie jetzt eines der Führungsprinzipien, das Sie anspricht – vielleicht, daß Sie alle Ressourcen haben, die sie brauchen, oder daß sie sich diese aneignen können oder daß die andere Person alle Ressourcen hat, die sie braucht. Sie könnten auch nach dem Prinzip streben, daß jeder in einer gegebenen Situation sein Bestes gibt. Stellen Sie sich die Situation als ein höfliches Streitgespräch vor. Welche Regeln werden Sie darauf anwenden?

- Sehen Sie sich die obige Situation durch den Filter dieses Prinzips an. Inwiefern ist sie anders? Wie würde sich die Situation verändern, wenn Sie sich so verhielten, als wäre dieses Prinzip wahr? Wäre die andere Person in der Lage, sich weiterhin genauso zu verhalten? Und wie sieht es bei Ihnen aus?
- Versetzen Sie sich mit diesem Prinzip in die Problemsituation. Welche neuen Möglichkeiten erkennen Sie jetzt?
- Nehmen Sie sich mindestens noch zwei weitere Ideen vor, und spielen Sie die Situation damit durch. Dazu können Sie einige der Vorannahmen für Führungskräfte oder andere wirkungsvolle Ideen, die Sie für geeignet halten, nutzen. Welche neuen Handlungsmöglichkeiten ergeben sich dadurch?

Stellen Sie sich jetzt vor, daß Sie wieder mit den Betreffenden zusammenkommen. Was werden Sie dann anders machen? Denken Sie daran, wie Sie sich in der Situation in der Zukunft anders verhalten. Was glauben Sie, welche Reaktionen Sie erhalten?

Wie hat sich das Problem jetzt verändert, da Sie darüber nachdenken? Welches Gefühl haben Sie jetzt dazu?

Eine neue Art des Denkens ist Ihre stärkste Ressource. Damit öffnen Sie automatisch neue Räume für sich und andere, denn Ihre Vorannahmen sind die Grundlage, auf der Sie entscheiden, wie Sie eine Situation angehen. Damit bestimmen Ihre Vorannahmen auch die Reaktionen, die Sie erhalten. Wenn Sie Ihr Denken auf eine breitere Basis stellen, eröffnet sich für alle mehr Raum.

Mit diesen Prinzipien können Sie andere Menschen selbst in einer alltäglichen Unterhaltung unterstützen. Fragen Sie nach, was Ihr Gesprächspartner über die Situation denkt oder welche Meinung er über einen anderen Beteiligten hat. Fragen Sie auch, wie sich die Situation ändern könnte, wenn er anders darüber dächte. Dazu können Sie entweder eine der obigen Vorannahmen von Führungskräften vorschlagen, oder Sie bitten Ihren Gesprächspartner, er solle an eine schwierige Situation denken, die er sehr gut bewältigt hat. Was hat er über die anderen Beteiligten in der Situation gedacht, daß ihm eine Lösung gelang? Dann können Sie ihn bitten, seine Denkweise auf die aktuelle Situation zu übertragen.

Die meisten Probleme mit anderen entstehen deshalb, weil wir die Situation nicht so wie die anderen sehen und weil wir denken, wir hätten recht. Wir sehen unser eigenes Handeln, und es erscheint uns absolut vernünftig (und das ist es auch – falls die Annahmen, auf denen es beruht, zuverlässig sind).

Wir beurteilen uns nach unseren Absichten, und aus unserer Sicht sind unsere Absichten gut. Wir versuchen etwas zu bekommen, das wir für wertvoll halten. Und wir denken, daß wir vernünftig gehandelt haben – unter den gegebenen Umständen schien es keine bessere Möglichkeit zu geben, sonst hätten wir sie gewählt. Wenn wir jemanden verletzen oder wenn etwas, das wir tun, danebengeht, dann war das ein Fehler; schlimmstenfalls machen wir uns den Vorwurf, wir seien gedankenlos gewesen. Fehler können erst im nachhinein beurteilt werden – unser Tun brachte ein anderes Ergebnis als geplant, es gab Nebenwirkungen, jemand hat schlecht reagiert, oder wir hatten nicht alle Informationen. Eine Entschuldigung ist eine Bekundung unserer Aufrichtigkeit, sie ändert jedoch nichts an dem Fehler. Wir entschuldigen uns für das Ergebnis, nicht für das, was wir getan haben.

Aus unserer Sicht ist das, was wir tun, absolut vernünftig, *aber bei anderen lassen wir diese Überlegung nicht gelten.* Da wir gewöhnlich ihre Ziele oder Werte nicht verstehen und nicht wissen, wie sie die Welt sehen, beurteilen wir sie nur selten nach ihren Absichten, sondern meist nach den Ergebnissen. Wir neigen auch dazu, Dinge persönlich zu nehmen. Der Fehler eines anderen Menschen ist nicht einfach ein Fehler, die Sache ist persönlich, sie hat Auswirkungen auf uns. Was andere tun, wird unter Umständen als Angriff auf unsere Überzeugungen und Erwartungen und auf unser Vertrauen aufgefaßt. Wenn wir uns verletzt fühlen, nehmen wir oft an, daß der andere uns absichtlich verletzen wollte, oder falls nicht, daß er bestenfalls dumm und inkompetent ist. Vielleicht wollte der oder die Betreffende uns nicht beeinträchtigen, er oder sie wollte einfach etwas Gutes für sich selbst. Jeder ist in seiner eigenen Geschichte der Held, auch wenn er in der Geschichte des Betroffenen die Rolle des Schurken hat. So wie wir unser Handeln nach unseren Absichten beurteilen und die Handlungen der anderen nach ihren Ergebnissen, beurteilen andere Menschen sich selbst nach ihren Absichten und uns nach dem Ergebnis. Da überrascht es nicht, daß es Mißverständnisse und Vorwürfe im Überfluß gibt.

Was bedeutet das für eine Führungskraft? Die Bedeutung jeder Kommunikation liegt in der Absicht *und* im Ergebnis, je nach dem, was Sie betrachten. Menschen, die führen, beeinflussen andere – und während sie sich selbst über ihre Absichten im klaren sind, ist es für sie von großem Interesse, wie das Ergebnis ihres Tuns von den anderen beurteilt wird. Sie beurteilen Kommunikation anhand der Ergebnisse.

Menschen in Führungspositionen kennen den Unterschied zwischen Informieren und Kommunizieren. Informieren heißt Mitteilen, Kommunizieren heißt eine Botschaft übermitteln. Die Botschaft muß ankommen und verstanden werden, sonst war die Kommunikation unvollständig; die Botschaft muß so vermittelt werden, daß der Empfänger sie versteht. Wenn Sie in einem fremden Land verstanden werden wollen, müssen Sie die Landessprache sprechen (oder es zumindest versuchen). Zeichensprache und Esperanto reichen nicht sehr weit. „Ich habe es den Leuten gesagt, aber sie haben es nicht getan!" ist keine Entschuldigung für Führungskräfte. Das wäre ein Äquivalent für die Entschuldigung eines Arztes: „Operation gelungen, Patient tot!"

Führungskräfte schieben nicht die Schuld auf andere. Sie betrachten Ergebnisse als Feedback, lernen daraus und helfen anderen zu lernen. Was geschieht zum Beispiel, wenn Sie sehen, daß jemand einen Fehler macht?

- Bestrafen Sie ihn?
- Versuchen Sie, den Fehler zu ignorieren?
- Helfen Sie ihm, damit sich der Fehler nicht wiederholt?
- Ist Ihr Verhalten davon abhängig, wer den Fehler macht? Ihr Kind? Ihr Partner? Eine Arbeitskollegin? Ihr Boß?
- Und wenn Sie unterschiedlich reagieren, was ist der Grund?
- Was würde geschehen, wenn Sie Ihre Reaktionen vertauschen würden? Wenn Sie zum Beispiel auf den Fehler einer Kollegin so reagieren wie bei einem Fehler Ihres Partners oder Ihrer Partnerin?

Einer meiner Bekannten ist bei der Arbeit sehr tolerant. Er ist Modedesigner, und viele Mitarbeiter profitieren von seinen Ideen und seiner Anleitung. Ich weiß, daß er sie selbständig arbeiten läßt, ihre Ideen fördert und sie unterstützt, wenn etwas danebengeht. Er sagt, daß er damit die Angestellten fördert, so daß sie gut arbeiten und Spaß an der Arbeit haben. Er hat auch einen Sohn im Teenageralter. Er hilft seinem Sohn und gibt ihm viele Ratschläge, meistens „Tu das nicht" und „Paß auf, daß du das nicht machst." Und sein Sohn beklagt sich, daß er dauernd kritisiert wird. Der Vater streitet das ab und sagt, daß er nur helfen möchte, aber dennoch ist er der Meinung, daß nichts, was sein Sohn macht, seinen Ansprüchen entspricht. Eines Tages beklagte er sich bei mir, daß sein Sohn wütend auf ihn sei und keine Hilfe annehme. Es gefiel dem Vater gar nicht, daß er nicht gut war. Ich fragte ihn beiläufig, was er tun würde, wenn sein Sohn ein Angestellter wäre. Er schwieg und dachte einen Augenblick nach, und wechselte dann das Thema. Im Laufe der nächsten Monate wurde er seinem Sohn gegenüber entspannter und großzügiger, so daß sich ihre Beziehung verbesserte.

Die Verarbeitung unserer Erfahrungen

Wie können unsere Absichten so sehr mißverstanden werden? Wie können Absicht und Ergebnis so weit auseinanderklaffen? Sie haben

sich sicher schon gewundert, wie manche Leute es schaffen, das, was
Sie tun, so völlig mißzuverstehen, und ich kann Ihnen versichern,
daß andere Menschen sich über Sie ebenso gewundert haben. Verstehen (und mißverstehen) ist eine Sache des Augenblicks. Aber wie
das?

Erstens einmal ist unsere Aufmerksamkeit begrenzt, wir wählen
unter allen möglichen Erfahrungen aus. Eine Videokamera und ein
Kassettenrecorder würden sehr viel mehr einfangen. Dann geben wir
dieser Auswahl eine Bedeutung. Dabei handelt es sich teils um unsere
individuelle Deutung auf der Grundlage unserer Erfahrung, teils
um eine kulturelle Bedeutung, die von allgemeinen Erwartungen
ausgeht. Ein Gähnen wird zum Beispiel so interpretiert, daß der
Betreffende entweder gelangweilt oder müde ist. Diese Bedeutung
verwenden wir dann, um Schlußfolgerungen zu ziehen, sowohl über
andere wie über uns selbst. Wenn jemand also gähnt, könnten Sie
daraus schließen, daß Sie den Betreffenden gelangweilt haben, daß er
müde war (was nichts mit Ihnen zu tun hat), daß er unhöflich war
oder auch daß er an dem interessiert war, was Sie sagten, aber mehr
Sauerstoff brauchte, um Sie besser zu verstehen. Es fällt schwer, ein
Ereignis einfach als ein Ereignis hinzunehmen. Wir sind das Zentrum unseres Universums, und so scheint es uns, als müßte alles eine
persönliche Bedeutung haben.

Unsere Deutung läßt uns vielleicht emotional reagieren. Wenn
wir glauben, daß wir jemanden gelangweilt haben, sind wir vielleicht
ärgerlich, fühlen uns bedroht, entmutigt oder unzulänglich. Wenn
wir wiederholt ähnliche Erfahrungen machen oder wenn eine Erfahrung sehr tief geht, generalisieren wir, und es entsteht dann ein
Glaubenssatz über unsere Person. Und wie wir gesehen haben,
führen unsere Überzeugungen zu unseren Handlungen.[2]

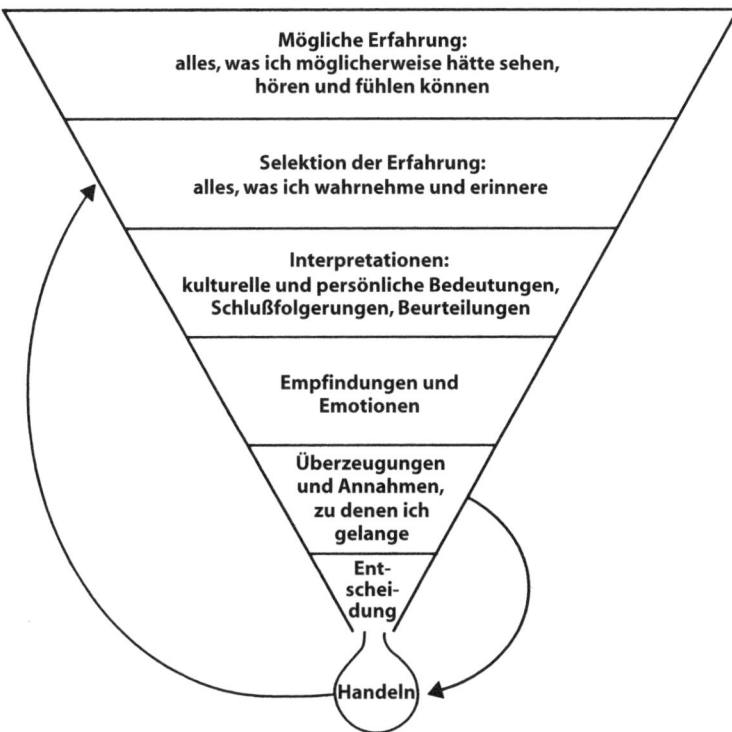

Die Verarbeitung unserer Erfahrungen

Als erstes zeigt die Übersicht, daß nur der erste Schritt (mögliche Erfahrung) und der letzte (Handeln) für andere sichtbar sind. Der Rest findet in unserem Kopf nach unseren Regeln statt. Zweitens wird der Kanal immer enger – zunächst gibt es viele mögliche Erfahrungen, aber am Ende kommt nur eine Handlung heraus, so als würden alle unsere Erfahrungen durch einen Trichter gedrückt, bis am Ende ein winziges Tröpfchen herauskommt. Drittens sind die Handlungen Feedback, das die Selektionen verstärkt und die Überzeugungen stützt (Lernen erster Ordnung / einfaches Lernen) oder uns dazu veranlaßt, unsere Überzeugungen neu zu bewerten (Lernen zweiter Ordnung / generatives Lernen), und das führt dazu, daß wir anders handeln und schließlich auch unsere Erfahrungen anders selektieren.

Unser Modell sieht drei Wege vor, um Mißverständnisse zu vermeiden, besonders wenn jemand Ihre Gefühle verletzt. Erstens können Sie Ihre eigenen Argumente in Ihrer Erinnerung zurückverfolgen und überlegen, ob Sie aus dem, was Sie gesehen und gehört haben, die richtigen Schlüsse gezogen haben. Zweitens können Sie klar und logisch überlegen: Sagen Sie, was Sie bemerkt und welche Schlüsse Sie gezogen haben und wie Sie sich fühlen (wenn notwendig). Überprüfen Sie, ob Ihre Deutung wirklich mit dem übereinstimmt, was die andere Person beabsichtigt hat. Drittens sollten Sie die Schlußfolgerungen anderer hinterfragen. Lassen Sie sich erklären, wie die Schlußfolgerungen zustande kamen, und überlegen Sie, ob deren Interpretation zutreffend ist.

Kapitel 7
Veränderung und Herausforderung

Jede Führungskraft sieht sich vor derselben Herausforderung; ihre Frage ist: Wie lassen sich Veränderungen herbeiführen, die eine Verbesserung bewirken? Führungskräfte wollen die Welt (oder zumindest einen Teil von ihr) verändern, äußere Hindernisse für ihre Vision beseitigen, und das heißt sich selbst verändern, innere Schwächen überwinden, sich neue Fertigkeiten aneignen, neue Werte erlernen und schaffen und einen Führungsstil finden, der ihnen entspricht.

Führungskräfte in der Wirtschaft sehen sich vor die Herausforderung gestellt, eine Mischung zwischen Krieger und Prophet zu werden, das heißt sehr gute Geschäftsergebnisse und einen Wettbewerbsvorteil zu erzielen, indem sie die Entwicklungen des Marktes vorausahnen. Ein Unternehmen muß sich kontinuierlich in kleinen Schritten verändern, um wettbewerbsfähig zu bleiben, und es muß vielleicht auch zu drastischen Veränderungen bereit sein, wenn es auf äußere Bedingungen reagieren will. Die Frage ist nicht, ob es sich verändern soll, sondern vielmehr, wieviel Veränderung es zulassen kann.

Führungskräfte müssen zwei Arten der Veränderung bewältigen können. Eine „Veränderung erster Ordnung" ist eine Veränderung *im* System. Dabei werden zum Beispiel Produktionsabläufe, der Managementstil, die Bewertungskriterien bei Neueinstellungen, die Verkaufswege oder die Marketingziele verändert, während die Firma im Kern gleich bleibt. Hier kann man von Übergangsveränderungen (*transitional change*) sprechen. Eine entsprechend umfangreiche Veränderung erster Ordnung kann manchmal eine „Veränderung zweiter Ordnung" nach sich ziehen. Damit ist eine Veränderung des *Systems* gemeint, eine sogenannte Umwandlungsveränderung (*transformational change*). Beispiele dafür sind Zusammenschlüsse, Übernahmen, neue Märkte, neue Produkte oder eine Reorganisation angesichts einer Marktverschiebung. Der, der die Leitungsposition inne hat, achtet darauf, daß es genügend Veränderungen erster Ordnung gibt, damit die Firma lebensfähig bleibt und die nötigen Veränderungen zweiter Ordnung angestoßen werden.

Veränderungen können die gesamte Organisation betreffen und auf alle Mitarbeiter Auswirkungen haben, oder sie können tiefgreifend sein und nur kleine Teile umfassen, diese aber um so radikaler verändern. Im folgenden Diagramm gehören die meisten Veränderungen erster Ordnung in den Sektor 1 (beschränkt und oberflächlich). Die meisten Veränderungen zweiter Ordnung sind dem Sektor 4 (umfangreich und tiefgreifend) zuzuordnen.

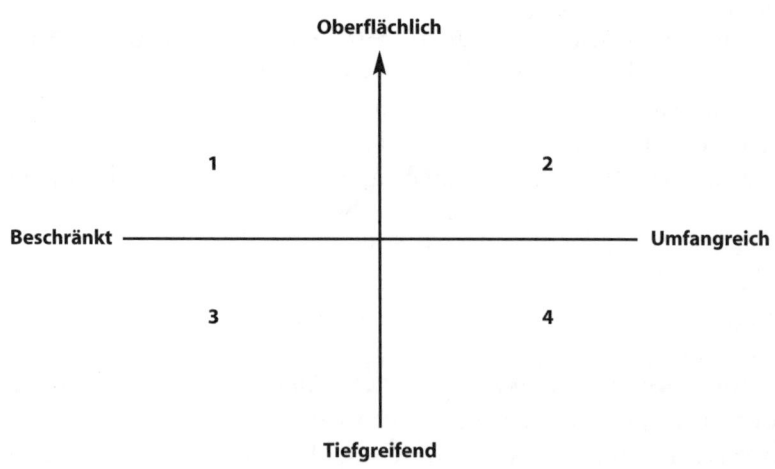

Veränderungen in einer Organisation

Veränderungen können langsam vonstatten gehen oder plötzlich eintreten. Ich weiß von einem großen Lebensmittelhersteller, der beträchtlich umstellen mußte, um sich den Bedingungen des Marktes anzupassen. Die Firma konnte auf eine lange Geschichte zurückblicken und war stolz auf ihre Tradition. Ein Australier wurde angestellt, um die Firma umzukrempeln, und er wählte dazu eine unkonventionelle und sehr effektive Methode. Er ließ die gesamte Firmenleitung in ein neues Gebäude, weit weg vom alten, umziehen. Alle fragten sich, was er mit dem alten Firmensitz vorhatte, der ursprünglich vom Firmengründer erbaut worden war. Er ließ das Gebäude sprengen, ließ ein Videoband von der Sprengung machen und allen Mitarbeitern eine Kopie zukommen.

Dieser Mann machte seinen Standpunkt überaus deutlich, aber natürlich müssen Veränderungen nicht so explosiv sein. Am besten sollten sie allmählich, aber sehr gezielt stattfinden. Veränderungen in Unternehmen lassen sich leicht durchführen, wenn man die Autorität besitzt, aber unter Umständen sind die Veränderungen nicht so leicht aufrechtzuerhalten. Auch unser Australier wird sorgfältig darauf achten müssen, daß seine Firma, die sich frisch in ihrem glänzenden Hochtechnologiezentrum niedergelassen hat, nicht in den vertrauten Trott zurückfällt. Um mit möglichst geringem Aufwand eine dauerhafte Veränderung herbeizuführen, sollte man verstehen, wie das System funktioniert; und das bringt uns zur dritten Fertigkeit für Führungskräfte, zum systemischen Denken.

Systemisches Denken

Was ist systemisches Denken? Systemisches Denken erforscht die einem System zugrundeliegende Struktur, damit Vorgänge in diesem System vorhergesagt und beeinflußt werden können. Und was ist ein System? Ein System ist ein Gebilde, das durch die Interaktion seiner Teile als Ganzes funktioniert. Unser Körper ist ein System, das aus kleineren Systemen besteht – dem Kreislauf, dem Verdauungsapparat und dem Nervensystem. Unsere Überzeugungen und Werte bilden ein System. Firmenorganisationen stellen komplexe Systeme dar. Wir leben in Systemen – in der Natur, im System des Wetters und auch im Sonnensystem – und wir sind Teil von politischen, wirtschaftlichen und religiösen Systemen. Wir haben immerzu mit Systemen zu tun, und nur, wenn wir sie zu ändern versuchen, bekommen wir ihre Macht zu spüren. Systeme sind nicht so einfach, wie es oft scheint, und sie wollen einfach nicht ordentlich, geradlinig und linear funktionieren. Versucht man Systeme zu verändern, kann es vorkommen, daß sie plötzlich in den ursprünglichen Zustand zurückfallen oder daß unerwünschte, unvorhergesehene Nebenwirkungen auftreten. So können Führungskräfte nichts wirksam verändern – weder sich selbst noch ihre Firma –, ohne einige Aspekte systemischen Denkens zu berücksichtigen.

Ein System bewirkt immer mehr als die Summe seiner Teile. Das Verständnis für die Verbindungen zwischen den Teilen ist der Schlüssel für das Verständnis eines Systems. Wir lernen analytisch denken – Dinge in Teile aufzuschlüsseln, um sie zu verstehen –, aber *Analyse* kann nie zum Verständnis führen, sie kann nicht erklären, wie das System funktioniert, wenn alle zusammenarbeiten.

Die Fähigkeit, zu erkennen, wie sich die Teile zu einem Ganzen zusammenfügen, ist die *Synthese*. Die Analyse ergibt die Beschreibung, die Synthese führt zu Verständnis.

Ein System funktioniert gut, wenn alle Teile zusammenarbeiten. Wenn nur ein Teil nicht gut arbeitet, kann sich das auf das gesamte System auswirken. Wenn in einer Firma die Marketingabteilung oder der Kundendienst nicht reibungslos funktioniert, ist die ganze Firma davon betroffen. Ein falscher Mitarbeiter an der falschen Stelle kann die Moral entscheidend schwächen. Im allgemeinen funktioniert ein System so gut, wie der schwächste Teil es zuläßt. Das läßt sich mit einem Computer vergleichen: Ein Computer mit einem schnellen Prozessor, dessen Speicher zu klein ist, kann die Geschwindigkeit des Prozessors nicht voll ausnutzen. Das gesamte System arbeitet nur so schnell wie der langsamste Teil. Wenn Sie also ein System verbessern wollen, unterstützen Sie das schwache Glied der Kette. Jeder Teil, der mit diesem wie locker auch immer verbunden ist, wird etwas besser arbeiten, und so setzt sich die Wirkung fort.

Das Gegenteil gilt genauso: Auch ein Teil, der entscheidend besser ist als der Rest, kann ein Problem darstellen. Ein Computer mit einem sehr schnellen Prozessor, dessen Kühlsystem jedoch nicht ausreicht, wird streiken. Die Produktionsabteilung einer Firma wird mit der erhöhten Nachfrage, die eine überaus erfolgreiche Verkaufsabteilung erzielt, nicht Schritt halten können. Eine exzellente Verkaufsabteilung ist ‚zu exzellent‘, wenn sie so viele Aufträge hereinholt, daß die Produktion nicht mehr mitkommt. Das Resultat sind viele unzufriedene Kunden und letztlich weniger Aufträge – das gesamte System (und dazu gehören auch die Kunden) korrigiert das Problem schließlich. Somit bedeutet individueller Erfolg nicht Erfolg für das gesamte System, da ein Teil des Systems dadurch vielleicht überfordert wird. Zu gut ist nicht gut genug.

Offensichtliche Lösungen funktionieren bei Systemen oft nicht. Mir gefällt ein Beispiel aus der Verkehrsplanung. In den späten sechziger Jahren versuchten die Stadtplaner von Stuttgart die Verkehrsstaus im Zentrum durch eine neue Straße zu beheben, aber es gab nur noch mehr Staus: Die zusätzliche Straße machte das bereits verstopfte Straßennetz nur noch langsamer, weil es dann noch mehr Kreuzungen gab.

Damit ein System reibungslos funktioniert, müssen die Teile kommunizieren, und deshalb konzentriert sich das systemische Denken auf die Beziehungen und die Kommunikation zwischen den Teilen. Auch wenn die einzelnen Teile gut funktionieren, müssen sie sich außerdem mit dem übrigen System verbinden und mit diesem kommunizieren, damit das gesamte System arbeiten kann. Gut arbeiten heißt zusammenarbeiten. In einem Unternehmen geht es darum, daß die Belegschaft miteinander spricht und Informationen austauscht.

Wegen der vielen Verbindungen und der Kommunikation im System können Sie nie nur eine einzelne Aktion durchführen. Die Auswirkungen von Entscheidungen verbreiten sich wellenförmig nach außen, so als ob Sie einen Stein in einen Teich werfen. Systemisches Denken heißt Muster erkennen: Wie wirkt sich Ihr Handeln aus, und wie beeinflußt es Ihren nächsten Schritt. Dieses Denken verläuft eher kreisförmig als geradlinig – es sind Kreise, die sich nach außen ausbreiten, wobei Kreise von Ursache und Wirkung sich überlappen und die Wirkung einer Entscheidung zur Ursache für die nächste Entscheidung wird.

Die Kommunikation ist dafür ein gutes Beispiel: Wenn Sie mit jemandem sprechen, hört der andere auf Ihre Worte, er reagiert auf Ihren Tonfall und Ihre Körpersprache und antwortet. Sie antworten auf das, was Ihr Gesprächspartner sagt, und entscheiden, was Sie als nächstes sagen, indem Sie die Reaktion auf Ihre Worte aufmerksam verfolgen. Die Unterhaltung fließt wie in einem Kreis, denn die Reaktion des Gesprächspartners ist Feedback für Sie über das, was Sie gesagt haben, und was Sie wiederum sagen, ist Feedback für ihn. Eine zustimmende Antwort läßt Sie die Unterhaltung etwa gleich fortsetzen. Antwortet jemand nicht, ziehen Sie ebenso Ihre Schlüsse daraus, als ob er antwortet. Wir können nicht *nicht* kommunizieren – wir deuten jede Reaktion, auch fehlende Reaktion.

Erhalten Sie eine feindselige Reaktion, ist es sinnvoll, daß Sie etwas anderes tun und sagen. Dennoch kommt es allzu häufig vor, daß Menschen sich dann noch mehr bemühen und dieselben Argumente oder Handlungen wiederholen oder mehr desselben tun – und eine andere Antwort erwarten. Berücksichtigen Sie das Feedback, das Sie bekommen, und probieren Sie, wenn nötig, etwas anderes aus.

Perspektiven

Ein komplexes System können Sie sich als ein unbekanntes Objekt mit mindestens fünf Dimensionen vorstellen. Ein Gesichtspunkt ergibt gerade einmal eine Perspektive: Er ist aus diesem Blickwinkel zutreffend, ergibt jedoch ein unvollständiges Bild des gesamten Objekts. Sie brauchen die Details *und* das große Bild *und* einen Blick in die Tiefe – also viele Perspektiven.

Es gibt für ein System nicht die ‚richtige‘ Perspektive. Verständnis erreichen Sie nur durch multiple Perspektiven. Alle sind teilweise wahr, und alle sind begrenzt. NLP leistet seinen Beitrag mit drei dieser Perspektiven.

Die erste Perspektive ist Ihre eigene Sicht einer jeden Situation – Ihre eigenen Überzeugungen, Meinungen und Werte. Die Situation scheint Ihnen so zu sein; das ist Ihre eigene Realität, in der die für Sie charakteristischen und vertrauten Filter wirksam werden und in der Sie Bewertungen vornehmen. Ob es Ihnen gefällt oder nicht, es ist *Ihre* Sicht der Dinge. NLP bezeichnet dies als die „erste Position"[1]. Menschen, die führen, brauchen eine starke erste Position. Sie müssen sich selbst und ihre Werte kennen, damit sie als Rollenmodell wirken und andere durch ihr Beispiel beeinflussen können.

Es ist jedoch nicht notwendig, daß Führungskräfte sich so gut kennen, daß sie ihre Realität allen anderen aufzwingen. Gelegentlich müssen sie aus der ersten Position aussteigen und sich vorstellen, in die Haut eines anderen zu schlüpfen. Im NLP wird das die „zweite Position" genannt – die Fähigkeit zu einem kreativen Ausflug der Phantasie, um die Welt aus der Sicht eines anderen Menschen zu betrachten und zu denken, wie er oder sie denkt. Die zweite Position ist die Grundlage für Empathie und Rapport, und damit einher geht die Fähigkeit des Pacing. Mit ihr können wir die Gefühle anderer Menschen respektieren. Zu verstehen, wie andere fühlen, ist ein erster Schritt, um sie dann führen zu können.

Die „dritte Position" ist eine Perspektive, zu der man aus einigem Abstand gelangt, außerhalb Ihrer Sichtweise und der Sichtweise der anderen Person. Von dort können Sie die Verbindung und die Beziehung zwischen den zwei Gesichtspunkten erkennen.

Zu diesen drei Perspektiven würde ich noch zwei weitere hinzunehmen. Da wäre zunächst ein weiterer Sprung in eine vierte Position, aus der Sie Ihre Beziehung im Kontext eines umfassenden Systems sehen können. Angenommen, Sie haben Streit mit einem anderen Manager. Sie kennen Ihren eigenen Standpunkt – Sie denken, er sei autoritär. Sie gehen in die zweite Position und erkennen dort, daß er Sie als zu sensibel beurteilt. Keine dieser Positionen ist ‚wahr', es sind einfach Sichtweisen. In der dritten Position erkennen Sie, daß Sie um so ruhiger werden, je autoritärer er auftritt, und sein Auftreten zunehmend ablehnen. Je ruhiger Sie werden, desto mehr versucht er, Sie zu provozieren, damit Sie aus sich herausgehen. Jetzt können Sie diese Beziehung im Kontext der Firma betrachten; Sie erkennen, wie Ihre gegenseitige Antipathie sich auf Ihr Team und auf Ihre Abteilung auswirkt, vielleicht sogar auf die gesamte Firma. Diese vierte Position ist eine objektivere Sichtweise; sie ist nicht durch persönliche Gefühle gefärbt, und das kann sehr hilfreich sein.

Sie können jedoch nie *völlig* objektiv sein, da Sie immer Teil irgendeines Systems sind, und Sie haben keine Sicht außerhalb Ihrer selbst, denn dort wäre kein Selbst, das sich ein Bild machen könnte. Sie können nur ‚objektiv‘ sein, wenn Sie ein System definieren, bei dem Sie sich außerhalb befinden.

Schließlich gibt es eine fünfte Perspektive: die Perspektive durch die Zeit. Die ersten vier Perspektiven lassen eine Momentaufnahme entstehen. Um alles möglichst gut zu verstehen, wollen Sie vielleicht sehen, welche Veränderungen im Laufe der Zeit entstehen und wie sich die Wege in der Zukunft verzweigen. Dann können Sie auch erkennen, wie die Situation ursprünglich entstanden ist, indem Sie die Fäden in die Vergangenheit zurückverfolgen.

Die letzten zwei Perspektiven erhalten Sie nicht ohne die ersten drei. Es ist notwendig, daß Sie sich selbst und die Position der anderen Person kennen, außerdem die Beziehungen zwischen beiden Positionen, ehe Sie das alles im größeren Kontext und durch die Zeit betrachten.

Nehmen Sie so viele Perspektiven ein, wie Sie brauchen, um eine Situation zu verstehen. Wenn Sie ein Problem in der Firma analysieren, nehmen Sie sich die Perspektiven verschiedener Beteiligter vor – Kunden, oberste Leitung, mittleres Management, strategische Partner, Zulieferer und Konkurrenten. Welche Perspektiven Sie dann wählen, hängt vom anstehenden Problem ab.

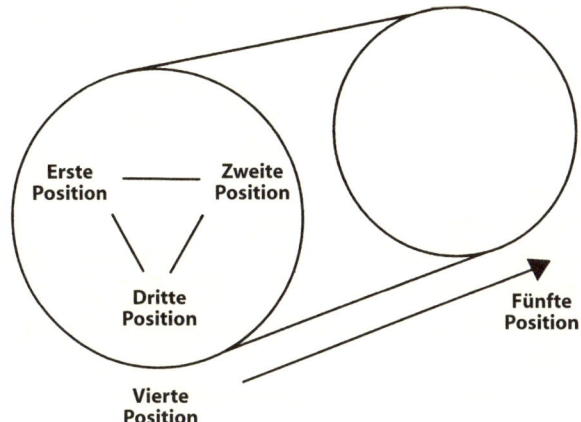

Übung: Perspektiven einnehmen

Nutzen Sie den folgenden Prozeß, um eine schwierige Beziehung am Arbeitsplatz zu verstehen und eventuell zu lösen.
* Was ist aus Ihrer Sicht das Problem?
* Was versuchen Sie zu erreichen, was Ihnen wichtig ist?
* Wie würden Sie beschreiben, was die andere Person tut?

Nehmen Sie jetzt mit dieser anderen Person die zweite Position ein. Tun Sie so, als seien Sie dieser (oder diese) andere.
* Wie sieht er die Situation?
* Was versucht er zu erreichen, was ihm wichtig ist?
* Wie würde er beschreiben, was Sie tun?

Und jetzt gehen Sie in die dritte Position. Stellen Sie sich vor, Sie sehen sich und den anderen aus einem ruhigen Blickwinkel mit Abstand.
* Welche Art von Beziehung besteht zwischen Ihnen? Wie lassen Sie beide durch Ihr Verhalten das Problem weiterbestehen?
* Wenn Sie Ihr Verhalten änderten, wie würde sich die andere Person verändern?

- Welche Vorteile hätte es für Sie, wenn sich die Situation verändern würde?
- Lohnt es sich für diese Vorteile, daß Sie Ihr Verhalten ändern?

Sehen Sie sich jetzt Ihre Beziehung im Kontext des Systems Ihres Unternehmens an.

- Wer sonst ist von dieser Beziehung betroffen?
- Inwieweit hat die Struktur des Unternehmens zu dem Problem beigetragen?
- Wie wirkt sich Ihre Beziehung zu dieser Person auf das Geschäft aus?
- Inwieweit werden Ihre Auseinandersetzungen durch die Art, wie das Unternehmen organisiert ist, angeheizt?
- Inwieweit ist Ihre Beziehung ein Spiegel für die Beziehung zwischen den verschiedenen Teilen des Unternehmens, dem Sie angehören?
- Hat sich die Situation aufgeschaukelt; oder ist sie plötzlich eingetreten?
- Was könnten die langfristigen Auswirkungen sein, sollte diese Situation weiterbestehen?
- Müssen Sie wegen dieser Situation jetzt etwas unternehmen?
- Wenn sich nichts ändert, wann wird es in der Zukunft nötig sein, diese Situation zu verändern?

Vor einigen Jahren arbeitete ich als Berater bei einer Organisation mit Sitz in Deutschland. Der Abteilungsleiter erklärte mir, welche Arbeit er von mir erwartete, und gab dann die Details für den Vertrag an die Personalabteilung weiter. Die Zeit verging und nichts passierte, so daß ich mir langsam Sorgen machte. Ich fragte telefonisch nach, ob alles in Ordnung sei, und man versicherte mir, daß der Vertrag bald fertig sein würde. Trotzdem geschah nichts. Die Wochen vergingen. Aus der ersten Position war ich beunruhigt, daß der Vertrag nicht akzeptiert würde; ich war ärgerlich über die anscheinend endlose Verzögerung. Die Personalabteilung entschuldigte sich jedesmal, wenn ich mit jemandem sprach, aber niemand konnte den Prozeß beschleunigen. Als ich die zweite Position einnahm, spürte ich, daß diese Leute genauso frustriert über die Verzögerung waren wie ich, aber niemand besaß die Macht, etwas zu verändern. Meine Telefonanrufe bewirkten nichts. Aus der dritten Position betrachtet, schienen wir in einem Muster von Frustration, Verzögerung und Entschuldigungen festzusitzen. Ich rief nicht mehr an, da ich damit nur meine Zeit verschwendete, und meine Frustration wurde zu Resignation.

Der Vertrag wurde schließlich abgesegnet, und einige Monate danach entdeckte ich, daß jeder Vertrag mit einem externen Berater im Haus von zwölf verschiedenen Leuten eingesehen werden mußte. Und die meisten von ihnen gehörten noch nicht einmal zur Personalabteilung. Kein Wunder, daß es so lange dauerte.

Aus der vierten Position gesehen war dies ein interessantes systemisches Problem der ganzen Organisation, und weder die Personalabteilung noch ich konnten es lösen. Im Laufe der Jahre hatte sich die Situation so entwickelt, daß alle wichtigen Entscheidungsgremien in der Organisation bei der Beschäftigung von externen Beratern ein Stück weit die Kontrolle behalten wollten. Der Papierkram mußte über zwölf Schreibtische laufen, und einige der Besitzer dieser Schreibtische waren dienstlich unterwegs oder in Urlaub, und so kam es zu diesem langen und ermüdenden Prozeß. Warum tolerierten alle die Situation? Jeder wußte, daß der bürokratische Apparat zu groß war, aber keine Abteilung und kein Entscheidungsträger war bereit, die eigene Kontrolle, die durch die Unterschrift auf dem Vertrag symbolisiert wurde, abzugeben, um den Vorgang zu beschleunigen. Ganz eindeutig hatte es vorher einen Kampf um die Macht gegeben, der dadurch gelöst wurde, daß alle bei dem Vertrag mitreden durften. Viele waren wohl überzeugt gewesen, daß externe Berater eine wichtige Rolle spielten, und sie hatten Befürchtungen gehegt, was geschehen könnte, falls sie nicht informiert würden. Das hatte die umständliche Prozedur herbeigeführt, die eigentlich keiner gewollt hatte.

Ich glaube, dieses Beispiel zeigt recht gut, was in Firmensystemen falsch laufen kann. Als erstes wäre da einmal der ‚Blinddarmeffekt‘, wie ich ihn nenne. Der Blinddarm ist ein Anhängsel am Dickdarm nahe der Leiste, den wir von Geburt an alle besitzen. Bis heute ist nichts über seine Funktion bekannt, aber wenn der Blinddarm sich entzündet, kann das lebensgefährlich sein. Wahrscheinlich war er zu irgendeiner Zeit unserer Evolution sinnvoll, aber wir haben uns weiterentwickelt. Andere Teile unseres Verdauungsapparates haben seine Funktion übernommen. Die meisten Firmensysteme haben so etwas wie einen Blinddarm oder sogar mehrere – sie verfügen über Abläufe, die in der Vergangenheit vielleicht aus gutem Grund organisiert wurden. In der Gegenwart zeigt sich jedoch, daß sich die Organisation weiterbewegt hat, die Abläufe aber nicht Schritt gehalten haben. So bilden sie eine mögliche Quelle von Problemen und Ärger, aber eine störende Prozedur wird nicht abgeschafft, da sie zu einem Netz weiterer Abläufe gehört. Dieser Unsinn mit den zwölf Unterschriften sah für mich wie ein typischer Firmenblinddarm aus.

Sehr interessant war auch die Tatsache, daß die Schuld an der Verzögerung nicht bei einem Einzelnen lag. Die zwölf Beteiligten ärgerten sich vielleicht sogar über die Extraarbeit, die mit dem Durchsehen des Vertrags verbunden war. Die Personalabteilung hatte durch die Prozedur genauso viel Ärger wie ich. Dort war bereits versucht worden, eine Änderung zu erreichen – was nicht überraschte, da die Leute in der Abteilung immer den Frust der Berater abbekamen. Die Personalabteilung war genauso ein Opfer des Systems wie ich, und das bringt uns zu einem weiteren Aspekt von Systemen, der jeder Intuition widerspricht: Der Teil, der zusammenbricht oder die meisten Schwierigkeiten hat, ist fast immer unschuldig. Unter Streß bricht der schwächste Teil zusammen, so wie ein Rohr unter zu viel Druck nachgibt. Das gebrochene Rohr kann immer wieder geflickt werden, wenn aber der Druck nicht vermindert wird, bricht es wieder. Wird das Rohr wirklich gut repariert oder ersetzt, sucht sich der Druck die nächste Schwachstelle und verursacht dort einen Bruch. Und es hat keinen Sinn, sich über das Rohr zu ärgern – das Grundproblem ist der zu starke Druck.

Denken Sie an diese Metapher, wenn Sie erleben, wie eine Abteilung oder ein Mitarbeiter unter Druck gerät. Durch die Arbeitsweise des Unternehmens lastet vielleicht zu viel Druck auf den Mitarbeiterinnen und Mitarbeitern, und sie werden dann für unvermeidliche Fehler verantwortlich gemacht. Menschen geben gewöhnlich ihr Be-

stes innerhalb des Systems, dem sie angehören, aber oft werden sie
für schlechte Entscheidungen zur Verantwortung gezogen, obwohl
sie selbst unter den gegebenen Umständen die bestmögliche Entscheidung getroffen haben. Geschieht das mehrmals, entscheiden sie
sich dann für ‚Sicherheit über alles‘ („Wenn etwas nicht funktioniert,
strenge dich doppelt an, mache es immer wieder und immer schneller"), und das läßt die Abläufe langsamer werden.

Eine Firmenkultur, in der kurzfristige heroische Anstrengungen
immer belohnt werden, bekommt langfristig Ärger. Denn wenn Feu-
erlöschaktionen belohnt werden, muß auch die Chance vorhanden
sein, diese Feuer zu legen, damit jemand den Helden spielen und
sie wieder löschen kann. Es ist blanke Ironie, daß keiner belohnt
wird, wenn er Probleme verhindert, und eine Belohnung nur für den
vorgesehen ist, der sie behebt. So kann es geschehen, daß eine Führungskraft kein hohes Ansehen genießt, weil die Geschäfte (oder ihr
Leben) glatt laufen.

Was können Führungskräfte beitragen, damit die Arbeit ohne
Störung verläuft und keine Feuer bekämpft werden müssen? Zuerst
sollten sie auf die Beziehungen zwischen den einzelnen Mitarbeitern
achten. Wie gut können Mitarbeiterinnen und Mitarbeiter kommunizieren? Zwei Bereiche sind dabei zu unterscheiden: formelle Wege
wie Telefon, Fax, E-Mail, Memos, Sitzungen und Berichte – und informelle Gespräche und Meinungsaustausch. Die Gestaltung der
Büros zeigt oft sehr deutlich, wie die Menschen kommunizieren.

Ich erinnere mich an ein Unternehmen, bei dem ich ein Kommu-
nikationstraining veranstaltete. Es überraschte mich, daß jeder Mitarbeiter seinen eigenen Arbeitsplatz getrennt von allen anderen
hatte. Ein Aufenthaltsraum war kurz zuvor aufgegeben und durch
einen Kaffeeautomaten auf dem Gang ersetzt worden – mit der
Begründung, daß dann effektiver gearbeitet würde. Ein System
funktioniert nur so gut, wie die Teile *zusammenarbeiten*.

Zweitens arbeiten Menschen so gut, wie das System es erlaubt.
Wenn Sie ein Problem erkennen, sollten Sie tiefer graben. Fragen
Sie: Wie wird das Problem hier und jetzt am Leben erhalten? Damit entfällt die Schuldfrage. Bedenken Sie außerdem, daß oft nicht
darauf geachtet wird, die richtigen Leute an den für sie passenden

Arbeitsplatz zu bringen. Manche Arbeit ist von vornherein anspruchsvoll und erfordert Leute von Format. Andere Arbeit ist so gestaltet, daß sie von allen gut geleistet werden kann und gleichzeitig die Kreativität der Betreffenden für wichtigere Dinge freisetzt.

Drittens sollten Sie hin und wieder aus dem System aussteigen, um zu sehen, wie gut es funktioniert. Wenn Sie mit etwas Abstand die Struktur erkennen und die Regeln im Betriebsablauf beobachten, bedeutet das, daß Sie ihnen in diesem Augenblick nicht unterworfen sind, und damit besteht die Möglichkeit für Veränderungen.

Und schließlich sollten Sie sich vor offensichtlichen Lösungen in acht nehmen. Schauen Sie tiefer. Stellen Sie die Annahmen, die zu Ihren Entscheidungen führen, in Frage. Übereinstimmend wird zum Beispiel behauptet, daß Wachstum gut ist und höhere Einnahmen zu höheren Profiten führen – was aber nicht immer der Fall ist.

Denken Sie daran, was *Gucci*, einem international bekannten Hersteller für Luxuslederartikel, passierte: Mitte der achtziger Jahre brachte das Unternehmen eine Serie preiswerter Artikel aus Segeltuch auf den Markt. Diese wurden aggressiv über Kaufhäuser und Duty-Free-Shops vermarktet. Außerdem wurde eine Lizenz für die Verwendung des Markennamens bei Uhren und Parfüm vergeben. Dahinter stand die Absicht, mehr zu verkaufen und damit höhere Profite zu erzielen. Der erste Teil funktionierte, der Verkauf erhöhte sich, jedoch bei hohen Kosten. *Gucci* büßte sein Image als Hersteller von Luxusartikeln ein und verkaufte weniger teure Artikel. Insgesamt stieg der Verkauf, die Erlöse aber wurden geringer. Man gewann viele Neukunden hinzu, verlor hingegen viele der bisherigen profitablen Kunden. Dieses Beispiel zeigt, wie wichtig es ist, Nebenwirkungen im voraus zu berücksichtigen. Wenn die Firma die zweite Position eingenommen und überlegt hätte, wie sich ihre neue Marktstrategie auf ihre bisherigen Kunden auswirken würde, wäre dieser Fehler vielleicht vermieden worden.

Ursache und Wirkung

Wenn Sie das Denken zu früh einstellen, so wie es bei *Gucci* geschah, erzeugen Sie eine irreführende direkte Verbindung zwischen Ursache und Wirkung. Damit erkennen Sie nicht, wie die Wirkung wiederum Ursache für eine weitere Wirkung sein kann, die das Bild total verändert. So werden zum Beispiel durch Einsparung von Arbeitsplätzen ganz eindeutig Kosten gespart – aber nur, solange man geradlinig denkt. Bei dieser Logik wird nicht an die Produktivität gedacht, die wahrscheinlich darunter leiden wird, ebenso wie die Moral und die Qualität der Arbeit. Systemisches Denken sucht multiple Ursachen und Wirkungen durch Denken in Schleifen und Kreisläufen – nicht durch geradliniges Denken.

Es lassen sich noch weitere mögliche Folgen einer Personaleinsparung anführen: Wenn weniger Beschäftigte arbeiten, müssen vielleicht neue Abläufe geschaffen werden, um die Mehrarbeit zu verteilen, und das kann längere Wartezeiten für die Kunden, höhere Preise oder schlechtere Qualität bedeuten (oder alle drei). Die Kunden werden unzufrieden, sie stimmen mit den Füßen ab und gehen zur Konkurrenz. Damit ist die nächste Krise da, und vielleicht entscheidet die Firma, daß die Verschlankung beim letzten Mal noch nicht ausreichte, und wiederholt ihren Fehler, und damit begibt sie sich in eine Abwärtsspirale. Die Verringerung der Arbeitskosten ist nicht unbedingt eine gute Strategie. Es gibt andere Methoden, um im Wettbewerb zu bestehen – durch Service, durch zusätzlichen Wert und Innovation. Verkleinern würde hier nur funktionieren, wenn alles andere gleich bliebe – wenn die übrigen Mitarbeiter weiterhin quantitativ und qualitativ die gleiche Arbeit wie zuvor leisten würden.

„Alles andere bleibt gleich" ist ein tödlicher Satz; alles andere ist nie gleich. Wenn Sie diesen windigen Satz hören, sollten Sie nachforschen; er stimmt nie. Egal, was Sie in einem System verändern, es gibt immer Nebenwirkungen. Oft stehen diese Nebenwirkungen Ihrer geplanten Lösung im Weg. Manchmal verschlimmern sie das Problem, oder im ungünstigsten Fall entwickelt sich die vermeintliche

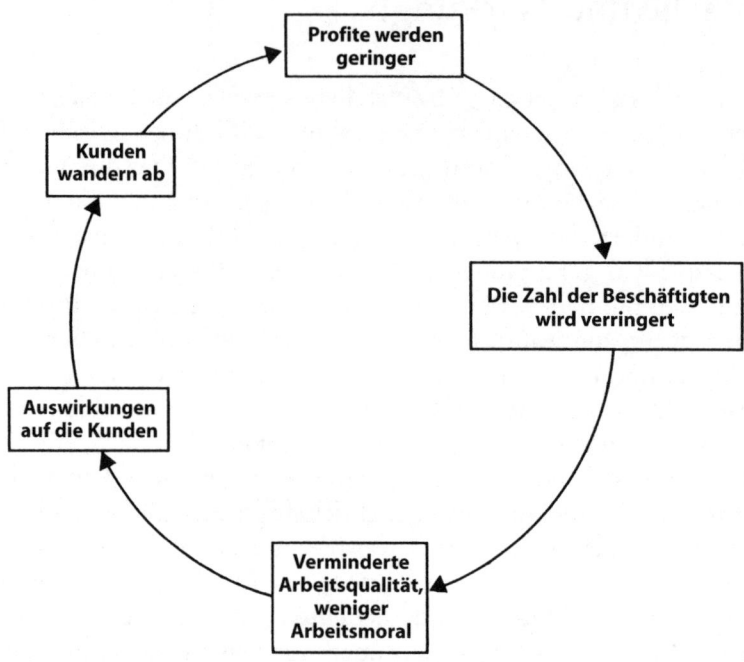

Lösung zu einem größeren Problem als es das ursprüngliche Problem war. Geradliniges Denken riskiert drei Fehler: Erstens kann ein
Gedanke umgekehrt werden und ergibt trotzdem noch einen Sinn.
Verursacht Arbeitslosigkeit eine Depression oder verursacht die Depression Arbeitslosigkeit? Sie sind miteinander verbunden, aber eine
Verbindung ist noch keine Ursache. Zweitens können beide gleichermaßen das Ergebnis einer anderen, unbekannten Ursache sein. Drittens ergibt sich die Frage, wo Sie aufhören. Zum Beispiel trifft ein
Manager eine falsche Entscheidung. War es sein Fehler? Oder wurde
er schlecht beraten? Aber wer hat die Berater gewählt? Wer hat denjenigen eingestellt, der die Berater auswählt? Und so weiter. Wenn
Sie sich auf die Jagd nach Schuldigen machen, verlieren Sie die dynamischen Muster aus dem Blickfeld, die das Problem hier und jetzt
am Leben halten. ‚Leader' (Führungspersönlichkeiten) suchen nicht

nach Schuldigen, sie bemühen sich, die Faktoren, die das Problem aufrechterhalten, zu finden und zu verändern. Leider sind komplexe Systeme nicht ohne weiteres zu verstehen. Angesichts einer unsicheren Welt müssen Menschen in Führungspositionen lernen, Mehrdeutigkeit zu ertragen und sich dabei sogar wohl zu fühlen. Es gibt nur wenige einfache Antworten. Unsere Schulbildung hilft uns nicht, damit umzugehen. Von unserem ersten Schultag an sollen wir die ‚richtigen' Antworten finden, und so verinnerlichen wir die Überzeugung, daß es für jedes Problem die richtige Antwort gibt – irgendwo, irgendwie, wenn wir sie nur finden könnten. Wir werden mit begrenzten, strukturierten Problemen gefüttert und dann in das Durcheinander des wirklichen Lebens entlassen, das voller unbegrenzter, unstrukturierter Probleme steckt.

Führungspersönlichkeiten wissen, daß die fanatische Jagd nach ‚dem Besten' sich nicht mit dem Ziel ‚gut genug' verträgt und daß es sehr wenige Probleme gibt, die mit einer richtigen oder falschen Antwort zu lösen sind. Sehr häufig gibt es nur ‚die beste verfügbare' Antwort – und das hängt davon ab, wer Sie sind und wo Sie sich befinden. Perfektion ist der Feind des Guten. ‚Gut genug' reicht, und im Wirtschaftsleben muß ein Unternehmen einfach so gut wie oder besser als seine Konkurrenz sein.

Dazu die Geschichte von zwei Vorsitzenden multinationaler Unternehmen, die gemeinsam eine Safaritour unternahmen: Beide wollten näher an die wilden Tiere heran und schlichen deshalb ohne den Schutz ihres Tourenführers in den Busch. Sehr bald sahen sie sich einem großen Löwen aus nächster Nähe gegenüber. Der Löwe beäugte sie und leckte sich die Lippen, und beiden wurde zu ihrem Schrecken klar, daß sie die nächsten in der Nahrungskette sein würden, während ihre sichere Zuflucht, der Landrover, über 30 Meter entfernt war. Der eine Mann schleuderte seine Schuhe weg, ließ seine Kamera und seinen Rucksack fallen und machte sich daran, loszurennen.

„Sei doch nicht so dumm", zischte sein Begleiter, „du kannst doch einem Löwen nicht davonlaufen!"

„Ich muß auch nicht schneller laufen als der Löwe", sagte der erste. „Ich muß nur schneller sein als du!"

In Kreisläufen denken

Um wichtige Themen zu analysieren und zu behandeln, wird meist eine Liste mit den wichtigsten Faktoren zusammengestellt. Diese werden dann nach ihrer Priorität geordnet, und es werden Ressourcen oder Teams gesucht, um die Faktoren zu verbessern. Dieses Denken wird manchmal als ein Denken anhand einer ‚Einkaufsliste‘ bezeichnet.

Dieses Denken hat sich bei strukturierten, begrenzten Problemen bewährt – klare Probleme mit einer richtigen Antwort. Es funktioniert aber nicht gut bei unstrukturierten, nicht eingegrenzten Problemen, die nicht von vornherein klar sind und bei denen es nicht nur eine richtige Antwort gibt. Erstens haben Sie keine Garantie, daß Sie alle Faktoren finden. Es gibt keine Liste als Vorgabe, mit der Sie das prüfen können. Zweitens werden bei dieser Aufstellung die Verbindungen zwischen den Faktoren ignoriert. Es ist so, als würden Sie Zahlen zusammenstellen und nicht sagen, ob Sie sie addieren, subtrahieren oder multiplizieren.

Bei dieser Art des Denkens kann das Gesamtresultat enttäuschend ausfallen, auch wenn einige Faktoren besser werden. Außerdem könnte das ursprüngliche Problem zurückkehren, wenn nach Beendigung des Projekts die Ressourcen weggenommen werden. Probleme lassen sich besser überdenken, wenn man sich ansieht, wie die einzelnen Faktoren in Beziehung stehen und so eine Reihe von Kreisläufen schaffen.

Von geraden Linien zu Kreisläufen

Denken Sie an eine neue Sache, die Sie angehen wollen. Stellen Sie mittels eines Brainstormings eine Liste der wichtigsten Faktoren zusammen, und ordnen Sie sie nach ihrer Priorität. Dann versuchen Sie, beginnend mit dem wichtigsten Faktor, einen sich selbst verstärkenden Kreislauf zu schaffen, indem Sie fragen:

- Was würde dazu führen, daß dieser Faktor stärker wird und sich selbst erhält?

- Wie kann ich ihn so mit anderen Faktoren verbinden, daß Wachstum erzielt wird?

Setzen Sie sich das Ziel, eine Serie von Kreisläufen zu schaffen, die die wichtigsten Faktoren erhalten oder verstärken. Wo setzen Sie Ihre Ressourcen am besten ein?

Oft ist es am besten, Zeit und Geld nicht für den wichtigsten Faktor einzusetzen, sondern für einen weniger wichtigen Faktor weiter unten auf der Liste, denn dadurch wird eine Kettenreaktion ausgelöst, die automatisch dazu führt, daß Ihr wichtigster Faktor gestärkt wird. Dieser weniger wichtige Faktor ist der Ansatzpunkt, der vielleicht nicht sofort auffällt. Bedenken Sie auch die Nebenwirkungen:

- Könnten diese Faktoren auch gegeneinander arbeiten?
- Wie können Sie Ihre Ressourcen einsetzen, damit eine Zusammenarbeit gewährleistet ist?

Ich ging selbst nach diesen Punkten vor, um bei einem Auftrag für die UNIDO (*United Nations Industrial Development Organization*, Organisation der UN für industrielle Entwicklung) einen Ansatz für meine Arbeit zu finden. Ich sollte Vorschläge für einen Workshop machen, in dem kooperative Entwicklungsprojekte für Entwicklungsländer untersucht werden sollten. Die UNIDO setzte wie andere Entwicklungsagenturen die zielorientierte Projektplanung (*Objectives Oriented Project Planning, OOPP*) ein, um Entwicklungsprojekte zu formulieren und durchzuführen. Zu dieser Methode gehören drei Schritte:

- die Analyse der Probleme der Hauptbeteiligten (Regierung, Banken, Industrie, technologische Institutionen, Veranstalter von Trainings usw.)
- die Analyse ihrer Ziele
- die Planung der Durchführung[2].

Gewöhnlich wurde das jeweilige Projekt ausgewählt und einer Untersuchung unterzogen, und dann veranstaltete die UNIDO in dem betreffenden Land einen zwei- bis dreitägigen Workshop mit

Repräsentanten der Entscheidungsträger – der Zentralregierung, der lokalen Regierung, der Banken, der Industrie und der Zielgruppe, die davon profitierte. Trainer der UNIDO organisierten den Workshop gewöhnlich so, daß sie die Parteien zusammenbrachten, den Weg zur Zusammenarbeit aushandelten, existierende Probleme herausfanden und schließlich, wenn eine Arbeitsbeziehung zwischen den Beteiligten hergestellt war, das Projekt entwickelten. Die Qualitätssicherung der UNIDO war zufrieden mit der zielorientierten Projektplanung als einer breit anwendbaren Arbeitsmethode, sie war aber nicht zufrieden mit dem, was anschließend geschah. Die Ergebnisse der Arbeit überlebten nicht lange, die Beteiligten setzten sich nicht für das Projekt ein und hatten auch nicht das Gefühl, daß es ihr Projekt sei. Und viele Projekte brachten die Entwicklung nur wenig oder gar nicht voran.

In dem Projekt, an dem ich beteiligt war, sollten Kleinunternehmer für die Entwicklung der Textil- und der metallverarbeitenden Industrie in Uganda interessiert werden.

Drei Bereiche des Workshops mußten überprüft werden. Erstens war in vorangegangenen Workshops zuviel Zeit damit verbracht worden, aktuelle Probleme zu erörtern. Die Beteiligten schoben sich gegenseitig die Schuld zu, alle sprachen ausführlich über die Mängel, und man verwendete nur wenig Zeit darauf, den weiteren Weg zu planen. Als erstes mußte deshalb die Tagesordnung geändert werden, damit sich der Fokus mehr auf das zukünftig gewünschte Ziel und weniger auf aktuelle Probleme richtete. Ursache dafür war zum Teil, daß die Teilnehmer zuerst aufgefordert wurden, die Probleme zu untersuchen, anstatt sich mit dem gewünschten Ergebnis zu befassen. Deshalb änderten wir die Reihenfolge der Fragen im Ablauf des Workshops, so daß die Delegierten zunächst die Frage diskutierten: „Was wollen Sie erreichen?" Wenn diese Frage vollständig behandelt war, kam als nächstes die Frage nach den Hindernissen, die dem Ziel im Wege standen. Dann wurden die Probleme jeweils ihrem Kontext zugeordnet und nur die relevanten Probleme diskutiert. Die dritte Frage lautete: „Wie erreichen Sie, was Sie wollen?" Die Trainer ordneten die Antworten einer Reihe einzelner Schritte zu, die in der Gegenwart einsetzten und zu dem gewünschten Zustand führten. Dann entschieden alle gemeinsam, welche Aktionen die Gruppe selbst durchführen konnte und wofür Unterstützung von außen und Geldmittel von der UNIDO nötig waren.

Das zweite Problem bestand darin, daß die Workshops häufig keine lebensfähigen Projekte nach sich zogen. Wenn die Trainer der UNIDO abgereist waren, brachten die übrigen Beteiligten oft nicht genügend Energie, Engagement und Schwung auf, um das Projekt selbständig durchzuziehen.

Wir erkannten, daß der Ausschnitt des Systems, den wir betrachteten, zu klein war. Der Workshop war der Brennpunkt, aber nur ein Teil des kooperativen Entwicklungsprozesses. Wir mußten ihn in den Kontext des gesamten Systems stellen und uns dann ansehen, was vor und nach dem Workshop geschah. Nur so konnten aus dem gesamten Prozeß bessere Ergebnisse hervorgehen. Also untersuchten wir, wie die Teilnehmerinnen und Teilnehmer für den Workshop ausgewählt wurden. Wer wurde ausgewählt? Wie waren sie vorbereitet? Und wir entdeckten, daß wir viel zu wenig über die Teilnehmer und ihre Ziele und Erwartungen wußten und daß überhaupt nicht klar war, wie weit sie den ganzen Prozeß verstanden. Nicht immer waren die richtigen Teilnehmer ausgewählt worden; manchmal hätte man bessere Leute auswählen sollen.

Die Teilnehmer wurden von Beratern im Land viele Wochen vor dem Workshop ausgewählt und in Einzelgesprächen befragt. Die Berater brauchten bessere Richtlinien für ihre Auswahl und ihre Einzelgespräche. Sie brauchten mehr Kenntnisse über das ganze System: Zielgruppen, Entscheidungsträger und externe Agenturen wie zum Beispiel die UNIDO. Sie brauchten Leitlinien für ihre Einzelgespräche. Wir stellten eine Serie von Fragen zusammen, mit denen sie gute Informationen über die Teilnehmer erhalten konnten – über ihre Ziele, Werte, über aktuelle Schwierigkeiten, benötigte Ressourcen und über mögliche Vorteile, die sie in der aktuellen Situation erkannten. Was bisher gefehlt hatte, war eine klare zweite Position von den Teilnehmern.

Der dritte Bereich betraf die Führung. Dauerhafte Veränderungen erfordern eine gute Führung. Die Trainer der UNIDO mußten Modell für Führungsfertigkeiten werden, und die Teilnehmer des

Workshops benötigten Führungseigenschaften, um selbst die Initiative zu übernehmen und die Veränderungen, die durch den Workshop eingeleitet worden waren, weiterzuführen. Sie mußten eine Vision entwickeln. Der Workshop der UNIDO mußte in Zukunft verstärkt trainieren, wie die Zukunft im voraus eingeschätzt werden konnte, wie man mental ein Szenario möglicher Probleme durchspielte und Lösungen im voraus erforschte – ein Prozeß, der im NLP *Future Pacing* genannt wird. Nach Beendigung des Workshops mußte die UNIDO die Verbindung aufrechterhalten, damit die anfängliche Begeisterung, die die Teilnehmer in den Workshop entwickelten, auch weiterhin bestehen bleiben konnte. Wir überlegten sogar, ob wir drei Workshops abhalten sollten: einen nur für die Zielgruppe (in diesem Fall Kleinunternehmer), einen weiteren mit den anderen Entscheidungsträgern sowie einen dritten für alle Beteiligten, bei dem alle Bereiche festgelegt wurden, für die Hilfe von außen nötig war.

Als wir uns das gesamte System in der Zeitperspektive betrachteten, zeigte sich, daß Veränderungen am ehesten möglich sein würden, wenn die Teilnehmer bei der Entwicklung von Führungseigenschaften Unterstützung erhielten.

1. Was wollen Sie?

2. Wie ist die gegenwärtige Situation?

3. Wie kommen Sie dem näher, was Sie wollen?

Teilnahme	———————	Workshop	————————▶	Engagement
Auswahl				**Anhaltende Veränderung**
Erwartungen				**Führung**
Einzelgespräche				

Grenzen und Horizonte

Systeme verändern sich im Laufe der Zeit, und so dauert es, bis sich Auswirkungen im System zeigen. Je weiter Sie in die Vergangenheit und in die Zukunft sehen, desto besser können Sie die Verbindungen zur Gegenwart herstellen. Grenzen sind in Wirklichkeit Horizonte – blicken Sie nur ein bißchen weiter und Sie sehen darüber hinaus.

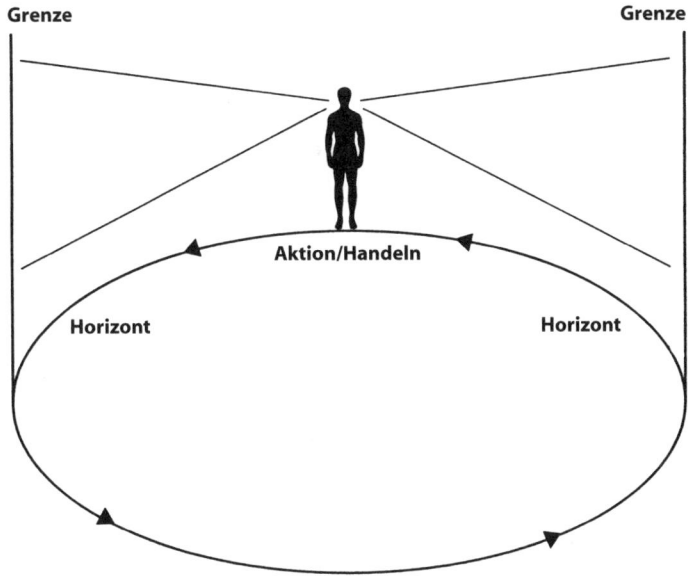

Oft schauen wir nicht weit genug, um die Ursachen und Muster zu sehen, und so lernen wir nicht aus unserer Erfahrung. In Systemen taucht eine Wirkung oft lange nach ihrer Ursache auf, da es Zeit braucht, bis sie sich durch das System bewegt hat. Wir erfahren das sehr plastisch, wenn wir an einem Tag körperlich sehr hart arbeiten, unsere Muskeln aber erst am nächsten Tag spüren. Stellen Sie sich vor, wir würden sie erst nach einer Woche spüren? Kämen wir dann auf die Idee, den Muskelkater mit der Arbeit von vor sieben Tagen in Verbindung zu bringen?

Da in der Wirtschaft das Feedback bestimmter Aktionen oft erst spät erfolgt, werden Manager manchmal zu früh befördert. Was kurzfristig wie ein Erfolg aussieht, hat in Wirklichkeit langfristig eine Latte von Problemen hinterlassen. Wie bei einer Reihe mit aufgestellten Dominosteinen braucht es nach dem Anstoß eine Weile, bis er sich fortsetzt, aber schließlich zeigen sich die Folgen des Anstoßes und Sie sind überrascht. Der Manager in unserer Abbildung möchte sein Geschäft erweitern, hat aber nur eine begrenzte Perspektive, weil er nicht über den einen sichtbaren Dominostein hinausblicken kann. Er stößt den Stein an und hat dadurch sofort mehr Raum zur Verfügung. Er hat das Problem gelöst – vielleicht gratuliert man ihm, und er wird befördert. Aber die Dominos fallen die ganze Zeit weiter hin. Ein neuer Manager übernimmt seine Position und muß sich um die gegenüberliegende einstürzende Wand kümmern. Vielleicht wird er sogar für den Kollaps verantwortlich gemacht.

Der Domino-Effekt

Prinzipien des systemischen Denkens

- Sehen Sie die Beziehungen zwischen den Teilen sowie die Teile selbst. Ein System funktioniert so gut wie die Zusammenarbeit der Teile.
- Behandeln Sie Grenzen wie Horizonte. Was ist jenseits von ihnen?
- Beobachten Sie etwas langfristig und kurzfristig. Es gibt Verzögerungen im System, und es kann sein, daß die Wirkung der Ursache erst nach einiger Zeit folgt.
- Sehen Sie sich die Details und das Gesamtbild an; nehmen Sie außerdem wahr, wie beides miteinander in Beziehung steht.
- Denken Sie in Kreisläufen: Wie kann die Wirkung einer Aktion die Ursache für eine andere Aktion sein? Systeme funktionieren über Feedback – die Ergebnisse Ihrer Aktionen, die bei Ihnen ankommen, bestimmen Ihre nächste Aktion.
- Die Struktur des Systems bestimmt, was geschieht. Ändern Sie die Struktur, und Sie ändern damit das Ergebnis.
- Wenn Sie eine Veränderung vornehmen wollen, überlegen Sie zuerst, was die Veränderung blockiert. Gewöhnlich ist es besser, die Hindernisse für Veränderungen zu entfernen, damit die Veränderung ganz natürlich geschieht. Das ist besser, als sie zu erzwingen.
- Kleine Veränderungen können große Wirkung haben, wenn Sie die Veränderung an der richtigen Stelle vornehmen.
- Achten Sie auf Nebenwirkungen. Wenn Sie in einem System etwas ändern, bleibt nichts mehr gleich.
- Das Beste kann der Feind des ,gut genug' sein.
- Druck kommt an der schwächsten Stelle zum Vorschein, nicht an dem Teil, der dafür verantwortlich ist.
- Betrachten Sie möglichst viele Perspektiven, um das System zu verstehen.

Schuld und Verantwortung

Die Frage nach der Schuld erhebt sich dann, wenn linear im Zusammenhang von Ursache und Wirkung gedacht wird und wenn Absicht und Ergebnis nicht unterschieden werden. ‚Leader‘ (Führungspersönlichkeiten) übernehmen Verantwortung und geben Verantwortung ab, nicht aber die Schuld. Verantwortung übernehmen heißt, fähig sein zu ‚antworten‘, zu reagieren. Schuldzuweisungen sind verführerisch, bringen aber nichts. Niemand bekommt dadurch ein besseres Verständnis, und die Lösung des Problems rückt deswegen auch nicht näher.

Meine Erfahrung als Kunde einer Computerfirma machte mir die Schuldfrage aus der Sicht des Kunden deutlich. Die Tastatur meines Computers streikte immer häufiger, und es war klar, daß sie nicht mehr lange halten würde. Ich bestellte per Telefon eine neue Tastatur, aber sie hatte einen Mangel, so daß ich beim Kundendienst anrief, um möglichst schnell Ersatz zu bekommen. Ich mußte dringend mehrere Berichte fertigstellen.

Der Angestellte, der meinen Anruf entgegennahm, war nicht autorisiert, mir ohne Angabe meiner Bestellnummer Ersatz zu leisten. Er mußte zuerst seinen Vorgesetzten fragen, der aber gerade selbst telefonierte. Ob ich am Telefon warten wollte? Ganz sicher nicht. Er versprach mir dann, daß sein Vorgesetzter mich bald zurückrufen würde. Dieser rief aber an diesem Tag nicht zurück, und ich war verärgert. So telefonierte ich am nächsten Tag erneut und teilte der Firma mit, daß ihr Service viel zu wünschen übrig ließ. Der Kundendienstberater, mit dem ich sprach, hatte wohl gerade einen schlechten Tag, denn er war unhöflich und wenig hilfreich. Ich wurde noch wütender und schließlich schrien wir uns am Telefon gegenseitig an.

Fünf Minuten später rief mich eine Aufsicht an, um sich für den Angestellten zu entschuldigen. Er erklärte mir, daß dieser eine Erkältung habe und sich nicht wohl fühle. Er versprach, er würde sofort eine Ersatztastatur in Auftrag geben, aber zunächst sollte ich die fehlerhafte Tastatur zurückschicken. Als Ausgleich arrangierte er, daß die Tastatur abgeholt würde, aber er vergaß, sich die Originalnummer von mir geben zu lassen. Die Tastatur wurde abgeholt, aber ohne Nummer wurde sie nicht wie üblich im Lagerverzeichnis eingetragen.

Drei Tage vergingen, und ich hatte immer noch keine Tastatur. Ich telefonierte wieder und erfuhr, was geschehen war: Da die Firma keinen Beleg dafür hatte, daß die Tastatur bereits zurückgegeben war, hatte sie auch keinen Ersatz geschickt. Ich teilte dem Angestellten in sehr deutlichen Worten mit, daß dies sein Problem sei und nicht meines. Er fand aber keine Lösung für dieses selbst verursachte Problem, und deshalb bat ich (und bekam das auch) um Erstattung des Kaufpreises. Dafür kaufte ich mir bei einer anderen Firma eine Tastatur. Eine ganze Woche war so verschwendet worden. Ich kaufte nie mehr etwas bei dieser Firma.

Nehmen Sie einmal an, Sie wären der Manager des Kundendienstes, Sie müßten diesen Fehler bereinigen und dafür sorgen, daß er sich nicht wiederholt. Welche Fragen würden Sie stellen?

- „Was ist geschehen?" Das wäre ein guter Anfang. Betrachten Sie dann das unmittelbare System, ohne zu urteilen – den Kunden, die Aufsicht, den Vorgesetzten und das Lager. Vielleicht läßt sich nur schwer herausfinden, was geschehen ist, da die Mitarbeiter die Sache jeweils so darstellen, daß sie in einem guten Licht erscheinen, falls man ihnen die Schuld geben will. Statt der bloßen Fakten stellen sie ihre Absicht dar.
- „Wer trägt die Schuld?" Das ist die am wenigsten hilfreiche Frage, da sie nur in der Vergangenheit wühlt.
- „War der Kunde selbst schuld, weil er so unfreundlich war?" Nach Ansicht des Kunden hatte dieser sehr gute Gründe; er war frustriert, konnte seine Arbeit nicht erledigen, hatte einen dringenden Termin und war verärgert über die Sache, die er als mangelnde Professionalität interpretierte.
- „War die Aufsicht schuld, weil sie nicht sofort zurückrief?" Der Mann war überarbeitet.
- „Hätte der Kurierdienst das Paket überprüfen und nach der Auftragsnummer fragen müssen?" Aber das war nicht seine Aufgabe.
- „War der Vorgesetzte schuld, weil er die Beherrschung verlor?" Aber er war erkältet.

- „War der Virus schuld?" Aber der Virus konnte behaupten, daß er nur tat, wozu er gedacht war …

Die Evolution ist also schuld. Wir müssen das nicht weiter verfolgen – die Schuldfrage führt nirgends und überall hin. In einem System kann man praktisch jeden beschuldigen, da jeder Teil des Systems ist. Aber die Schuldfrage führt in die Vergangenheit, sie hilft nicht, die Zukunft zu sichern. Sie führt nur dazu, daß die einzelnen sich weniger gut fühlen. Mit der Frage nach der Schuld werden Ereignisse betrachtet, nicht die dahinter stehenden Muster. Die Fragen von jemandem, der die Leitung hat, wären folgende:

- Was haben wir getan, daß wir in diese Situation kommen konnten?
- Wie können wir das anders machen, damit das nicht wieder geschieht?

Jedes Desaster kann wertvoll sein, wenn Sie daraus lernen. Menschen machen Fehler, und Irren ist menschlich. Aber ist Vergeben Firmenpolitik?

Fehler sind Feedback, das die gesamte Organisation verbessern kann. Wie Führungskräfte mit Fehlern umgehen, ist ein guter Maßstab für ihre Fähigkeiten.

Natürlich kann es zutreffen, daß einige Mitarbeiter nicht für ihre Arbeit geeignet sind. In diesen Fällen sollte sich der Teamleiter fragen, ob die Einstellungskriterien für eine Stelle die richtigen sind oder ob ein Arbeitsplatz zu hohe Anforderungen stellt.

Zurück zu meinem Beispiel: Es gibt viele weitere Fragen, durch die sich feststellen ließe, wie es kam, daß das System nicht die Ergebnisse zustande brachte, die es eigentlich bringen sollte:

- Hat es in der letzten Zeit ähnliche Vorfälle gegeben?
- Was ist allen gemeinsam?
- Müssen die Einstellungskriterien geändert werden?
- Sind die Kundendienstmitarbeiter ausreichend geschult?
- Werden die Kundendienstmitarbeiter genügend unterstützt?
- Haben die einzelnen Mitarbeiter genügend Verantwortlichkeit, damit sie bei Problemen nicht die Aufsicht bemühen müssen?

- Ist die Aufsicht überfordert, weil sie wegen der geringsten Kleinigkeiten gerufen wird?
- Sollten wir im Lagerhaus den Ablauf beim Empfang von Rücksendungen ändern?

Bei diesen Fragenkatalogen und bei jedem Geschäftsvorgang steht im Hintergrund eine Idee, eine Überzeugung oder ein Denkmodell, wie die Dinge stehen. Wenn wir nun über die Denkmodelle hinter den Abläufen nachdenken, eröffnen sich ganz neue Fragen. Zum Beispiel:

- Bis zu welcher Ebene kann man den Kundendienstmitarbeitern Entscheidungen überlassen, ohne daß sie die Aufsicht bemühen müssen?
- Sind Kunden vertrauenswürdig?
- Versuchen Kunden, etwas umsonst zu bekommen?

Mentale Modelle lassen sich durch die Frage „warum" aufdecken, wenn Sie mit einigem Nachdruck fragen. Fragen Sie, bis Sie Antworten bekommen, bei denen es nicht nur um Schuldzuweisungen geht:

- Warum verlor der Kunde die Beherrschung? Weil er nicht wie versprochen zurückgerufen wurde.
- Warum? Weil die Aufsicht überlastet war.
- Warum? Weil die Mitarbeiter bestimmte Entscheidungen nicht selbständig treffen durften.

Fragen Sie so lange „warum", bis zu erkennen ist, wie das System für das Geschehene verantwortlich ist.

Die Struktur jeder Organisation bleibt durch ihre Verfahren intakt, und diese sind das Ergebnis einer bestimmten Denkweise. Menschen, die führen, müssen diese Denkweise ändern – solange sie die Denkmodelle nicht verändern, entsteht anstelle des alten Verfahrens nur ein weiteres, das denselben Zweck erfüllt. Das ist wie bei der Hydra aus der griechischen Mythologie – wenn Sie ihr immer wieder den Kopf abschneiden, wachsen zwei neue an derselben Stelle. Mehr passiert nicht. Sie müssen das Herz der Schlange treffen, den Punkt im System, an dem eine Veränderung eine Verbesserung bewirkt –

den Ansatzpunkt. Und dazu gehört fast immer, daß sich die Ideen, Überzeugungen, Einstellungen und Denkmodelle der Beteiligten ändern müssen.

Die Veränderung mentaler Modelle geschieht durch generatives Lernen, und so ändert sich bei einem neuen Denkmodell auch das Verfahren. Ändern Sie andererseits ein Verfahren, ohne das Modell zu ändern, wird die neue Methode in den Dienst der alten Idee gezwungen und nicht so funktionieren, wie beabsichtigt.

Vorwürfe sind zumindest zu etwas nutze: Sie kanalisieren Gefühle. Wenn wir jemanden beschuldigen, mindern wir dadurch unseren Ärger und unsere Frustration. Systeme haben keine Gefühle, Menschen aber durchaus, und wenn man einen anderen beschuldigen und auf ihn wütend werden kann, bietet sich damit zumindest Gelegenheit, diese Gefühle loszuwerden. Ich war wütend auf die Computerfirma, weil sie meinen Auftrag verschlampt hatte. Ich verlor Zeit. Ich war gekränkt. Das hätte nicht passieren dürfen! Die Gefühle aller Beteiligten waren sehr real. Wie gehen Sie mit solchen Gefühlen um? Systemisches Denken ist schön und gut, aber es gibt auch systemisches *Fühlen*.

Man kann im System vielleicht niemanden beschuldigen, aber das bedeutet nicht, daß niemand verantwortlich ist. Das ist das Paradoxe. Menschen leisten das Bestmögliche in dem System, dem sie angehören, aber sie machen trotzdem Fehler. Und andere sind vielleicht ernsthaft gekränkt oder haben Unannehmlichkeiten – durch die Fehler einzelner oder durch die Art, wie das System funktioniert. Das Wissen über die Funktionsweise von Systemen kann nicht als Entschuldigung für Ungerechtigkeit und Unannehmlichkeiten, schlechte Leistungen, Unzulänglichkeit oder Selbstzufriedenheit dienen, und die Gefühle, die dadurch geweckt werden, sind authentisch und wichtig. Egal, ob wir selbst Teil eines solchen Systems sind oder damit zu tun haben – wenn wir verstehen, wie sie funktionieren, können wir wählen, was wir tun, und wir haben mehr Möglichkeiten zur Veränderung. Das Verständnis für die Arbeitsweise von Systemen erspart uns auch einigen Ärger.

Menschen in einem System sind dennoch verantwortlich, nach besten Kräften dafür zu sorgen, daß das System möglichst gut funktioniert, wenn es in Ordnung ist, und es zu verändern, wenn es nicht in Ordnung ist. Führungskräfte haben häufig ein starkes Auftreten – manchmal so stark, daß sie Regierungen herausfordern. Sie geben anderen Verantwortung und übernehmen die Verantwortung für ihren Teil im System.

Die Tochter meines Freundes wurde von einem Klassenkameraden in der Grundschule immer wieder schikaniert. Schließlich hatte sie Angst, in die Schule zu gehen. Mein Freund ging mit seiner Frau mehrmals zum Klassenlehrer und zum Direktor, aber trotzdem wurde das Mädchen weiterhin verdeckt geärgert. Mein Freund wurde sehr wütend. Seine Gefühle und seine Verantwortung waren die eines Vaters für seine kleine Tochter. Die Schule tat ihr Bestes, auch die Lehrer gaben ihr Bestes. Seine Tochter versuchte, mit der Situation fertig zu werden, so gut sie konnte. Aber nichts änderte sich, und die Situation wurde untragbar. Also nahm mein Freund seine Tochter von der Schule. Für ihn war die Schule verantwortlich, aber nicht schuld an der Situation.

Systeme können rasend machen. Abläufe, die eigentlich die Dinge vereinfachen sollen, können dazu beitragen, andere zu frustrieren und einzuschränken. Jeder kann Horrorgeschichten über die Tücken der Bürokratie erzählen. Systeme arbeiten vielleicht unpersönlich, aber letztendlich sind Menschen dafür verantwortlich, daß sie so funktionieren, wie sie es tun. Das Paradoxe daran ist, daß derjenige, auf den sich Ihre Gefühle konzentrieren – zum Beispiel der glücklose Mitarbeiter, der einen Platz im System ausfüllt – wahrscheinlich wenig tun kann, um etwas zu verändern. Wenn Sie verstehen, wie Systeme operieren, ist gewährleistet, daß Sie Ihre Energie und Ihre Gefühle an die richtige Stelle richten, damit das System geändert werden kann.

Veränderung und Gleichgewicht

Wer die Leitung hat, hat für Veränderung zu sorgen, wobei es zwei Arten von Veränderung gibt. Die erste ist eine Veränderung *im* System – die Art von Veränderung, die Sie vornehmen müssen, damit

Sie der oder die gleiche bleiben. Das ist so, als ob Sie das Gleichgewicht halten. Sie versuchen dabei nicht, absolut ruhig und starr zu stehen, denn wenn Sie das täten, würden Sie schwanken und fallen. Um die Balance zu halten, gleichen Sie immer wieder aus und verändern Ihre Position geringfügig. Ihr Körper zum Beispiel erscheint Ihnen immer wieder gleich und erneuert sich trotzdem beständig. In einem Jahr werden 90 Prozent der Atome in Ihrem Körper erneuert. In einem Unternehmen gehen und kommen Mitarbeiter, das Unternehmen selbst verändert sich, trotzdem bleibt es irgendwie das gleiche. Je länger es besteht, desto mehr wird es sich verändert haben, aber es wird paradoxerweise um so stabiler erscheinen. Veränderung sorgt für Stabilität.

Die andere Art der Veränderung ist die Veränderung des Systems selbst. Diese Veränderung zweiter Ordnung bedeutet, daß ein neuer Balancepunkt gefunden werden muß; diese Veränderung ist umfangreicher und reicht tiefer. Eine Organisation muß sich verändern, um zu überleben: Sie muß sich entwickeln und sich an den sich verändernden Markt anpassen. Diese Veränderung kann allmählich oder plötzlich eintreten.

Wo wird in einem Unternehmen der Gleichgewichtspunkt gesetzt? Bei jeder Veränderung ist es sowohl wichtig zu wissen, was gleich bleiben soll und welche wichtigen Prozesse darum herum organisiert werden müssen, als auch zu wissen, was geändert werden soll. Hier hat eine Führungskraft die Rolle einer Vertrauensperson. Jedes Unternehmen muß in diesem Fall vier grundsätzliche Fragen beantworten:

- Was ist unser Ziel? Was versuchen wir zu erreichen?
- Wie bleiben wir auf dem Markt wettbewerbsfähig?
- Wie garantieren wir gute Leistungen?
- Wie gehen wir mit Veränderungen um?

Die Antworten auf diese Fragen ergeben die Bereiche, um die herum das Unternehmen sich selbst organisieren muß. Es braucht die Stabilität durch feste Abläufe, aber auch genügend Raum für Kreativität und Innovation, damit es überlebt und sein Gleichgewicht bewahrt. Aber wieviel von beidem muß es sein?

Zwischen Skylla und Charybdis

Führungspersönlichkeiten, die den gefährlichen Ozean eines sich schnell verändernden Marktes befahren, erwarten zwei große Gefahren. Da ist auf der einen Seite das bleierne Gewicht von zuviel administrativen Abläufen und ungenügender Flexibilität. Ein solches Unternehmen kann nicht schnell genug auf äußere Veränderungen reagieren; und das ist nicht von der Größe der Firma abhängig (*Microsoft*, eine wirklich große Firma, änderte die Internet-Politik 1996 innerhalb von sechs Monaten), sondern davon, wie sehr ein Unternehmen von starrer Politik und festen Abläufen beherrscht wird.

Die zweite Gefahr kommt aus der Gegenrichtung – zu viel Innovation und Veränderungen. Ein derartiges Unternehmen ist chaotisch, die Mitarbeiter sind verwirrt und desorientiert. Was sie tun und wie sie es tun ändert sich zu schnell, während das Unternehmen gleichzeitig auf eine Art Nervenzusammenbruch hinsteuert.

Diese zwei Gefahren lassen sich mit Ungeheuern vergleichen, die nur darauf lauern, die Organisation zu schlucken und zu zerstören. Die griechische Mythologie kennt zwei Seeungeheuer, die auf beiden Seiten einer Meerenge hausten. Alle Schiffe mußten der gefährlichen Passage trotzen, sie konnte nicht umfahren werden. Skylla hatte auf langen Hälsen sechs Hundeköpfe mit jeweils drei Reihen von Zähnen. Alle Seeleute, die in Reichweite der Köpfe gerieten, wurden geschnappt und verschlungen. Das Ungeheuer war immer in Bewegung, schlängelte sich rückwärts und vorwärts, und die Köpfe kläfften die vorbeifahrenden Seeleute an. Charybdis war ruhiger, aber genauso tödlich. Sie verursachte einen Wirbel, durch den das Wasser dreimal täglich eingesogen und dann wieder ausgespien wurde. Dabei wurde jedes Schiff zerstört, das in Reichweite kam. In einem Unternehmen muß eine Führungskraft nicht nur die üblichen Gefahren des Marktes (Felsen und Fluten) umsegeln, sondern auch verhindern, daß das Unternehmen in das Chaos der Skylla oder in die versteinerte Inaktivität der Charybdis gerät.

Im allgemeinen favorisieren Firmen die Seite der Charybdis und verwechseln Stabilität mit Starrheit. Sie sind nicht stabil, sondern pseudostabil, und sie sind vielleicht immer weniger auf dem neuesten Stand, wenn man bedenkt, daß die Abläufe, an denen die Firmen festhalten, einst erdacht wurden, um die Probleme von gestern zu lösen. In vielen Firmen existieren Methoden, um Veränderungen, die die bestehende Ordnung untergraben, zu dämpfen. Veränderungen und Unsicherheit begegnet man jedoch nicht dadurch, daß man Widerstand leistet, sondern indem man sich mitbewegt. Wenn sich eine Firma Veränderungen widersetzt, oder versucht, diese um jeden Preis durchzusetzen, baut sich Druck auf, der zu einem plötzlichen, drastischen Aufruhr führen kann. Am deutlichsten zeigt sich das in der Politik. Das ostdeutsche kommunistische System bemühte sich fast 50 Jahre lang, Veränderungen zu verhindern. Und diese kamen dann plötzlich und heftig und waren nicht aufzuhalten. Je länger man Veränderungen aufschiebt, desto tiefgreifender werden sie sein, wenn sie dann stattfinden. Je mehr sie unterdrückt werden, desto heftiger sind sie dann.

Normalerweise folgen innere Veränderungen, die ein Unternehmen stabil halten, einem bestimmten Muster. Erstens haben die Mitarbeiterinnen und Mitarbeiter Spielraum für Innovationen, um Abläufe zu variieren, zu experimentieren und verschiedene Lösungen auszuprobieren. Es gibt eine Flexibilität der Abläufe, verschiedene inoffizielle Kanäle und Regeln, die gebeugt oder gebrochen werden können. Es geht nicht um eine Forschungsabteilung für neue Produkte, es geht darum, daß sich das Unternehmen in kleinen Schritten von innen erneuert. Inoffizielle Kanäle, über die Informationen ausgetauscht und Verbindungen geknüpft werden, unterminieren vorhandene Abläufe nicht, sie führen vielmehr zu Innovationen und Erneuerung. Inoffizielle Kanäle, die entstehen, um nicht mehr funktionierende formale Abläufe zu umgehen, führen nicht zur Erneuerung, sie decken Dinge zu und stiften Verwirrung. Sie verstecken das Problem lediglich. Die inoffiziellen Verbindungen müssen offiziell als wertvoll anerkannt sein. Wird das durch die Unternehmenskultur unterstützt?

Zweitens gewinnt die Innovation an Boden, wenn sie offiziell als mögliche Antwort auf ein Problem in einem anderen Teil des Unternehmens betrachtet wird. Vielleicht findet sie sogar einen Sponsor.

Der letzte Schritt der inneren Veränderung besteht darin, daß die Idee immer mehr an Form gewinnt. Die Belegschaft arbeitet an ihr, und sie kann zu einem Ablauf oder einem Produkt werden, das intern oder extern vermarktet wird.

Wenn dieser dreiteilige Zyklus ablaufen kann, bleibt ein Unternehmen gesund. 90 Prozent dieser neuen Ideen bringen vielleicht nichts, aber eine Idee aus den übrigen 10 Prozent könnte innerhalb von fünf Jahren zu einem wichtigen Produkt oder einer wichtigen Dienstleistung werden. Es ist entscheidend, die sich bietenden Wege zu erforschen, auch wenn sie auf den ersten Blick nicht sehr vielversprechend erscheinen.

Welche Rolle hat eine Führungskraft in diesem Prozeß? Vielleicht kommt die Idee von ihr, vielleicht ist sie Sponsor. Ganz sicher ist sie die bewegende Kraft in einer Kultur, in der Innovationen und Unterschiede gedeihen können.

Der gesamte Prozeß läßt sich mit der Evolution vergleichen. Die Natur nimmt beständig Innovationen vor, indem sie verschiedene Formen und Variationen derselben Form schafft. Zwei Tiere derselben Rasse sind niemals gleich. Die Unterschiede mögen gering sein, aber wenn sie in der Umgebung über die Zeit einen Vorteil bedeuteten, bleiben sie erhalten, werden weitergegeben und lassen schließlich eine völlig neue Spezies entstehen. Diese organische Metapher spricht mich mehr an als Metaphern aus der Technik, etwa der Begriff *Reengineering* (das Infragestellen von Abläufen). Ich glaube auch, daß sie zutreffender ist. Das Wort „Organisation" hat die gleiche Wurzel wie „organisch" und „Organismus", das heißt daß etwas zu einem lebensfähigen Ganzen zusammengefügt ist. Die Wurzel des Wortes „Corporation" (Handelsgesellschaft) ist das lateinische Wort „corporis", ein lebendiger Körper. Führungspersönlichkeiten halten eine Organisation lebendig und gesund.

Die Zukunft läßt sich nicht vorhersagen, aber Innovation ist ein Weg, um sich in Voraussicht anzupassen. Beständige Innovation stattet eine Firma mit vielen Möglichkeiten in der Zukunft aus. Jede Firma, die sich auf ihren Lorbeeren ausruht, wird sich diese in Zukunft stehlen müssen. Eine Firma ist entweder auf dem Weg nach oben oder auf dem Weg nach unten; in dem Augenblick, in dem sie einen Gipfel erreicht hat, beginnt sie bereits, auf der anderen Seite hinunterzurutschen. Ein Geschäft braucht beständig verschiedene Gipfel zum Erklimmen. Die Gefahr ist, daß das, was wie ein Gipfel ausschaut, nur ein Ausläufer ist, oder noch schlimmer, daß alle anderen Wettbewerber eine andere Bergregion erklimmen. Exzellent sein genügt nicht; es ist als Konzept zu statisch. Die Gesellschaften, die heute ein heißer Tip sind, können morgen bereits Schnee von gestern sein.

Das Wirtschaftsbuch *In Search of Excellence* (deutsch: *Auf der Suche nach Spitzenleistungen*) von Peters und Waterman[3] war 1982 ein Bestseller. Es erzählt die Geschichte der erfolgreichsten Firmen der späten siebziger Jahre, die jedoch nicht unbedingt auf die achtziger Jahre vorbereitet waren. Drei Jahre, nachdem das Buch erschien, waren nur noch eine Minderheit dieser hervorragenden Firmen noch immer sehr gut – gemessen mit denselben Kriterien. In den neunziger Jahren liegt der Fokus auf Veränderung, die Antwort ist Innovation, und der Preis ist Durchhaltevermögen. Ein neuer Wirtschaftsbestseller könnte den Titel *Auf der Suche nach Durchhaltevermögen* tragen.

Der Rand des Chaos

Der Gleichgewichtspunkt zwischen der Skylla einer zu großen Freiheit und der Charybdis von zu viel Ordnung wird im Rahmen der Komplexitätstheorie als der Rand des Chaos bezeichnet. An dieser Stelle gibt es genügend Freiheit für kontinuierliche Entwicklung und Veränderung, und genügend Struktur, um Stabilität und Funktionsfähigkeit zu gewährleisten. Stabilität und Ordnung ermöglichen einem Unternehmen Kontinuität, Effizienz, Planung und ein bestimmtes Maß an Kontrolle. Freiheit bedeutet, daß es Spielraum für Kreativität, Vielfalt, Risikobereitschaft, Experimentierfreudigkeit und Unternehmergeist gibt. Am Rand des Chaos kann eine Organisation lernen. Wir bewegen uns sehr häufig vorsichtig bis an diesen Rand, werfen einen Blick in die Tiefe und ziehen uns schnell wieder zurück – zugunsten von Gewohnheit, Bequemlichkeit und Konformität. Und dennoch ist dies der beste Standort. Eine Organisation muß in der Lage sein, mit einem sich verändernden Umfeld umzugehen und sich anzupassen, und sie muß um so flexibler sein, je mehr sich die Umgebung ändert. Am Rand des Chaos ist diese seltene Kombination zu finden, in der die Freiheit die Struktur im Gleichgewicht hält. Am Rande des Chaos gelingt es einer Organisation am besten, Daten in Informationen zu verwandeln und Informationen in Wissen. Die Organisation verfügt über die nötige Struktur, um Informationen zu sammeln, und über die inneren Verbindungen und die Kreativität, beides zu verbinden, damit Wissen, Wert, Einsicht und Voraussicht entstehen können.

Kann ein Unternehmen von selbst an diesen magischen Punkt kommen? Wohl kaum ohne einen ‚Leader‘ (eine Führungspersönlichkeit), der es dorthin führt. Wer führt, muß eine Kultur schaffen, die Risikobereitschaft, Kreativität und Einzigartigkeit innerhalb eines Musters von Kontinuität und Ordnung ermutigt, eine Kultur, die nicht durch Regeln, Strafen und starre Grenzen aufrechterhalten wird, sondern durch Werte und Visionen, Vertrauen und Engagement. Es gibt kein Rezept, wie man an diesen Rand gelangen kann; jedes Unternehmen ist anders, braucht ein unterschiedliches Maß an Freiheit und Ordnung – abhängig davon, was es macht und wie es strukturiert ist. Aber es gibt einige grobe Leitprinzipien.

Wichtig ist der Umfang der Kommunikation innerhalb eines Unternehmens. Wie gut kommunizieren die Menschen und wie gut sind die Beziehungen? Wenn es zu wenig Beziehungen gibt, ist die Organisation zu starr, sie kann nicht schnell genug reagieren. Zu viele Verbindungen und es entsteht Chaos – eine Veränderung in einem Teil breitet sich in alle anderen Teile aus und stört das gesamte System, die Arbeit wird unmöglich gemacht. Ein solches Unternehmen gleicht einem Kartenhaus – Sie stoßen eine Karte an und alle fallen um. Jeder Teil eines Unternehmens benötigt etwas Autonomie. Wenn Teile der Organisation zu sehr miteinander verstrickt sind, muß jeder Teil etwas Handlungsfreiheit bekommen, sonst ziehen Veränderungen in einem Teil jedesmal Reaktionen anderer nach sich. Einige Veränderungen müssen übertragen werden, aber nicht alle.

Eine Möglichkeit, daß Organisationen zu starr werden, ist die, daß man versucht, alle Eventualitäten abzudecken und alle Abläufe abzusichern. Sie können ein komplexes System niemals hundertprozentig sicher machen, es ist unmöglich, alles zu kontrollieren. Und sollten Sie das versuchen, entstehen zu viele starre Regeln. Es scheint, daß das, was schiefgehen kann, auch schiefgehen wird … irgendwann. Industrieunfälle geschehen trotz ausgeprägter Sicherheitsmaßnahmen. Nehmen Sie sich die Natur als Vorbild. Ihr Körper ist nicht so erdacht, daß in ihm nie etwas falsch läuft – Ihr Körper funktioniert nicht garantiert hundertprozentig. Die Natur hat es eher so eingerichtet, daß bei Problemen der Schaden möglichst gering und lokal begrenzt bleibt. Der Körper kann vom Entwurf her gut mit Fehlern umgehen.

Ein Gleichgewicht von Freiheit und Ordnung bedeutet, daß die Mitarbeiterinnen und Mitarbeiter die Verantwortung für ihre Arbeit tragen, und niemand versucht, sie zu kontrollieren oder Regeln aufzustellen, die jeden Eventualfall abdecken. Ein Manager, der jeden Tag sehr viele kleine Entscheidungen trifft und so bestimmt, was die Mitarbeiter tun sollten, kontrolliert zuviel. Zu viele Vorschriften und Kontrollen lassen wenig Raum für eine inspirierende Führung.

Der Rand des Chaos ist der Platz für die Gesamtorganisation, also können einige Teile eines Unternehmens stärker strukturiert sein als andere. Zum Beispiel braucht die Buchhaltung mehr Struktur als die Marketingabteilung, die Fertigung mehr als Forschung und Entwicklung; insgesamt wird sich jedoch ein Gleichgewicht einstellen.

Ergebnisse aus einer laufenden Studie scheinen diesen Gedanken zu untermauern. Eliot Maltz, Assistenzprofessor für Marketing an der *University of Southern California*, und Ajay Kohli, Professor für Marketing an der *University of Texas*, befragten 788 Manager aus den Abteilungen für Produktion, Forschung und Entwicklung sowie für Finanzen in 265 Hochtechnologiefirmen. In der Studie wurde untersucht, wie gut die Marketingabteilungen ihre Vorstellungen an andere Abteilungen übermittelten. Dabei war die Anzahl der Kontakte entscheidend. Wenn die Marketingmanager weniger als 10 Kontakte pro Woche zu verzeichnen hatten, wurden ihre Informationen von den anderen Abteilungen nicht sinnvoll genutzt, und die Marketingmanager verstanden es nicht, die richtigen Informationen zur richtigen Zeit auf die richtige Weise zu übermitteln. Zu wenig Kontakte waren daran schuld, wenn die Information nicht optimal weitergegeben wurde. Waren also mehr Kontakte besser? Ja – aber nur bis zu einem bestimmten Punkt. Bei 10 bis 25 Kontakten pro Woche waren die Ergebnisse gut, danach glich sich die Wirkung aus. Die Studie zeigte auch, daß zuviel Kommunikation der Marketingmanager mit ihren Kollegen in anderen Abteilungen – mehr als 40 Mal die Woche – dazu führte, daß ihre Arbeit unterbewertet und schließlich ignoriert wurde. Zuviel Kommunikation ist genauso schlecht wie zuwenig. Die Untersuchung zeigte auch, daß 50 Prozent der übrigen Manager das Gefühl hatten, daß sie von ihren Kollegen im Marketing zu wenig informiert wurden, und nur fünf Prozent meinte, daß sie zu viele Informationen bekämen. Die Tendenz zeigt also, daß eher zu wenig Kontakte bestehen.

Die Kontakte konnten formell oder informell sein – Fax, E-Mail, Memos oder sogar ein informelles Gespräch bei einer Tasse Kaffee. Die beste Mischung von Kommunikation im Rahmen der entscheidenden Bandbreite von 25 bis 40 Kontakten war eine ausgeglichene Mischung formeller und informeller Kommunikation. Formelle Kommunikation ging offizielle Wege, sie sorgte für die bloßen Informationen; die informellen Kontakte waren genauso wichtig, sie informierten über den Kontext und die Gefühle der Leute, sie dienten der subjektiven Analyse von Informationen und brachten oft Gründe und Erklärungen, die in offiziellen Schriftstücken nichts zu suchen hatten. Manager benötigten beide Teile der Botschaft, um eine Situation wirklich zu verstehen, sowohl das offizielle Gerüst als auch den reichen menschlichen Kontext, der die Situation bestimmte. Die informellen Sitzungen gestatteten es den anderen Managern außerdem, Fragen zu stellen, um die offiziellen Informationen zu erklären und sie besser auf ihre Situation anwenden zu können.

Ich finde diese Forschungsergebnisse sehr überzeugend. Sie zeigen die Vorteile der Position am Rande des Chaos in einem kleinen Teil einer Organisation.

Das ‚exponentielle Gesetz'

Wie sehr sollte sich eine Organisation verändern? Wie oft? Die Theorie komplexer Systeme bietet dazu einige interessante Vorschläge. Ein komplexes System ist am Rande des Chaos angekommen, wenn es eine Beziehung zwischen der Rate an Veränderungen und der Größe einer Veränderung gibt. Diese Beziehung geschieht nach einem ‚exponentiellen Gesetz'. Veränderungen folgen diesem Gesetz, wenn die durchschnittliche Frequenz einer Veränderung umgekehrt proportional zu einer Potenz ihrer Größe ist – mit anderen Worten: viele kleine Veränderungen, aber sehr wenige große.

Das exponentielle Gesetz ist in der Natur sehr häufig zu finden. Es läßt sich beobachten im Verhalten des Lichts, das von der Sonne ausgeht, in Sonnenflecken, im Fließen des Wassers in einem Fluß und an der Größe und Frequenz von Erdbeben. Starke Beben sind selten, aber es gibt viele kleine Beben. Die Börsenkurse und der Verkehrsfluß in einer Stadt folgen genauso einem exponentiellen Gesetz.

Der dänische Physiker Per Bak erklärt hervorragend, wie ein exponentielles Gesetz in einem System wirkt, das sich in einem kritischen Zustand befindet.[5] Stellen Sie sich vor, wie Sand auf einen Haufen rieselt, bis dieser im Gleichgewicht ist und nicht mehr höher werden kann. Er ist stabil, das Gleichgewicht scheint beständig gefährdet, aber keine weiteren Körner gleiten nach unten. Lassen Sie jetzt ein weiteres Sandkorn auf den Haufen fallen. Wir wissen nicht, was geschehen wird. Vielleicht nichts. Vielleicht werden einige wenige Körner angestoßen. Vielleicht setzt auch eine Kettenreaktion ein, die dazu führt, daß der Haufen zerstört wird und sich ein weiterer Haufen bildet, der gerade eben im Gleichgewicht ist. Es läßt sich nicht genau vorhersagen, was geschehen wird, aber meistens wird eine kleine Lawine entstehen. Und ganz gelegentlich auch eine große Lawine.

Jedes System am Rande des Chaos wird Veränderungen zeigen, die einem exponentiellen Gesetz folgen. Ich glaube, daß dies eine sehr überzeugende Metapher für Organisationen und Individuen ist. Sehen Sie sich noch einmal die Abbildung *Veränderungen in einer*

Organisation an (Anfang dieses Kapitels 7). Ein exponentielles Gesetz besagt, daß es sehr viele oberflächliche und beschränkte Veränderungen in Sektor 1 geben sollte, weniger in Sektor 2 und 3, und sehr wenige umfangreiche und tiefgreifende Veränderungen in Sektor 4. Diese Veränderungsrate macht ein Unternehmen nicht nur anpassungsfähig, sondern auch überlebensfähig.

Führungskräfte müssen in der Lage sein, Veränderungen herbeizuführen – um die Organisation zu verändern und in der Balance zu halten.

ORGANISATION

Chaos	Rand des Chaos	Ordnung
• Zu wenig feste Abläufe	• Durchhaltevermögen	• Zu viele Abläufe
• Anarchie	• Wissen	• Zu viele Regeln
• Verwirrung	• Lernen	• Starrheit
• Risikobereitschaft		• Kein Risiko
• Zu viele Verbindungen		• Zu wenige Verbindungen
• Frei für alle		• Befehlen und Kontrolle
• Kontakte eher informell als formell		• Kontakte eher formell als informell
• Klatsch		• Isolation

Unser Leben ist genauso komplex wie das jeder Organisation, wenn auch auf andere Weise, und ich finde es sehr interessant, diese Metaphern ebenso auf unser persönliches Leben anzuwenden. Wir können spekulieren, daß wir vielleicht Veränderung brauchen und uns erneuern müssen. Auch wir müssen ein Gleichgewicht zwischen Struktur und Kreativität finden, auch wir müssen uns entscheiden zwischen einem Leben, das im Alltagstrott erstarrt ist (und das damit das persönliche Äquivalent für Abläufe in Organisationen ist), und einem Leben, in dem zu viel Chaos herrscht, als daß wir die Chance hätten, uns voll auszudrücken.

Der Flow-Zustand von Kreativität und Wohlbefinden mag das individuelle Äquivalent für den Rand des Chaos sein. Der Flow-Zustand wurde als ein Zustand „wacher und müheloser Kontrolle" beschrieben, als ein Zustand „aktiver Entspannung"[6]. Für den Körper sind Gesundheit und Wohlbefinden ein Äquivalent für den Rand des Chaos. Auch hier müssen wir eine Balance finden zwischen Vertrauen und Regeln, zwischen formeller und informeller Kommunikation. Wir wissen, daß ein Mangel an sozialen Kontakten schlecht für unsere Gesundheit ist – andererseits ist es auch möglich, daß wir uns selbst in zu vielen sozialen Kontakten verlieren. Und wie gut und wie oft kommunizieren wir mit unserem eigenen Innern? Wie gut kennen wir uns selbst? Um was herum organisieren wir uns selbst? Wo fühlen wir uns hingezogen? Für eine Führungskraft ist das eine Vision.

INDIVIDUUM		
Chaos		Ordnung
	Flow	
• Befürchtungen	Rand des Chaos	• Gewohnheit
• Verwirrung		• Rigidität
• Unordnung		• Starre Routine
• Unfähig zu		• Langeweile
Konzentration		• Zwanghaftes Verhalten

Ich beobachte fasziniert, wie der Rand des Chaos und das exponentielle Gesetz sich auf Veränderungen auswirken könnten, die wir in unserem Leben vollziehen. Tauchen Sie ein wenig in die Metapher ein. Mit der folgenden Übung können Sie spekulieren und Erkundungen anstellen.

Denken Sie an eine Zeit in Ihrem Leben, zum Beispiel an die letzten ein oder zwei Jahre, und schreiben Sie alle vollzogenen Veränderungen in eine Liste. Ordnen Sie die Veränderungen etwas – angefangen mit denen, die am meisten Wirkung gezeigt haben und zu denen Sie die stärksten Gefühle haben, bis hin zu den weniger wichtigen alltäglichen kleinen Veränderungen.

Ordnen Sie den einzelnen Veränderungen Maßzahlen zu – so wie man zum Beispiel den Streßpegel eines Menschen schätzt, auch wenn es hier nicht um Streß geht. Sie können die Zahlen frei wählen – vielleicht 100 für die wichtigste Veränderung bis hinunter zu eins für die geringste Veränderung.

Tragen Sie sie in ein Diagramm ein, wie nachfolgend gezeigt.

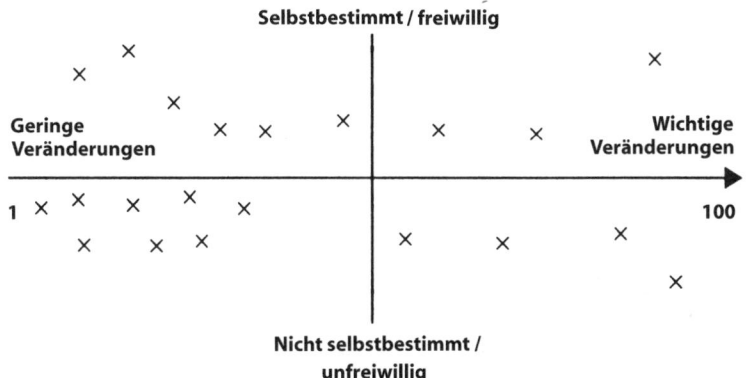

- Welche Muster können Sie erkennen?
- Müssen Sie mehr oder weniger Veränderungen vornehmen?
- Wie viele der großen Veränderungen geschahen freiwillig?

Kapitel 8
Zusammenfassung

In einer traditionellen Abenteuergeschichte kehrt der Held nach seiner Reise zurück und nimmt sein altes Leben wieder auf, aber es ist ein anderes Leben, da er ein anderer Mensch geworden ist. Sein Abenteuer hat ihn verändert. Das Leben selbst läßt sich nicht so sauber unterteilen wie in Geschichten, und das Ende der einen Geschichte ist der Beginn der nächsten. Es gibt keinen Zeitpunkt, an dem Sie sich buchstäblich auf Ihren Lorbeeren ausruhen können: „Das war's. Ich bin eine Führungspersönlichkeit. Jetzt kann ich mich entspannen."

Führungsqualifikationen werden oft als Paket präsentiert: Sie tun all die empfohlenen Dinge und übernehmen die Führungsrolle. Von außen betrachtet ist das Paket attraktiv; ich hoffe jedoch, daß wir über die Verpackung hinaus gekommen sind – hin zu *Ihrer* Vorstellung von Führung, damit Sie Ihren eigenen Führungsstil entwickeln und Führung so gestalten, daß sie mit Ihren ethischen und moralischen Werten übereinstimmt. Führungspersönlichkeit zu sein heißt, Sie selbst zu sein.

Führungsqualifikationen umfassen meiner Meinung nach allgemeine Fähigkeiten, Werte und eine Lebensart, die überall anwendbar ist, im Familienleben, bei der Arbeit, bei allem, was Sie tun. Obwohl sich dieses Buch überwiegend mit der Führung in Unternehmen befaßt, weil sie dort besonders gefordert ist, habe ich versucht, einige der Fähigkeiten, die für Führungskräfte in Unternehmen nötig sind, in einen größeren Kontext zu stellen. Ich bin der Meinung, daß die

Führungskraft und der Mensch nicht getrennt betrachtet werden können. Die Veränderung eines Unternehmens beginnt mit Ihrer Veränderung, und sich Führungsqualitäten anzueignen ist eine Möglichkeit, sich selbst zu verändern. Außerdem glaube ich, daß wir für jedes Hindernis, das wir in der Außenwelt finden, und für jedes Problem, das wir dort lösen, ein inneres Hindernis überwinden und ein inneres Problem lösen müssen.

Die Vision eines ‚Leaders‘ führt in die Zukunft, und die Zukunft ist ein Abenteuer. Das Wort Abenteuer bedeutet „herankommen“, „sich ereignen“. Der Weg zur Führung ist ein Abenteuer der Selbstentwicklung und des Aufspürens von Ressourcen, um die Rückschläge auf dem Weg zu verkraften und die ‚Wächter‘ zu überwinden. Und es ist ein Abenteuer, bei dem Sie aus sich herausgehen, äußere Hindernisse überwinden, Ihre Begleiterinnen und Begleiter fördern und Ihre Vision erreichen.

Hindernisse und Widerstände sind nicht immer das, was sie zu sein scheinen. Japanische Tempel werden oft von Statuen bewacht, die wie schreckliche Dämonen aussehen. Was an ihnen zuerst auffällt, ist eine Hand, die mit der Handfläche nach außen hochgehalten wird und eindeutig „Stopp!“ signalisiert. Wenn Sie dann genauer hinschauen, sehen Sie, daß die andere Hand Sie mit einer einladenden Geste zum Eintreten auffordert. Welches ist nun die richtige Botschaft? Immer die, auf die sie achten.

Normalerweise können Menschen, die führen, nicht zur nächsten Station ihres Abenteuers weiterschreiten, ehe sie nicht jemanden gefunden haben, der ihre bisherige Stelle einnimmt. So geht es bei Führung also auch darum, Coach oder Mentor zu sein und andere auf dem Weg zur Führung zu fördern.

Von den vielen Fertigkeiten und Ideen in diesem Buch sind drei für mich besonders wichtig. Die erste ist das Aufbauen von Vertrauen – Vertrauen in sich selbst und Vertrauen in andere. Vertrauen entsteht zuallererst durch Pacing. Es entsteht, wenn Sie sich klarmachen, wo genau Sie jetzt stehen, und das auch akzeptieren. Danach bauen Sie Vertrauen auf, indem Sie beständig Ihre eigene Stärke und die anderer testen. Das können Sie nur durch Kooperation erreichen, indem Sie, zumindest am Anfang, annehmen, daß andere vertrauenswürdig

sind. Und hier kommt auch Optimismus ins Spiel. Führungspersönlichkeiten nehmen an, daß sie Erfolg haben, es sei denn, sie
haben Beweise für das Gegenteil; sie gehen nicht davon aus, daß sie
versagen. Gleichzeitig jedoch achten sie sehr sorgfältig auf alle
Schwierigkeiten, die ein Hindernis sein könnten, und planen voraus.

Nehmen Sie sich jetzt etwas Zeit, um Ihre eigenen Vorstellungen
von Führung zu überdenken:

- Was hat bei den beschriebenen Gedanken über Führung den
  stärksten Eindruck auf Sie gemacht?
- Welche Vorstellungen sprechen Sie besonders an?
- Welche Vorstellungen sprechen Sie am wenigsten an?
- Welche Vorstellungen fanden Sie bereits bestätigt?
- Welche Ideen waren neu für Sie?
- Welchen Bereich finden Sie als Führungskraft besonders anzie-
  hend?

Und:

- Welches ist für Sie im Moment die unsicherste, vielleicht auch riskanteste Situation in Ihrem Leben? Da genau bietet sich Ihnen die
  beste Gelegenheit, Ihre Führungseigenschaften zu beweisen.

Die zweite für mich sehr wichtige Vorstellung ist die des generativen
Lernens durch das beständige Infragestellen Ihrer Annahmen. Wir
bauen eine Firma auf, wir gestalten unser Leben – immer auf der Basis unserer Überzeugungen und Annahmen. Danach unterscheiden
wir nicht mehr zwischen den Überzeugungen, die für uns wichtig
sind und uns stärken, und jenen, auf die das nicht zutrifft.

Wie wäre es, wenn Sie Ihr Glaubenssystem an den Rand des
Chaos stellten? Das klingt gefährlich, aber denken Sie darüber nach.
Sie würden Ihre Überzeugungen beständig überprüfen, und Sie
wären offen für kleine Veränderungen, die Ihnen auf dem Weg zu
Ihrer Vision weiterhelfen würden. Gelegentlich würden Sie eine
große Veränderung vornehmen, aber alle Veränderungen würden
Ihnen helfen, aufnahmebereit für neue Erfahrungen zu bleiben.
Wenn Sie Ihr Glaubenssystem auf diese Weise flexibel halten, erleben
Sie vielleicht keine unerwartete und unliebsame Überraschung, wenn
sich herausstellen sollte, daß eine wichtige Annahme irreführend ist.

Glaubenssysteme werden nicht ein für allemal gebildet. Wir alle
verfügen über ein Museum voll alter Überzeugungen; die Ausstel-
lungsstücke sind veraltete Überzeugungen, die wir widerlegt haben
oder über die wir hinausgewachsen sind.

Die dritte wichtige Vorstellung betrifft das Gleichgewicht von
Veränderung und Ordnung. Führungskräfte führen Veränderungen
herbei, aber vor einem stabilen Hintergrund. Für erfolgreiche Veränderungen gibt es eine weitere wichtige Zutat: gutes Timing. Versuchen Sie eine Veränderung zu bald anzugehen, ist unter Umständen
der Status quo zu stabil, Ihre Veränderung wirkt zu spät, und damit
ist der richtige Augenblick vorbei. Dann ist etwas anderes nötig.

Wie wissen Sie, wann der richtige Zeitpunkt für eine Veränderung
gekommen ist? Sie wissen es nicht. Sie müssen einfach Vertrauen
haben. Manchmal können Sie spüren, wohin Menschen gehen möchten – dann können Sie *mit* ihnen vorwärts gehen. Wer das Führen
beherrscht, weiß, wohin die Menschen gehen wollen, und setzt sich
an die Spitze. Wenn Sie über die Ereignisse auf dem laufenden sind,
werden Sie immer den richtigen Zeitpunkt finden. Ich glaube, daß
das richtige Timing etwas mit Ästhetik zu tun hat. Wir besitzen alle
ein Gespür für Ästhetik, einem Sinn für das Richtige, für Schönheit
und Proportionen. Wir spüren, wenn Ereignisse zusammentreffen
und wenn es Zeit ist, daß etwas Neues geschieht. Auch hier müssen
wir wieder dem ästhetischen Gespür vertrauen. Das ist genauso, als
hörten wir Musik oder erzählten eine schöne Geschichte. Manche
Geschichten klingen wahr, andere nicht. Gute Geschichten wecken
Erwartungen und sind befriedigend, und das Gleichgewicht zwischen Aktion und Reflexion spricht uns ästhetisch an.[1]

Eine Vision ist etwas, das Sie inspiriert; sie bringt die Handlung
einer Geschichte voran, aber sie muß für Feedback offen bleiben.
Auch Werte müssen für Feedback offen bleiben. Wer in der Führungsposition ist, ist unter Umständen der Gefahr des Fanatismus
ausgesetzt, wenn er Werte bis ins Extrem verfolgt. Jeder politische
Anführer kommt durch eine Vision oder etwas ähnliches, das durch
Werte untermauert ist, an die Macht. Jeder Wert verliert jedoch
seinen ‚Wert‘, wenn er bis ins Extrem verfolgt wird. In diesem Fall
bedeutet „mehr" nicht „besser".

Wir haben bereits verschiedentlich die Werte von Veränderung und Ordnung einander gegenübergestellt. Sowohl Veränderung als auch Ordnung können mehr schaden als nutzen, wenn sie übertrieben werden. Und es gibt andere Beispiele. Individualität ist ein guter Wert, ebenso der Glaube, daß Beziehungen wichtig sind. Eine Übertreibung wäre jedoch in beiden Fällen nicht gesund. Das gleiche gilt für zu lösende Aufgaben und Beziehungen sowie für vollständiges Vertrauen oder vollständiges Mißtrauen. Achten Sie auf das Gleichgewicht Ihrer Werte, besonders derjenigen, die Sie für die wichtigsten halten. Das hält Sie davon ab, zu denken, Sie wüßten, was für andere am besten ist, und müßten ihnen Ihre Lösungen aufzwingen.[2]

Das Paradoxon der Werte

Denken Sie an einen Wert, der Ihnen sehr wichtig ist, entweder in Ihrem persönlichen Leben oder bei der Arbeit in Ihrer Firma. Stellen Sie sich einige Fragen, um die Grenzen dieses Wertes zu auszuloten:

- Im Zusammenhang mit welcher Vision steht dieser Wert?
- Wofür ist er Leitprinzip?
- Wie hilft er mir auf dem Wege zu meiner Vision?
- Wie könnte er zum Hindernis werden, wenn ich ihn extrem verfolgen würde?
- Welches ist der entgegengesetzte Wert, der ein Gegengewicht zu meinem Wert bilden würde und vielleicht auch ein Leitprinzip hin zu meiner Vision sein könnte?
- Wie könnte mir dieser Wert helfen?
- Wie könnte er mich behindern, wenn ich ihn bis ins Extrem verfolgte?
- Was würde geschehen, wenn ich zuließe, daß der erste Wert den zweiten, ausgleichenden Wert dominierte?
- Was würde geschehen, wenn ich zuließe, daß der ausgleichende Wert den ersten Wert dominierte?
- An welchem Punkt würde jeder Wert anfangen, sein Gegenteil zu schwächen? Wie würde ich wissen, ob das geschieht?

Erinnern Sie sich an die Stare, die in Formation flogen und irgendwie zusammenblieben und ihre Ausrichtung beibehielten, ohne daß ein einzelner Vogel beständig die Führung innehatte? Forschern gelang es, das Verhalten eines Schwarms auf einem Computer zu simulieren, indem sie die Vögel drei einfachen Regeln folgen ließen. Als erstes muß jeder Vogel eine bestimmte Entfernung zu den anderen einhalten. Das heißt, die Beziehung zwischen den Vögeln ist wichtig – nicht zu nahe und nicht zu weit. Zweitens muß jeder Vogel versuchen, seine Geschwindigkeit an die der Vögel, die um ihn herum fliegen, anzupassen. So bewegen sich alle in derselben Geschwindigkeit. Drittens sollte jeder Vogel versuchen, sich auf das angenommene Zentrum der Vogelschar in seiner Nachbarschaft hinzubewegen.

Wir wissen, daß sehr komplexes Verhalten auf sehr einfachen Regeln aufbauen kann. Das komplizierte Muster einer Vogelschar entsteht durch die einfachen Regeln, die individuell gelten, aber die Regeln betreffen auch die Beziehung des Individuums zur Gesamtgruppe. Wenn Zugvögel gemeinsam fliegen, könnte kein einzelner Vogel seinen Bestimmungsort auf sich allein gestellt erreichen. Die Vögel brauchen einander. Wird der Leitvogel müde, läßt er sich zurückfallen und fliegt weiter hinten, unterstützt von anderen Vögeln. Ich frage mich, welche einfachen Regeln für ein eingespieltes Team gelten, bei dem jede Person zur Führung befähigt ist, bei dem jeder die anderen, wenn nötig, unterstützt, jeder die Führungsrolle übernehmen kann und alle auf dasselbe Ziel ausgerichtet sind. Ich vermute, bei diesen Regeln geht es um Vertrauen, um ein Gleichgewicht der Veränderungen und um das Herstellen der richtigen Verbindungen.

Und schließlich ist es Aufgabe eines ‚Leaders‘, zum Handeln zu inspirieren. Eine Vision ohne entsprechendes Handeln ist kraftlos, ebenso wie Handeln ohne eine Vision bedeutungslos ist. Die zwei größten Redner im antiken Griechenland waren Sokrates und Demosthenes. Beide sprachen vor einer Schlacht zu der versammelten Armee und riefen sie dazu auf, gegen ihre Feinde zu ziehen. Zuerst sprach Sokrates. Die Zuhörer jubelten und riefen: „Das war eine große Ansprache!"

Dann sprach Demosthenes. Als er geendet hatte, herrschte Schweigen. Dann ein Aufschrei der Armee: „Laßt uns losmarschieren!" Demosthenes war hier die bedeutendere Führungspersönlichkeit.

Wir alle bewegen uns auf irgendeine Vision zu, wie auch immer wir sie nennen und wie auch immer wir über sie denken. Ich wünsche Ihnen *Bon voyage* – in guter Gesellschaft!

Anhang

Anmerkungen

Kapitel 1

1 Eloise Ristad: *A Soprano on her Head*, Real People Press, 1982.
2 Die spezifischen Eigenschaften unserer mentalen Bilder, Gefühle und Geräusche werden als Submodalitäten bezeichnet. Siehe dazu Richard Bandler: *Using your Brain for a Change*, Real People Press, 1985; deutsch: *Veränderung des subjektiven Erlebens*, Paderborn: Junfermann, 1987.

Kapitel 2

1 Eine sehr gute Analyse der dunklen Seite bei ‚Schattengurus‘ und religiösen Führern findet sich in Joel Kramer/Diana Alstad: *The Guru Papers: Masks of Authoritarian Power*, Frog Ltd., 1993; deutsch: *Die Guru-Papers: Masken der Macht*, Frankfurt a. M.: Zweitausendeins, 1995.
2 Siehe Robert Dilts: *Skills for the Future*, Meta Publications, 1993, oder *Changing Belief Systems with NLP*, Meta Publications, 1990; letzteres deutsch: *Die Veränderung von Glaubenssystemen: NLP-Glaubensarbeit*, Paderborn: Junfermann, 1993. Gregory Bateson schrieb Bücher über Anthropologie, Kybernetik und Psychologie. Sein Interesse war breit gestreut, und er schrieb über viele Themen. Siehe dazu Bateson: *Mind and Nature*, Fontana, 1980; deutsch: *Geist und Natur: eine notwendige Einheit*, Frankfurt a. M.: Suhrkamp, 1995; und *Steps to an Ecology of Mind*, Jason Aronsen, 1987; deutsch: *Ökologie des Geistes: anthropologische, psychologische, biologische und epistemologische Perspektiven*, Frankfurt a. M.: Suhrkamp, 1994.
3 Lucas Derks hat sich ausführlich mit dem inneren Raum beschäftigt, der soziale Beziehungen repräsentiert. Siehe dazu Derks „The social significance of inner space“, in: *Social Panorama*, IE Publications, 1997.

Kapitel 3

(Keine Anmerkungen.)

Kapitel 4

1 Siehe dazu Morton Deutsch: *Distributive Justice: A Social-psychological Perspective*, Yale University Press, 1985; außerdem Kenneth McGraw: „The detrimental effects of reward on performance", in: M. Lepper/D. Greene (Hrsg.): *The Hidden Costs of Rewards*, Earlbaum, 1978. Eine gute Zusammenfassung ist Alfie Kohn: *Punished by Rewards*, Houghton Mifflin, 1993. Siehe auch Crystal Graef: *The Overcompensation of American Executives*, Norton, 1992. Dieses Buch zeigt, wie Spitzenmanager in Firmen unabhängig (oder auch nicht) vom Erfolg belohnt werden.

2 Siehe John Pearce/William Stevenson/James Perry: „Managerial compensation based on organizational performance", in: *Academy of Management Journal*, Juni 1985.

3 Siehe Jeffrey Pfeffer: „Six dangerous Myths about Pay", in: *Harvard Business Review*, Mai-Juni 1998. Eine sehr gute Diskussion über den Stellenwert von finanziellen Anreizen in Unternehmen.

4 James Kouzes/Barry Posner: *Credibility*, Jossey-Bass, 1993, S. 12–15.

5 Zitiert aus Noel Tichy/Stratford Sherman: *Control Your Own Destiny or Someone Else Will*, Doubleday, 1993.

6 Siehe Marcia McDermott: *The Apostle of Freedom*, Allen and Unwin, 1967.

Kapitel 5

1 Jens Dahlgaard/A. Norgaard/S. Jakobsen: „Profile of success", in: *Journal of European Quality*, Band 5, Nr. 1.

2 C. Argyris/R. Putnam/D. Smith: *Action Science*, Jossey-Bass, 1985. Argyris hat aber noch weitere Arbeiten über einfaches Lernen und über das Lernen in doppelten Rückkoppelungskreisläufen verfaßt.

Kapitel 6

1 Eine ausführliche Behandlung des ‚Gefangenendilemmas‘ findet sich bei Anatol Rapoport/Albert Chammah/Carol Orwant: *Prisoner's Dilemma: A Study in Conflict and Co-operation*, University of Michigan Press, 1965. Siehe auch Dudley Lanch/Paul Kordis: *The Strategy of the Dolphin*, Ballantine Books, 1988; deutsch: *Delphin-Strategien: Management-Strategien in chaotischen Systemen*, Fulda: Paidia-Verlag, 1992.

2 Ich bedanke mich bei Chris Argyris für seine Arbeit über „The ladder of infe-
   rence". Siehe dazu auch sein Buch: *Overcoming Organizational Defences*, Pren-
   tice Hall, 1990. Dazu auch Peter Senge / Charlotte Roberts / Richard Ross / Bryan
   Smith / Art Kleiner: *The Fifth Discipline Fieldbook*, Doubleday, 1994, S. 242 ff.

Kapitel 7

1 Die erste, zweite und dritte Wahrnehmungsposition wurden zuerst von John
   Grinder und Judith Delozier besprochen; siehe *Turtles all the Way Down*,
   Grinder Delozier and Associates, 1987, danach 1994 erschienen bei Metamor-
   phous Press; deutsch: *Der Reigen des Daimonen: Vorbedingungen persönlichen
   Genies*, Paderborn: Junfermann, 1995. Die Grundgedanken zu den Wahrneh-
   mungspositionen stammen von Gregory Bateson, einem englischen Biologen
   und systemischen Denker. Siehe dazu Bateson: *Steps to an Ecology of Mind*,
   Jason Aronsen, 1987; deutsch: *Ökologie des Geistes: anthropologische, psychologische, biologische und epistemologische Perspektiven*, Frankfurt a. M.: Suhrkamp, 1994.
2 Siehe Alexandra de Faria: *Quality Management of Devlopment Co-operation*,
   Band II: *The Methods*, UNIDO.
3 Thomas Peters / Robert H. Waterman: *In Search of Excellence*, Macmillan, 1982;
   deutsch: *Auf der Suche nach Spitzenleistungen: was man von den bestgeführten
   US-Unternehmen lernen kann*, Landsberg / Lech: Verlag Moderne Industrie,
   1992.
4 Siehe *Harvard Business Review*, Januar-Februar 1998, S. 10.
5 Siehe Per Bak / Chen Kan: „Self-organized criticality", in: *Scientific American*,
   Januar 1991, S. 46–53.
6 Siehe Mihaly Csikszentmihaly: *Flow: The Psychology of Happiness*, Rider, 1992;
   deutsch: *Flow: das Geheimnis des Glücks*, Stuttgart: Klett Cotta, 1995. Eine
   detaillierte Einführung in systemisches Denken bieten Joseph O'Connor / Ian
   McDermott: *The Art of Systems Thinking*, Thorsons, 1997; deutsch: *Die Lösung
   lauert überall. Systemisches Denken verstehen und nutzen*, Kirchzarten: VAK,
   1998. Eine gute Einführung in die Theorie der Komplexität bieten M. Waldrop:
   Complexity, Simon and Schuster, 1993; deutsch: *Inseln im Chaos: die Erforschung komplexer Systeme*, Reinbek bei Hamburg: Rowohlt, 1996; oder Roger
   Lewin: *Complexity: Life at the Edge of Chaos*, Macmillan, 1992; deutsch: *Die
   Komplexitätstheorie: Wissenschaft nach der Chaosforschung*, München: Droemer Knaur, 1996.

Kapitel 8

1 Siehe Nelson Zink / Joe Munshaw: „Elements of syntactic awareness", in: *Anchor Point*, Juni 1997, S. 13.

2 Siehe Charles Hampden-Turner / Alfons Trompenaars: *The Seven Cultures of Capitalism*, Macmillan, 1994.

Training und Beratung

Mit seiner Firma *Lambent Training* bietet der Autor Beratung und Training auf der Grundlage des Neurolinguistischen Programmierens und des systemischen Denkens an. Systemisches Denken und die Komplexitätstheorie wird dabei eingesetzt, um ein hohes Leistungsniveau zu fördern, Geschäftsstrategien zu entwickeln und das Wissensmanagement zu vermitteln. NLP wird genutzt, um Menschen bei Ihrer Selbstentwicklung zu unterstützen, um durch Coaching und Training individuelle Fertigkeiten zu verbessern sowie um Teams aufzubauen. Hier einige Beispiele aus dem Angebot:

- *Leadership: Die Reise zur Führung*: Ein spezielles Training auf der Grundlage des vorliegenden Buchs wird angeboten. Der Inhalt: starke Leistungen durch Führungsqualifikation; Entwicklung persönlicher Führungseigenschaften; Kommunikationsfähigkeiten – Einfluß nehmen; Training systemischen Denkens.
- *Systemisches Denken in Firmen*: Dieses Schulungsangebot umfaßt die Arbeit mit mentalen Modellen in der Organisation; einfaches Lernen sowie Lernen in doppelten Rückkoppelungskreisläufen – das Denken verändern, durch das das Problem entstanden ist; Umgang mit Widerstand, der gegen Veränderungen in einer Organisation gerichtet ist; Einsatz von Feedback und das Erkennen zeitlich verzögerter Zusammenhänge; Erkennen von systemischen Archetypen und Mustern.
- *NLP in Unternehmen*: In diesem Training geht es um den Einsatz von NLP in Unternehmen bei Coaching, Training und Entwicklung; Annäherung von persönlichen Werten und Zielen und denen der Organisation; Arbeitsstile; Teamaufbau.
- *Systemisches Denken (zertifiziertes Training)*: Dieses fünftägige Training umfaßt die Grundlagen des systemischen Denkens – praktisch umsetzbar dargestellt; die Wirkung von Feedback; Komplexität; zeitlich verzögerte Wirkungszusammenhänge; mentale Modelle; Archetypen von Systemen.

Weitere Informationen zu Training und Beratung erfahren Sie bei:
Lambent Training
4 Coombe Gardens, New Malden, Surrey, GB-KT3 4AA/Großbritannien
Tel.: 0044 (0)181715 2560/Fax: 0044 (0)181715 2560
Website: www.lambent.com/E-Mail: lambent@well.com

Literatur

Adair, John: *Effective Leadership*, Pan, 1983.

Argyris, Chris: *Overcoming Organizational Defences*, Prentice-Hall, 1990.

Bandler, Richard: *Using Your Brain for a Change*, Real People Press, 1985; deutsch: *Veränderung des subjektiven Erlebens*, Paderborn: Junfermann, 1990.

Bass, Bernard M.: *Leadership and Performance: Beyond Expectation*, Consulting Psychology Press, 1985; deutsch: *Charisma entwickeln und zielführend einsetzen*, Landsberg/Lech: Verlag Moderne Industrie, 1986.

Bateson, G.: *Mind and Nature*, Fontana, 1980; deutsch: *Geist und Natur: eine notwendige Einheit*, Frankfurt a. M.: Suhrkamp, 1995.

Bateson, G.: *Steps to an Ecology of Mind*, Jason Aronsen, 1987; deutsch: *Ökologie des Geistes: anthropologische, psychologische, biologische und epistemologische Perspektiven*, Frankfurt a. M.: Suhrkamp, 1994.

Bennis, Warren: *On Becoming a Leader*, Hutchinson, 1990; deutsch: *Führen lernen: Führungskräfte werden gemacht, nicht geboren*, München: Heyne, 1996.

Block, Peter: *Stewardship*, Berrett-Koehler, 1996.

Brown, Shona/Eisenhardt, Kathleen: *Competing on the Edge: Strategy as Structured Chaos*, Harvard Business School Publishing, 1998.

Capra, Fritjof: *The Web of Life*, Flamingo, 1997; deutsch: *Lebensnetz: ein neues Verständnis der lebendigen Welt*, Darmstadt: Wissenschaftliche Buchgesellschaft, 1997.

Carlton, Jim: *Apple: The Inside Story of Intrigue, Egomania and Business Blunders*, Times Books, 1997.

Carse, James: *Finite and Infinite Games*, Penguin, 1986; deutsch: *Endliche und unendliche Spiele: die Chancen des Lebens*, Stuttgart: Klett-Cotta, 1987.

Courtney, Hugh/Kirkland, Janet/Viguerie, Patrick: „Strategy under uncertainty", in: *Harvard Business Review*, Nov.-Dez. 1977.

Csikszentmihaly, Mihaly: *Flow: The Psychology of Happiness*, Rider, 1992; deutsch: *Flow – Das Geheimnis des Glücks*, Stuttgart: Klett-Cotta, 1996.

Dilts, Robert: *Skills for the Future*, Meta Publications, 1993.

Drucker, Peter: *The New Realities*, Heinemann, 1989.

Fritz, Robert: *The Path of Least Resistance*, Ballantine, 1989; deutsch: *Der Weg des geringsten Widerstandes*, München: Heyne, 1997.

Fukuyama, Francis: *Trust: The Social Virtues and the Creation of Prosperity*, 1996; deutsch: *Der Konflikt der Kulturen: wer gewinnt den Kampf um die wirtschaftliche Zukunft*, München: Droemer Knaur, 1997.

Gardner, John, W.: *On Leadership*, Free Press, 1989.

Gleick, James: *Chaos: Making of a New Science*, Viking, 1987; deutsch: *Chaos – die Ordnung des Universums: Vorstoß in Grenzbereiche der modernen Physik*, München: Droemer Knaur, 1994.

Handy, Charles: *The Empty Raincoat*, Hutchinson, 1994; deutsch: *Die Fortschrittsfalle: der Zukunft neuen Sinn geben*, München: Goldmann, 1998.

Iacocca, L. / Novak, W.: *Iacocca: An Autobiography*, Bantam Books, 1984; deutsch: *Eine amerikanische Karriere*, Düsseldorf / Wien: Econ Velag, 1995.

Kanter, Rosabeth Moss: *The Changemasters: Innovation for Productivity in the American Corporation*, Simon and Schuster, 1983.

Kelly, Kevin: *Out of Control*, Fourth Estate, 1994; deutsch: *Das Ende der Kontrolle: die biologische Wende in Wirtschaft, Technik und Gesellschaft*, Mannheim: Bollmann, 1997.

Kohn, Alfie: *Punished by Rewards*, Houghton Mifflin, 1993.

Kotter, John P.: *The Leadership Factor*, Free Press, 1988.

Kotter, John P.: *A Force for Change: How Leadership Differs from Management*, The Free Press, 1990; deutsch: *Abschied vom Erbsenzählen: Leadership: a force for change*, Düsseldorf / Wien / New York: Econ Verlag, 1991.

Lewin, Roger: *Complexity*, Macmillan, 1992; deutsch: *Die Komplexitätstheorie: Wissenschaft nach der Chaosforschung*, München: Droemer Knaur, 1996.

Liberating Leadership, The Industrial Society, 1997.

Machiavelli, N.: *The Prince*, Penguin, 1961; deutsch: *Der Fürst*, Frankfurt a. M.: Insel Verlag, 1997.

McDermott, Ian / O'Connor, Joseph: *Practical NLP for Managers*, Gower, 1996.

Mintzberg, Henry: *Mintzberg on Management*, Macmillan, 1989.

Mitroff, Jan / Linstone, Harold: *The Unbounded Mind*, Oxford University Press, 1993.

Nanus, B.: *Visionary Leadership*, Jossey-Bass, 1992; deutsch: *Visionäre Führung*, Frankfurt a. M.: Campus Verlag, 1994.

O'Connor, Joseph / McDermott, Ian: *The Art of Systems Thinking*, Thorsons, 1997; deutsch: *Die Lösung lauert überall. Systemisches Denken verstehen und nutzen*, Kirchzarten: VAK, 1998.

O'Connor, Joseph / McDermott, Ian / Prior, Robin: *Practical NLP for Managers Workbook*, Gower, 1996.

O'Connor, Joseph / Seymour, John: *Introducing NLP*, Thorsons, 1990; deutsch: *Neurolinguistisches Programmieren: Gelungene Kommunikation und persönliche Entfaltung*, Kirchzarten: VAK, 1997.

Pascale, Richard / Millemann, Mark / Goija, Linda: „Changing the way we change", in: *Harvard Business Review*, Nov.-Dez. 1977.

Peters, Thomas J.: *Thriving on Chaos*, Alfred A. Knopf, 1992; deutsch: *Kreatives Chaos: die neue Management-Praxis*, Hamburg: Hoffmann und Campe, 1994.

Peters, T.J./Waterman, H.: *In Search of Excellence*, Macmillan, 1982; deutsch: *Auf der Suche nach Spitzenleistungen: was man von den bestgeführten US-Unternehmen lernen kann*, Landsberg/Lech: Verlag Moderne Industrie, 1992.

Prigogine, Ilya: *Order Out of Chaos*, Bantam, 1984.

Puntsch, Eberhard: *Zitatehandbuch*, Augsburg: Weltbildverlag, 1992.

Quigley, J.: *Vision: How Leaders Develop It, Share It and Sustain It*, McGraw-Hill, 1993.

Rapoport, Anatol: „Escape from paradox", in: *Scientific American* 217, Juli 1967, S. 50–56.

Sabanci, Sapik: *This is My Life*, World of Information, 1988.

Senge, Peter, u. a.: *The Fifth Discipline Fieldbook*, Doubleday, 1990.

Senge, Peter: *The Fifth Discipline*, Doubleday, 1990; deutsch: *Die fünfte Disziplin: Kunst und Praxis der lernenden Organisation*, Stuttgart: Klett-Cotta, 1996.

Sun Tzu: *The Art of War*, Delacorte Press, 1983; deutsch: *Die Kunst des Krieges*, München: Droemer Knaur, 1998.

The Management Agenda, Roffey Park, 1998.

Waldrop, M.: *Complexity*, Simon und Schuster, 1993; deutsch: *Inseln im Chaos: die Erforschung komplexer Systeme*, Reinbek bei Hamburg: Rowohlt, 1996.

Watzlawick, Paul: *Munchhausen's Pigtail*, W.W. Norton, 1990; deutsch: *Münchhausens Zopf oder Psychotherapie und „Wirklichkeit"*, München/Zürich: Piper, 1992.

Wheatley, Margaret J.: *Leadership and the New Science*, Berrett-Koehler, 1992; deutsch: *Quantensprung der Führungskunst: leadership and the new science; die neuen Denkmodelle der Naturwissenschaften revolutionieren die Management-Praxis*, Reinbek bei Hamburg: Rowohlt, 1997.

Über den Autor

Joseph O'Connor ist ein international bekannter Autor und Trainer. Als Berater befaßt er sich mit Fragen der Führung, mit systemischem Denken und persönlicher Entwicklung. Zudem ist er zertifizierter Trainer für Neurolinguistisches Programmieren (NLP).

Joseph O'Connor bietet Trainings für NLP, systemisches Denken und Führung in Europa, Asien und Amerika an. Zu seinen Firmenkunden zählen die UNIDO, BA, BT, Hewlett-Packard und ICI. Darüber hinaus hat er einen Studienabschluß in Anthropologie und ist Dozent am *Royal College of Music*. Sein Engagement für Musik und Kunst war Anlaß für intensive Beschäftigungen mit musikalischen und darstellerischen Fertigkeiten im Theater.

In *Führen – mit NLP* bringt er viele der Themen zusammen, die ihn im Laufe der Jahre interessiert haben: Selbstentwicklung, Werte und die Beziehungen, die wir entweder direkt oder über Systeme zueinander herstellen.

Er ist sehr interessiert an den neuen Kommunikationstechnologien und ist Begründer einer Firma, die interaktive psychologische Software für Firmen und für den privaten Gebrauch entwickelt.

Joseph O'Connors Bestseller *Neurolinguistisches Programmieren: Gelungene Kommunikation und persönliche Entfaltung*, den er zusammen mit John Seymour geschrieben hat, gilt als die grundlegende Einführung in das NLP und wurde inzwischen in 14 Sprachen übersetzt. Auch einige seiner anderen Bücher wurden in mehreren Sprachen veröffentlicht. Joseph O'Connor lebt in Surrey, Großbritannien.

Weitere Bücher des Autors

Not Pulling Strings, Lambent Books, 1987.

Introducing NLP (zusammen mit John Seymour), Thorsons, 1990; deutsch: *Neuro-linguistisches Programmieren: Gelungene Kommunikation und persönliche Entfaltung*, Kirchzarten: VAK, 1997.

Training with NLP (zusammen mit John Seymour), Thorsons, 1990; deutsch: *Weiterbildung auf neuem Kurs. NLP für Trainer, Referenten und Dozenten*, Kirchzarten: VAK, 1996.

Successful Selling with NLP (zusammen mit Robin Prior), Thorsons, 1995; deutsch: *Fair verkauft (sich) gut. Mit Ethik und Effizienz zu einem neuen Markt*, Kirchzarten: VAK, 1996.

Principles of NLP (zusammen mit Ian McDermott), Thorsons, 1996.

Practical NLP for Managers (zusammen mit Ian McDermott), Gower, 1996.

NLP and Health (zusammen mit Ian McDermott), Thorsons, 1996; deutsch: *NLP und Gesundheit. Die offenen Geheimnisse der Gesunden*, Kirchzarten: VAK, 1999.

The Art of Systems Thinking (zusammen mit Ian McDermott), Thorsons, 1997; deutsch: *Die Lösung lauert überall. Systemisches Denken verstehen und nutzen*. Kirchzarten: VAK, 1998.

Audiokassetten (englischsprachig)

An Introduction to NLP (zusammen mit Ian McDermott), Thorsons, 1997.

NLP, Health and Well-being (zusammen mit Ian McDermott), Thorsons, 1998.

Leading with NLP, Thorsons, 1998.

Joseph O'Connor, Ian McDermott:
Die Lösung lauert überall
Systemisches Denken verstehen und nutzen

Viele kennen das: Der Versuch, durch rein logisches Denken ein Problem lösen zu wollen, endet häufig in einer Sackgasse. Unser Leben und unsere Umwelt funktionieren aber nur selten nach dem reinen Ursache-Wirkungs-Prinzip. Der Versuch, größere Probleme an den scheinbar naheliegenden Symptomen kurieren zu wollen, schafft deshalb häufig nur neue Probleme.

Die Lösung lauert überall geht über das logische Denken hinaus; das Buch erläutert das systemische Denken und zeigt unterhaltsam und leicht verständlich seinen Nutzen im Privaten wie im Beruf.

1998, 284 Seiten, 47 Abb., Paperback (15 x 21,5 cm), 39,80 DM/37,– sFr/291,– öS, ISBN 3-932098-29-3

Ian McDermott, Joseph O'Connor:
NLP und Gesundheit
Die offenen Geheimnisse der Gesunden

Der menschliche Körper braucht nicht nur Nahrung und Sauerstoff, um zu leben, sondern auch eigene Erfahrungen. Der Mensch erschafft und erfährt seine eigene Gesundheit durch das, was er tut, was er denkt und wie er lebt. Das Neurolinguistische Programmieren (NLP) betrachtet, wie Gedanken und innere Haltung das Wohlbefinden beeinflussen. Dieses Buch verbindet auf sehr praktische Weise aktuelle medizinische Forschungen und Erkenntnisse mit der subjektiven Erfahrung der eigenen Gesundheit.

Lernen Sie, auf wohltuende Weise Ihren Geist und Körper in Einklang bringen, und erfahren Sie etwas mehr über ein faszinierendes Rätsel: sich selbst.

2. Aufl. 1999, 324 Seiten, 11 Abb., Paperback (15 x 21,5 cm), 38,– DM / 35,– sFr / 275,– öS, ISBN 3-932098-13-7

Joseph O'Connor, Robin Prior:
Fair verkauft (sich) gut
Mit Ethik und Effizienz zu einem neuen Markt

O'Connor und Prior entwickeln hier sehr sachlich die Idee vom „neuen Markt", auf dem ein kooperativer Verkaufsstil möglich ist. NLP ist die Methode, die angewendet wird – zur Sprache kommen aber auch Marktentwicklung, Kundenverhalten, ‚eigentlicher' Verkaufsprozeß, Selbstmotivation, Verkaufsmanagement und Personalführung. Übungen, Gesprächsbeispiele sowie ein ausführliches Glossar erleichtern den direkten praktischen Einstieg.

1996, 349 Seiten, 15 Abbildungen, Paperback (15 x 21,5 cm), 42,– DM/39,– sFr/307,– öS, ISBN 3-924077-90-8

Joseph O'Connor, John Seymour:

Weiterbildung auf neuem Kurs

NLP für Trainer, Referenten und Dozenten

Klar strukturiert und praxisorientiert schult das Handbuch Präsentationsfertigkeiten sowie die Selbstanalyse der Identität des Trainers, Referenten oder Dozenten. Es vermittelt interaktive Fertigkeiten für die Weiterbildung und analysiert Trainingszyklen. Alle Themen sind in sich abgeschlossen.

Zahlreiche Übungen und ein ausführliches Stichwortregister machen das Buch zu einem griffigen Arbeitsmittel. Das Wörterbuch vermittelt knapp und bündig die Grundlagen des NLP.

1996, 373 Seiten, 19 Abb., Paperback (13 x 20,5 cm), 42,– DM/39,– sFr/307,– öS, ISBN 3-924077-85-1

Joseph O'Connor, John Seymour:

Neurolinguistisches Programmieren: Gelungene Kommunikation und persönliche Entfaltung

Diese umfassende Gesamtdarstellung beschreibt anschaulich die wesentlichen Grundlagen, Methoden und Instrumente des NLP, zum Beispiel: wie Sie Ziele formulieren und erreichen; wie Sie Zugang zur Welt der anderen erhalten; wie Sie sich neue Fähigkeiten, Verhaltensweisen und Gefühle aneignen; wie Sie Ihre Erfahrungen in den passenden Rahmen stellen.

Mit seinem systematischen Aufbau, seiner klaren und humorvollen Sprache sowie zahlreichen Beispielen dient das Buch sowohl als Standardlektüre für NLP-Interessierte wie auch als Nachschlagewerk für fortgeschrittene NLP-Anwender.

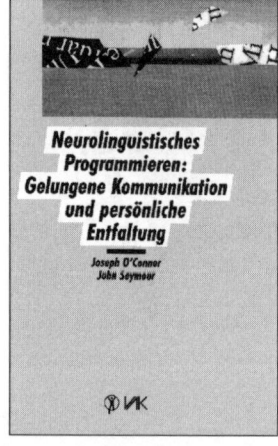

9. Aufl. 1999, 369 Seiten, 20 Abb., Paperback (13 x 20,5 cm), 42,– DM/39,– sFr/307,– öS, ISBN 3-924077-66-5

*Das **IAK Institut für Angewandte Kinesiologie GmbH, Freiburg**, veranstaltet laufend Kurse in Touch For Health (Gesund durch Berühren), in Edu-Kinestetik, in Entwicklungskinesiologie und in vielen anderen Bereichen der Angewandten Kinesiologie. Dank enger persönlicher Kontakte zu den Pionieren der AK ist das Institut in der Lage, ständig die neuesten Entwicklungen auf diesem Gebiet zu präsentieren.*

Außerdem fördert das Institut die Verbreitung der Angewandten Kinesiologie im deutschsprachigen Raum durch Literaturempfehlungen und Adressenvermittlung.

Wer an der Arbeit des Instituts interessiert ist, kann kostenlose Unterlagen anfordern bei (bitte mit 3,– DM frankierten Rückumschlag beilegen):

IAK Institut für Angewandte Kinesiologie GmbH, Freiburg

Eschbachstraße 5, D-79199 Kirchzarten, Telefon 076 61-98 71 0, Telefax 076 61-98 71 49